마인크래프트로 배우는
파이썬 프로그래밍

마인크래프트로 배우는
파이썬 프로그래밍

1쇄 발행 2016년 8월 10일 **3쇄 발행** 2019년 3월 11일

지은이 크레이그 리처드슨
옮긴이 배장열
펴낸이 장성두
펴낸곳 제이펍

출판신고 2009년 11월 10일 제406-2009-000087호
주소 경기도 파주시 회동길 159 3층 3-B호
전화 070-8201-9010 / **팩스** 02-6280-0405
홈페이지 www.jpub.kr / **원고투고** jeipub@gmail.com
독자문의 readers.jpub@gmail.com / **교재문의** jeipubmarketer@gmail.com

편집부 이종무, 황혜나, 최병찬, 이 슬, 이주원 / **소통·기획팀** 민지환, 송찬수 / **회계팀** 김유미
본문디자인 성은경
용지 신승지류유통 / **인쇄** 한길프린테크 / **제본** 광우제책사

ISBN 979-11-85890-60-9 (93000)
값 25,000원

제이펍은 독자 여러분의 아이디어와 원고 투고를 기다리고 있습니다. 책으로 펴내고자 하는 아이디어나 원고가 있으신 분께서는
책의 간단한 개요와 차례, 구성과 저(역)자 약력 등을 메일로 보내주세요.   **jeipub@gmail.com**

마인크래프트로 배우는
파이썬 프로그래밍

크레이그 리처드슨 지음 / 배장열 옮김

헌사

이 책의 초고를 힘들게 읽어 주고, 식사도 스스로 챙기고,
제 모임이나 워크숍에도 기꺼이 참가해 준 수많은 어른과 아이에게.

고맙습니다. 여러분의 열정과 지원 덕택에 이 책이 온전한 모습을 갖추게 되었습니다.
이 책은 여러분을 위한 것입니다.

차례

CHAPTER 1　모험, 채비를 하다 1

CHAPTER 2　변수, 단번에 텔레포트하다 37

CHAPTER 3   수학, 빨리 만들다 59

CHAPTER 4   문자열, 마인크래프트와 말을 하다 81

CHAPTER 12 객체 지향, 프로그래밍이 우아해지다 327

옮긴이 한마디

예전에 어느 공공도서관에서 늦게나마 한글을 배우신 어르신들의 시화전을 열었습니다. 그동안 갈고닦은 실력을 유감없이 뽐내시느라 한동안 환한 미소가 사라지지 않았을 어르신들을 상상해 보니 저절로 눈시울이 뜨거워지기도 했습니다. 글자가 우리에게 주는 힘은 말로 표현할 수 없이 강합니다. 경우가 다르고 상황이 다르지만 '컴퓨터 글자'가 주는 힘도 대단하다고 할 수 있습니다. 기술이 더욱 발전하여 우리의 평소 언어 습관으로 프로그램을 만들 수 있는 날도 오겠지만, 아직은 컴퓨터 글자를 배워야 합니다. 컴퓨터 글자만의 규칙도 배워야 하고, 컴퓨터 글자만의 소통 방식도 배워야 합니다. 컴퓨터 글자를 배우고 컴퓨터 글자의 소통 방식을 배우면 우리도 '컴퓨터 시화전'을 열 수 있을 겁니다. 이 책에서 선택한 컴퓨터 글자의 규칙은 파이썬입니다. 파이썬의 장점은 굳이 말로 하지 않아도 될 듯합니다. 더구나 마인크래프트의 재미나 유익함 또한 '동급 최강'이라고 할 수 있습니다. 이 둘이 만났습니다. 최고의 남녀 배우가 로맨스를 펼치는 새 드라마가 시작하는 거죠. 이 드라마의 장르는 분명히 로맨틱 코미디입니다. 집중력을 배가하는 삼각관계나 온몸을 오글거리게 하는 대사는 찾아보기 힘들지만, 모르긴 몰라도 그 어르신들 마음만큼 뿌듯해질 겁니다. 이 책의 목적이 바로 그것입니다. 이 책이 나오기까지 많은 사람의 땀과 열정이 있었습니다. 제 가족에게도, 장성두 대표님을 비롯해 그분들 모두에게도 감사의 말씀을 전합니다. 고맙습니다.

2016년 7월

옮긴이 **배장열**

지은이 소개

크레이그 리처드슨(Craig Richardson)은 소프트웨어 개발자이자 파이썬 교육자입니다. 크레이그는 라즈베리 파이 재단에서 일했으며, 고등학교 컴퓨터 수업을 맡기도 했습니다. 또한, 마인크래프트를 통한 파이썬 프로그래밍과 관련된 수많은 워크숍을 진행했습니다.

기술 검토자 소개

존 러츠(John Lutz)는 뉴올리언스 공립학교의 수학 교사입니다. 존은 정규 수업 이외에 방과 후 과정으로 스크래치와 아두이노 로보틱스, 3D 프린팅을 가르치고 있습니다. 또한, 학교에 처음으로 컴퓨터 과학 프로그램을 도입했습니다. 이 프로그램은 많은 영재를 코딩으로 유도한 계기가 되었습니다. 존은 이 책에 대한 아낌없는 지원 외에도 마인크래프트 세계의 아기 좀비들을 전부 무찌르는 파이썬 프로그램을 만들었습니다.

감사의 글

정말 멋진 노스타치 프레스(No Starch Press) 사람들을 대표하여 라일리 호프만(Riley Hoffman), 할리 베이커(Hayley Baker), 타일러 오트먼(Tyler Ortman), 제니퍼 그리피스-델가도(Jennifer Griffith-Delgado)에게 무한한 감사의 말씀을 전합니다. 그리고 열정의 깊이를 알 수 없는 기술 검토자인 존 러츠(John Lutz)에게도 감사의 말씀을 드립니다.

기술적 문제를 겪을 때마다 데이비드 웨일(David Whale)과 마틴 오핸론(Martin O'Hanlon)은 크나큰 도움이 되어 주었습니다. 고맙습니다. '마인크래프트: 파이 에디션'을 무료로 출시해 준 모장(Mojang) 관계자 여러분에게도 감사합니다. 여가까지 반납하며 스피곳(Spigot)과 카나리아모드(CanaryMod)를 개발한 사람들이 없었다면 이 책은 그저 머릿속에만 존재했을 것입니다. 그리고 마인크래프트 API를 파이썬 3로 업데이트해 준 사람들, 라즈비안에 자신의 시간을 할애해 준 알렉스 브래드버리(Alex Bradbury)에게도 이 자리를 빌려 감사의 말씀을 전합니다.

혹시 길에서 데이비드 웨일(David Whale)이나 매슈 티먼스 브라운(Matthew Timmons Brown), 데이비드 호네스(David Honess), 제니 브레넌(Jenny Brennan)을 만나게 되면 악수 한번 청해 주세요. 이들 덕분에 마인크래프트와 파이썬 워크숍이 빛날 수 있었습니다. 그리고 팀 리처드슨(Tim Richardson), 마이클 혼(Michael Horne), 앨런 오도노호(Alan O'Donohoe), 로라 딕슨(Laura Dixon)에게도 악수를 청해 주세요. 이들이 있었기에 워크숍 기획과 진행이 더할 나위 없이 부드러웠습니다.

브라이언 코틸(Brian Corteil)이 없었다면 Flask를 사용한 마인크래프트 미션은 무미건조했을 것입니다. 그리고 샬럿 고들리(Charlotte Godley)가 맥을 빌려주었기 때문에 맥 설치 과정을 쓸 수 있었습니다. 두 사람에게 감사합니다.

마지막으로 제 친구들과 가족, 동료들에게 감사의 말을 전합니다. 수염을 기르고 세상과 단절했던 동안 저를 아낌없이 지원해 준 사람들입니다. 영원토록 고마움을 잊지 않겠습니다.

베타리더 후기

🦋 공민서(숭실대학교)

우리는 흔히 프로그래밍을 배우기 시작할 때 '무얼 만들어야 하지?'라는 고민에 직면합니다. 이 책은 바로 그 질문을 해결해 줍니다. 제가 이 책을 여러분께 강력하게 추천하는 첫 번째 이유입니다. 마인크래프트란 게임을 만들다 보면 우리의 고민은 해결되고 덤으로 파이썬까지 배우게 됩니다. 제가 이 책을 추천하는 두 번째 이유는 바로 파이썬을 충실히 다루기 때문입니다. 책의 예제와 문제를 따라 하다 보면 어느새 문제를 해결하기 위해 골똘히 생각하고 있는 자신을 발견하게 될 겁니다. 정말로 너무 재밌는 책입니다.

🦋 김호진(송호중학교)

평소 즐기던 게임을 통해 배우고 싶었던 프로그래밍을 쉽게 배울 수 있었습니다. 쉬운 설명과 다양한 예제가 있어 빠르게 사용법을 습득할 수 있었고, 문제를 해결할 때는 매우 신기했습니다. 이 책을 통해 꿈에 한발 더 다가간 것 같아 즐거웠습니다.

🦋 박성욱(SK Planet)

친근한 마인크래프트를 활용해 프로그래밍의 기초를 배우는 책입니다. 프로그래밍 초보자가 빠르고 쉽게 배울 수 있어 프로그래밍 기본서로도 적합해 보입니다.

🦋 이아름

파이썬과 마인크래프트의 만남이 참으로 신선했습니다. 옛날에는 블럭을 하나하나 쌓아가며 만들었던 건물을 파이썬 코드 하나로 만들거나 파괴할 수 있어 놀랍고 신기했습니다. 마인크래프트 세계가 블록으로 만들어졌지만, 정말로 정글에 있는 것처럼 무서운 이유는 땅을 파다가 횃불이 다 떨어지거나 밤에 거미를 마주치는 순간이 있기 때문일 겁니다. 꼭 한 번 그 세계를 경험해 보기를 바랍니다.

이철민(카카오)

연구실에서 마인크래프트 서버를 몰래 띄워 밤새 책을 읽으며 따라 해 보았습니다. 그래서인지 파이썬과 마인크래프트의 조합이 굉장히 흥미로웠습니다. 특히 프로그래밍 결과를 마인크래프트 세계에서 바로 볼 수 있다는 점은 처음 프로그래밍을 배우는 사람에게 아주 흥미롭게 다가올 것입니다.

전승환(대덕소프트웨어마이스터고등학교)

이 책은 딱딱한 문세가 아니라 발로 가르쳐 수늦이 프로그래밍을 설명합니다. 또한, 마인크래프트를 통해 파이썬을 배운다는 점이 새로웠습니다. 특히 쉬운 이해는 물론이고 지루함 없이 읽을 수 있어 초심자에게도 잘 어울립니다.

제이펍은 책에 대한 애정과 기술에 대한 열정이 뜨거운 베타리더들로 하여금
출간되는 모든 서적에 사전 검증을 시행하고 있습니다.

시작하며

환영합니다! 《마인크래프트로 배우는 파이썬 프로그래밍》에 어서 오세요. 이 책을 통해 여러분은 마인크래프트 세계에서 일어날 일들을 마음껏 다루기 위해 파이썬이라는 프로그래밍 언어를 배우게 됩니다. 그리고 프로그래밍이라는 과정이 어떻게 이뤄지는지, 코드를 작성하여 건물을 짓고 미니 게임을 만들고 지루한 마인크래프트 아이템을 새로운 장난감으로 변신시키는 방법이 무엇인지 배우게 될 것입니다. 이 책을 통해 머릿속 멋진 생각들을 구체화하기 위한 필수 기술들을 갖출 수 있습니다.

프로그래밍은 마인크래프트처럼 창조적이고 창의적입니다. 이 책에서 다루는 기술들을 섭렵하면 마인크래프트를 사용하는 프로그램을 넘어 게임이나 앱, 유용한 도구 등 온갖 것을 만들 수 있습니다. 이 책을 집어 든 순간 여러분은 뛰어난 프로그래머의 길로, 마인크래프트 마스터의 길로 이미 들어선 것입니다.

왜 프로그래밍을 배워야 할까요?

프로그래밍을 배워야 할 주된 이유 가운데 한 가지는 프로그래밍이 문제 해결 방법을 가르쳐 준다는 사실입니다. 큰 문제를 작은 문제로 쪼개면 부딪혀 해결하기가 한결 수월해지겠죠. 프로그래밍은 바로 이런 과정을 연습시켜 줍니다. 여러분이 해결해야 하는 문제들은 창의적인 방법들을 생각해 내고 그 방법들이 어떤 결과를 가져오는지 시험해 보아야 하는 것들이 대부분입니다.

프로그래밍의 장점은 또 있습니다. 프로그래밍을 배우면 논리적 사고력을 길러 프로그램의 구조와 흐름을 더 잘 이해하고 계획할 수 있습니다. 설령 컴퓨터 코드 관련 일을 하지 않아도 문제 해결 능력, 창의력, 논리적 사고력 등은 개인의 귀중한 자질입니다.

프로그래밍 관련 직업은 보수도 높습니다. 매일같이 문제를 해결하기 위한 창의적인 방법을 만들어 내야 하기 때문일 것입니다. 프로그래머가 될 생각이 없다고 해도 프로그래밍 자체는 취미로서 매력적이고 즐겁습니다. 사실, 저도 프로그래밍을 취미로 시작했고, 그러다 전업 프로그래머가 되었습니다.

가장 중요한 점은 프로그래밍이 정말 재밌다는 사실입니다. 직접 만든 프로그램이 실행되는 모습을 보는 것만큼 짜릿한 것이 또 있을까요?

왜 파이썬일까요?

자, 왜 파이썬으로 프로그래밍을 배워야 할까요? 파이썬은 초보 프로그래머에게 어울리는 제1 언어입니다. 읽기도 쉽고 쓰기도 쉽습니다. 게다가 멋있는 컴퓨터 프로그램을 만들기에도 충분히 강력합니다. 세상에서 가장 인기가 많은 언어는 파이썬이 아닐까 싶습니다.

왜 마인크래프트일까요?

마인크래프트는 재밌고 창의적이어서 인기가 많습니다. 마인크래프트 세계 안에서 여러분은 완전한 자유를 얻게 됩니다. 말 그대로 무한한 상상력을 발휘할 수 있습니다. 여기에 파이썬을 결합하면 무한한 상상력은 날개를 단 격이 됩니다. 몇 초 만에 엄청나게 큰 건물을 지을 수도 있습니다. 마우스 클릭만으로는 도저히 할 수 없는 일일 것입니다.

프로그래밍을 시작하기가 힘들 때도 있습니다. 재밌어 보이지도 않는 일을 하려고 덩치 큰 코드를 배워야 하기 때문입니다. 하지만 파이썬과 마인크래프트가 함께한다면 멋진 프로그램의 결과를 마인크래프트 세계에서 곧바로 확인할 수 있어 흥미는 더욱 커질 것입니다.

이 책에는 어떤 내용이 담겼을까요?

각 장은 하나의 파이썬 주제에 집중하고 있습니다. 한 장씩 끝낼 때마다 파이썬 프로그래밍의 지식이 깊어질 것입니다. 각 장에는 파이썬의 동작 방식과 그 과정을 보여 주는 여러 예시 코드와 마인크래프트 미션 등이 제공됩니다. 미션에서는 마인크래프트와 소통할 수 있는 프로그램을 작성하게 됩니다. 미션마다 기본 골격은 제공되므로 여러분은 중간중간 필요한 코드만을 작성하여 프로그램을 완성할 수 있습니다. 그 과정에서 프로그래머라면 필수로 갖춰야 할 문제 해결 능력이 길러질 것입니다.

각 장에서 설명하는 내용을 간단하게 정리해 보겠습니다.

- **1장: 모험, 채비를 하다**에서는 파이썬과 마인크래프트를 설치합니다. 프로그래밍을 시작하기 위한 준비 과정인 셈입니다.

- **2장: 변수, 단번에 텔레포트하다**에서는 변수를 조작하여 원하는 곳으로 단번에 텔레포트하는 방법을 다룹니다. 여러분은 변수가 무엇인지, 변수가 데이터를 어떻게 기억하는지 배우게 됩니다. 멋진 텔레포트 기술을 발휘하여 마술 같은 순간 이동을 경험할 것입니다.

- **3장: 수학, 빨리 만들다**에서는 수학으로 슈퍼파워를 발휘하여 눈 깜짝할 사이에 무언가를 만듭니다. 1초도 안 걸려서 집을 짓고 싶다면? 수학 연산자의 도움을 받으면 가능합니다. 하늘 높이 슈퍼점프를 하고 싶다면? 이 역시 수학 연산자의 도움을 받으면 가능합니다.

- **4장: 문자열, 마인크래프트와 말을 하다**에서는 문자열에 관한 모든 것을 다룹니다. 프로그래밍에서 문자열은 텍스트를 의미합니다. 다른 사람에게 메시지를 전달할 수 있는 마인크래프트 파이썬 프로그램을 직접 만들어 볼 것입니다.

- **5장: 참이냐 거짓이냐 그것이 문제로다**에서는 프로그램에서 질문에 대답하기 위해 부울과 논리를 다룹니다. 다시 말해, 참과 거짓을 프로그램이 판단할 수 있도록 하는 것입니다. 여러분이 직접 만든 마인크래프트 파이썬 프로그램에서 "지금 물속인가요?", "지금 나무 위인가요?", "지금 집 근처인가요?" 이런 식의 질문에 모두 대답할 수 있습니다.

- **6장: if문, 미니 게임의 엔진이 되다**에서는 부울 논리를 한 차원 끌어올립니다. if문을 사용하여 특정 조건에 따라 결정을 내리는 방법이 다뤄집니다. 마인크래프트 세계에서 특정 위치에 특정 블록을 놓으면 비밀의 길이 열리는 모습을 상상해 본 적이 있나요? if문을 사용하면 그 상상을 실현할 수 있습니다.

- **7장: while 루프, 댄스파티와 꽃 퍼레이드를 기획하다**에서는 루프를 사용하여 프로그램을 반복하는 멋진 과정이 펼쳐집니다. 어떤 일련의 동작을 자동화하는 방법도 이 장에서 경험할 수 있습니다. 플레이어가 지나가면 그 뒤로 꽃길이 만들어지는 것은 어떨까요? 아니면 휘황찬란한 마법의 무대에서 춤을 추는 것은요? 이 장에서는 다른 사람에게 자랑할 그런 프로그램을 만들 수 있습니다.

- **8장: 함수, 슈퍼파워를 안기다**에서는 함수를 사용하여 숲이나 도시 전체를 순식간에 만드는 방법을 다룹니다. 프로그램을 재사용하는 방법도 설명하고 있습니다.

- **9장: 리스트와 사전, 블록을 강타하다**에서는 리스트로 미니 게임을 만듭니다. 리스트는 강력한 프로그래밍 개념으로서, 중요한 정보를 한곳에 몰아 저장하게 해 줍니다. 리스트를 사

용하면 플레이어가 검으로 내리친 모든 블록을 프로그램에서 기억할 수 있고, 몇 행의 코드만으로도 즐거운 미니 게임을 만들 수 있습니다.

- **10장: for 루프, 마인크래프트에 마술을 부리나**에서는 루프를 사용하여 피라미드 같은 구조물을 만듭니다. for 루프를 사용하여 픽셀 아트를 그리거나 마인크래프트 건물을 복제할 수 있습니다. 영광스러운 석상을 만들어 단번에 여러 개로 복제할 수도 있습니다.

- **11장: 파일과 모듈, 건축물을 간직하다**에서는 외부 파일의 생성과 편집을 통해 마인크래프트에서 만든 구조물을 저장했다가 다른 세계에서 원래대로 복제하는 방법을 다룹니다. 즉, 건물을 어디로든 보낼 수 있는 파일 형태로 변환할 수 있습니다. 으리으리한 대저택을 저장할 수 있을까요? 문제없습니다! 파일을 사용한다면 대저택도 저장했다 다른 곳에서 불러올 수 있습니다.

- **12장: 객체 지향, 프로그래밍이 우아해지다**에서는 클래스, 객체, 상속 등 고급 주제를 소개합니다. 여러분은 이 장을 마치고 나면 파이썬 마스터가 되어 있을 것입니다. 미션에서는 건물을 짓는 코드로 시작하여 클래스와 객체, 상속을 적용하고 이를 바탕으로 건물을 복제하거나 마을, 호텔 등으로 변형하게 됩니다.

- **블록 ID 치트 시트**에서는 프로그램에서 사용할 수 있는 유용한 마인크래프트 블록 ID 리스트를 제공합니다.

온라인 리소스

이 책에 사용된 모든 코드와 리소스는 https://github.com/Jpub/ProgramWithMinecraft에서 다운로드할 수 있습니다. 미션을 진행하다 막히는 곳이 있으면 해당 코드를 다운로드하여 해결책을 찾는 데 활용하기 바랍니다. 기존 코드를 수정하여 여러분만의 멋진 프로그램을 만들 수도 있을 것입니다. 1장에 필요한 설치 파일도 다운로드할 수 있습니다.

이제 모험을 시작해 볼까요?

여러분도 저만큼 흥미로운 과정이 되길 바랍니다. 저는 정말로 즐거운 마음으로 이 책을 썼고, 프로그래밍을 배우는 데 도움이 될 마인크래프트 미션을 만들었습니다. 이제 모험을 시작해 볼까요?

1

모험, 채비를 하다

마인크래프트 세상에서 돌아갈 멋진 파이썬 프로그램을 만들려면, 우선 마인크래프트와 파이썬을 비롯하여 몇 가지를 컴퓨터에 설치해야 합니다. 이 장에서는 필요한 소프트웨어를 어떻게 설치하고 실행하는지 살펴보겠습니다. 소프트웨어를 설치하고 컴퓨터를 실정하는 과정이 아마도 이 책에서 가장 어려운 부분인 것 같습니다. 혹시 도와줄 사람이 주위에 있다면 참 좋겠죠? 하지만 앞으로 설명하는 과정을 차근차근 따르면 별 문제 없을 거예요.

어떤 컴퓨터를 사용하는지에 따라 방법이 약간 달라집니다. 여러분은 어떤 컴퓨터를 사용하고 있나요? 윈도우 PC인가요? 맥인가요? 마인크래프트는 윈도우 PC에서도 맥에서도 즐길 수 있거든요. 아! 한 가지 더 있어요. 라즈베리 파이에서도 마인크래프트(파이 에디션)를 즐길 수 있습니다. 지금 윈도우 PC를 사용하고 있다면 계속 차근차근 읽어 주시고요. 맥을 사용한다면 16쪽 '맥 설정하기'로 텔레포트해 주세요. 라즈베리 파이 사용자가 텔레포트할 곳은 27쪽 '라즈베리 파이 설정하기'입니다.

설정 과정에서 문제가 생기면 367쪽의 '저는 왜 안 될까요?'를 참고하세요.

윈도우 PC 설정하기

파이썬으로 마인크래프트를 쥐락펴락하려면 다음 다섯 가지를 설치해야 합니다.

- 마인크래프트^{Minecraft}
- 파이썬 3^{Python 3}
- 자바^{Java}
- 마인크래프트 파이썬 API
- 스피곳^{Spigot} 마인크래프트 서버

이제부터 하나씩 컴퓨터에 설치해 보겠습니다. 마인크래프트부터 시작할까요?

마인크래프트 설치하기

마인크래프트 최신 버전이 이미 여러분의 PC에 설치되어 있다면, 4쪽 '파이썬 설치하기'로 텔레포트하세요. 설치된 마인크래프트가 최신 버전인지 잘 모르겠다고요? 그럼 다음 단계들을 차근차근 따라가며 최신 버전을 설치합니다.

마인크래프트는 마인크래프트 공식 웹사이트인 https://minecraft.net/에서 구입할 수 있습니다. 단, 미성년자는 부모님 등에게 도움을 받아야 합니다. 그리고 마인크래프트를 구입할 때는 계정부터 만들어야 하며, 계정을 만들 때 사용한 사용자명과 암호는 나중에 로그인할 때 꼭 필요하니 잊으면 안 됩니다.

마인크래프트를 구입하셨나요? 이제 다음 단계에 따라 마인크래프트를 직접 설치해 보겠습니다.

1. https://minecraft.net/download에 방문합니다.
2. '다운로드'를 클릭하여 MinecraftInstaller.msi 파일을 저장합니다.
3. 다운로드가 완료되면 이 파일을 엽니다. 실행하겠느냐고 묻는 팝업 대화상자가 나타나면 **실행**을 클릭합니다. 이 파일은 바이러스 같은 악성 프로그램이 아니니 걱정 말고 힘차게 클릭하세요.

4. Minecraft Launcher Setup 화면이 나타나면 **Next**를 클릭합니다. 그리고 **Next**를 한 번 더 클릭합니다. 마지막으로 **Install**을 클릭합니다.

5. 마인크래프트를 설치하겠느냐는(혹은 이 앱이 디바이스를 변경할 수 있도록 허용하겠냐는) 물음에 그렇다고 해야겠죠? 잠시 기다리면 마인크래프트가 설치됩니다. 막간을 이용해서 쿠키 하나 먹는 것도 괜찮겠네요!

6. 설치가 완료되면 **Finish**를 클릭합니다.

마인크래프트가 깔끔하게 설치되었습니다.

이제 뭘 해야 잘했다고 소문이 날까요? 주저하지 말고 마인크래프트를 실행합니다. 잠시 기다리면 마인크래프트 창이 나타날 겁니다.

★ 옮긴이
영어를 그대로 사용하며 마인크래프트를 즐기는 것도 좋지만, 여기서는 과감하게 한글로 변경하겠습니다. 마인크래프트의 타이틀 화면(시작 화면)에서 **Options...** ➡ **Language...**를 클릭하고, **한국어(한국)**를 선택합니다. **Done** 버튼이 **완료** 버튼으로 바뀌는 것을 확인하고, **완료** 버튼을 클릭합니다. **완료** 버튼을 한 번 더 클릭합니다. 이제 마인크래프트를 한글로 즐길 수 있습니다. 다만, 한글 번역이 온전하지 않고 한글 입력이 올바르지 않으니 유의해야 합니다.

1. 마인크래프트를 열려면 **시작** 버튼을 클릭하고(키보드에서 윈도우 키를 눌러도 됩니다), 마인크래프트 아이콘을 찾아 클릭합니다.

2. 마인크래프트가 시작되면 자동으로 업데이트가 설치될 수도 있습니다.

3. 로그인 창이 열리면, 마인크래프트를 구매할 때 만들었던 사용자명과 암호를 입력하고 **LOG IN** 버튼을 클릭합니다.

4. **PLAY**를 클릭합니다. 자동으로 업데이트 몇 가지가 더 다운로드될 수도 있습니다.

5. 마지막 단계입니다. 시작화면에서 **Singleplayer**(싱글 플레이) ➡ **Create New World**(새로운 세계 만들기)를 클릭합니다. '새로운 세계'의 이름을 정하고 **Create New World**를 클릭합니다. 새로운 세계가 생성되면 실컷 즐길 준비가 끝난 셈입니다.★

우선 키보드에서 W, A, S, D를 눌러 여기저기 돌아다니며 어떤 모습으로 자신의 세계를 만들지 생각해 보는 것도 좋을 듯합니다. 단, 어두워지면 조심해야 합니다. 몬스터가 출몰할 수도 있어요! 이 책으로 하나하나 공부하면서 만나게 될 멀티 플레이 게임 세계는 이 세계와 모습이 사뭇 다를 수도 있습니다. 9쪽 '스피곳 실행하기와 게임 프로파일 만들기'에서 자세하게 다루기로 하겠습니다.

다시 공부해요! 이제 파이썬을 설치해야겠죠? 마인크래프트에 고정됐던 마우스 커서를 풀려면 키보드에서 Esc를 누릅니다. 마인크래프트를 닫고 나머지 설치 과정을 계속 진행합니다.

★ 옮긴이
여러분의 컴퓨터에 파이썬이 설치된 적이 없어서 이 과정으로 파이썬을 처음 설치하는 경우에는 이 책이 끝날 때까지 아무런 문제가 발생하지 않습니다. 다만, 컴퓨터에 파이썬 2.x 버전이 설치되어 있고, 특별히 파이썬 2를 사용해야 하는 이유가 없다면 파이썬 2를 삭제하는 것이 좋습니다. 파이썬 2와 파이썬 3를 함께 사용하려면 이 책 마지막에 마련된 '저는 왜 안 될까요?'를 참고하기 바랍니다.

파이썬 설치하기*

파이썬은 이 책을 통해 배우게 될 프로그래밍 언어입니다. 일단 설치부터 할까요?

1. http://www.python.org/downloads/에 방문합니다.

2. **Download Python 3.7.2**라는 이름의 버튼을 클릭합니다. (이 버전이 2019년 3월 기준 최신 파이썬입니다. 여러분은 더 나중 버전을 다운로드할 수도 있습니다. 걱정하지 말고 최신 버전을 다운로드하면 됩니다.)

3. 파이썬 다운로드가 시작됩니다. 파일을 저장할지 실행할지 선택하라고 하면 **저장**을 선택합니다.

4. 다운로드된 인스톨러를 클릭합니다. 파일을 실행하겠느냐고 확인을 요구받으면 **실행**을 클릭합니다.

5. 인스톨러가 열리면 그림 1-1처럼 Add Python 3.7 to Path(파이썬 3.7을 경로에 추가합니다) 확인란에 체크 표시를 합니다. **Install Now**를 클릭합니다.

6. 컴퓨터에 파이썬 프로그램을 설치해도 될지(혹은 이 앱이 디바이스를 변경할 수 있도록 허용하겠냐고) 묻는 대화상자가 표시될 수도 있습니다. 그럴 때는 **예**를 클릭합니다. 파이썬이 설치될 때까지 잠시 기다려야겠죠? 저는 일어나 창문을 닫고 왔더니 설치가 끝났네요.

7. **Close**를 클릭합니다. 이제 파이썬 설치가 모두 끝났습니다.

자바 설치하기

마인크래프트와 파이썬의 설치가 끝났습니다. 이제 이 둘이 서로 말을 주고받을 수 있도록 몇 가지를 더 설치하겠습니다. 마인크래프트와 파이썬이 대화를 하려면 스피곳Spigot이라는 프로그램이 필요합니다. 하지만 스피곳이 실행되려면 그보다 먼저 '자바'라는 것이 컴퓨터에 설치되어 있어야 합니다. 우선, 자바가 이미 설치되었을 수도 있으니까 이를 확인하는 과정부터 진행하겠습니다.

그림 1-1 Add Python 3.7 to Path에 체크 표시를 꼭 해 주세요.

1. **시작** 버튼을 클릭하고(키보드에서 윈도우 키를 눌러도 됩니다), 검색 상자에 **cmd**
   를 입력합니다. 명령 프롬프트라는 프로그램이 열립니다.

2. 배경이 검은색인 창이 나타납니다. 프롬프트(여기서는 C:\Users\user>)에서 java
   -version을 입력하고 엔터를 누릅니다.

3. 그림 1-2처럼 메시지가 출력되었고, 자바의 버전이 7 이후라면 적합한 버전의
   자바가 이미 설치된 겁니다. 출력된 내용에서 java version의 오른쪽 숫자 중
   첫 번째 점 다음의 숫자가 버전입니다. 7쪽 '마인크래프트 파이썬 API와 스피
   곳 설치하기' 절로 텔레포트해 주세요.

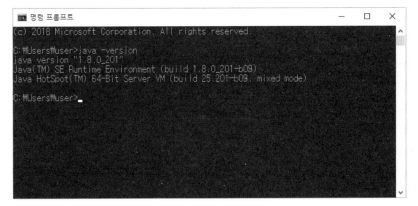

그림 1-2 java -version 명령을 입력하면 자바의 설치 유무를 확인할 수 있어요.

4. 자바를 찾을 수 없다거나 설치된 자바의 버전이 7 이전이라는 메시지가 출력되었다면 다음 과정에 따라 자바를 설치합니다.

자바를 설치하려면 다음 과정을 진행합니다.

1. http://www.java.com/ko/download/에 방문합니다.

2. **무료 Java 다운로드** 버튼을 클릭합니다. **동의 및 무료 다운로드 시작** 버튼을 클릭합니다.

3. 다운로드된 인스톨러를 클릭합니다. 프로그램이 컴퓨터를 변경할 수 있도록 허용하겠느냐고(혹은 이 앱이 디바이스를 변경할 수 있도록 허용하겠냐고) 물어보는 대화상자가 나타나면 **예**를 선택합니다.

4. 인스톨러가 나타나면 **설치**를 클릭합니다.

5. 지금부터 대단히 중요합니다. Ask Search App이라든가 Yahoo! 검색 표시줄 같은 다른 프로그램도 함께 설치하겠느냐고 묻는 대화상자가 나타나면 확인란에 체크 표시를 없애 이런 프로그램들을 설치하지 마세요. 필요한 프로그램들이 아니랍니다.

6. 야후!를 시작 페이지로 설정하겠느냐는 질문을 받을 수도 있습니다. 그러고 싶지 않겠죠? 다른 어떤 설정도 하지 않고 **다음**을 클릭합니다.

7. 잠시 기다리면 자바 설치가 끝납니다. **닫기** 버튼을 클릭합니다.

자, 자바가 올바로 설치되었는지 확인해 볼까요?

1. **시작** 버튼을 클릭하고(키보드에서 윈도우 키를 눌러도 됩니다), '검색' 상자에 cmd를 입력합니다. '명령 프롬프트'라는 프로그램이 열립니다.

2. 명령 프롬프트 창에서 java -version을 입력하고 엔터를 누릅니다.

3. 그림 1-2처럼 메시지가 출력되면 자바가 올바로 설치되었다는 뜻입니다. 반면에 'java'은(는) 내부 또는 외부 명령, 실행할 수 있는 프로그램, 또는 배치 파일이 아닙니다라는 메시지가 출력된다면, 자바가 올바로 설치되지 않은 겁니다. 어떻게 해야 할까요? 우선 자바를 다시 설치합니다. 그랬는데도 오류 메시지가 계속되면 도움말 페이지인 http://java.com/ko/download/help/에서 관련 내용을 검색해 보세요.

자! 드디어 끝났습니다. 자바를 설치했으니 마인크래프트 서버를 실행할 준비도 얼추 끝났습니다. 다음 단계를 진행해 볼까요?

마인크래프트 파이썬 API와 스피곳 설치하기

이제 마인크래프트 파이썬 API와 마인크래프트 서버를 컴퓨터에 설치해야 합니다.

그나저나 말이 좀 어렵죠? API가 무엇일까요? 애플리케이션 프로그래밍 인터페이스 Application Programming Interface를 줄여 API로 부르는데, 다른 사람들이 만든 애플리케이션과 서로 말이 통하려면 이 API라는 것이 필요합니다. 여기서는 여러분이 파이썬으로 만든 프로그램과 마인크래프트가 서로 말이 통하도록 하기 위해 마인크래프트 파이썬 API를 사용하는 겁니다. 아직도 감을 잡을 수 없나요? 다시 말해, 마인크래프트 게임 안에서 블록을 만든다거나 플레이어의 위치를 다른 곳으로 변경하는 파이썬 프로그램을 만들려면 그렇게 해 줄 수 있는 이 마인크래프트 파이썬 API가 꼭 필요하다는 뜻입니다.

마인크래프트 싱글 플레이 게임을 즐길 때는 API가 필요하지 않습니다. 하지만, 프로그램에서 마인크래프트 서버server와 말을 주고받으려면, 즉 소통하려면 API를 사용해야 합니다. 마인크래프트 서버는 하나의 게임 세계에서 많은 사람이 함께 플레이할 수 있도록 대개 온라인으로 운영됩니다. 여러분도 여러분의 컴퓨터에서 마인크래프트 서버를 운영하며 직접 플레이할 수 있습니다. 마인크래프트 멀티 플레이 서버든 싱글 플레이 서버든 서버를 운영하려면 마인크래프드 API가 필요합니다. 이 책에서는 스피곳Spigot이라는 싱글 플레이 마인크래프트 서버를 이용하겠습니다.

이제 API와 서버가 무슨 일을 하는지 감을 잡았나요? 그렇다면 이 둘을 직접 설치해 보겠습니다. 여러분을 위해 간편한 파일을 미리 만들어 두었으니 그 파일을 다운로드하겠습니다. 다음 과정을 잘 따라 오세요.

1. http://bit.ly/jpub_mcWin에 방문합니다. 그리고 윈도우용 Minecraft Tools.zip 파일을 다운로드합니다.

2. 다운로드한 파일을 마우스 오른쪽 버튼으로 클릭하고 **모든 파일 압축 풀기**를 선택합니다. 어느 곳에 압축을 풀지 묻는 대화상자가 나타나면 **찾아보기** 버튼

을 클릭하고 **내 문서**(또는 **문서**) 폴더를 선택합니다. **새 폴더 만들기** 버튼을 클릭하고, Minecraft Python이라는 폴더를 새로 만듭니다. 이 폴더를 선택하고 **확인**을 클릭합니다. **압축 풀기**를 클릭하면 모든 파일이 새 폴더에 풀립니다.

3. 내 문서 폴더에 만든 Minecraft Python 폴더로 이동합니다. 모든 파일을 확인할 수 있겠죠?

4. Minecraft Tools 폴더를 엽니다. 이 안에 무엇이 들었는지는 그림 1-3을 참고하세요.

5. Install_API라는 파일을 더블클릭합니다. 새 창이 열리면서 마인크래프트 파이썬 API가 설치됩니다. 경고 메시지가 표시되더라도 신경 쓰지 말고 **실행** 버튼을 클릭합니다.

6. 설치가 완료되면 아무 키나 누르라는 안내가 출력됩니다. 정말로 아무 키나 누릅니다.

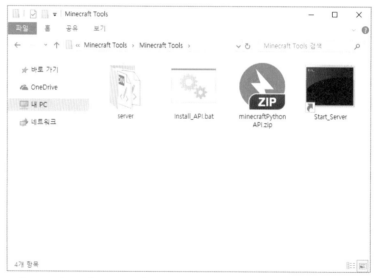

그림 1-3 **Minecraft Tools 폴더**

NOTE 간혹 pip를 인식할 수 없다는 오류 메시지가 출력될 수도 있습니다. 내용은 어렵지만 실은 파이썬이 올바로 설치되지 않아서 생긴 메시지입니다. 4쪽 '파이썬 설치하기' 절로 되돌아가 파이썬을 다시 설치하기 바랍니다. Add Python 3.7 to Path 확인란에 체크 표시가 있어야 한다는 것 잊지 마세요.

마인크래프트 파이썬 API와 마인크래프트 서버가 설치되었습니다. 이제 남은 일은 이 서버를 실행하는 것뿐이겠죠? 다음 절에서 서버를 실행하겠습니다.

스피곳 실행하기와 게임 프로파일 만들기

스피곳이 처음 실행되면 마인크래프트 세계가 자동으로 만들어지지만, 처음에는 몇 가지 설정 과정을 거쳐야 사용할 수 있습니다. 다시 말해, 스피곳과 마인크래프트가 항상 같은 버전으로 실행되도록 프로파일이라는 것을 설정하는 겁니다. 스피곳을 실행하려면 다음 단계를 진행합니다.

1. Minecraft Python 폴더로 이동하여 Minecraft Tools 폴더를 엽니다.

★ 옮긴이
게시자를 확인하지 못했다며 그래도 실행하겠느냐고 묻는 대화상자가 나타날 수 있습니다. 과감하게 **실행** 버튼을 클릭합니다.

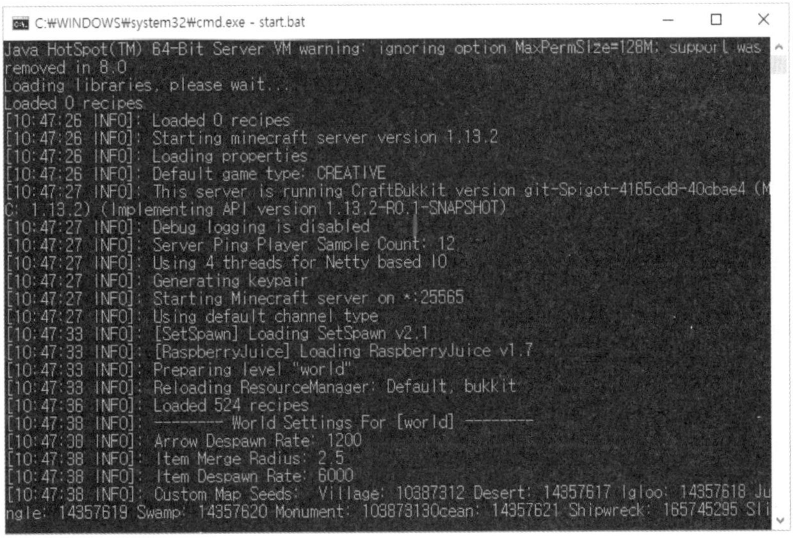

2. Minecraft Tools 폴더에서 Start_Server 파일을 더블클릭합니다.★ 액세스를 허용하겠느냐는 메시지가 표시되면 **액세스 허용** 버튼을 클릭합니다.

3. 잠시 기다리면 스피곳이 마인크래프트 서버를 시작해 줍니다. 화면에는 알 수 없는 텍스트가 주르륵 출력되는데, 이 텍스트들은 스피곳이 게임 세계를 만드는 과정에서 출력하는 것들입니다. 그림 1-4와 비슷한 결과가 표시될 텐데, 창을 위로 스크롤해서 텍스트 맨 위로 이동하세요. 대충 서너 행쯤 되는 곳에 Starting minecraft server version x.x.x라는 메시지가 보이나요? 그림에서는 서버 버전이 1.13.2네요.

그림 1-4 이 서버의 버전은 1.13.2입니다.

★ 옮긴이

스피곳은 마인크래프트와
버전이 같아야 합니다. 마
인크래프트가 업데이트되
면 기존 스피곳은 쓸모가
없어집니다. 그럴 때는 부록
의 '저는 왜 안 될까요?'를
참고해 스피곳의 버전과 같
은 마인크래프트를 골라 플
레이해야 합니다.

4. 이 창은 닫지 말고 그대로 놔둡니다.

5. 이제 마인크래프트를 실행합니다. 그림 1-5처럼 Minecraft Launcher 화면이
   니디니면 **PLAY**를 클릭하세요.★

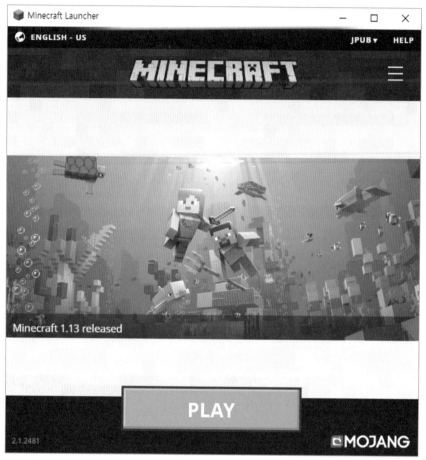

그림 1-5 Minecraft Launcher 화면

게임 세계 만들기

이제 새 마인크래프트 세계를 만들어 볼까요?

1. 마인크래프트를 시작합니다. 시작 화면에서 **멀티플레이**를 클릭합니다.

2. **서버 추가** 버튼을 클릭합니다.

★ 옮긴이
아쉽지만 한글을 올바로
입력하지 못합니다. 불편해
도 영어 이름으로 입력할
수밖에 없겠죠?

3. 서버 이름에 Minecraft Python World를 입력합니다.★ 서버 주소에 localhost
를 입력합니다. 여기까지가 그림 1-6입니다. **완료** 버튼을 클릭합니다.

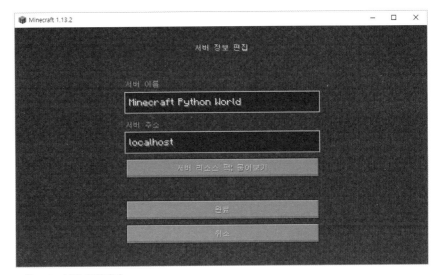

그림 1-6   서버 설정하기

4. Minecraft Python World를 더블클릭합니다. 이제 스피곳이 만들어 준 게임
세계가 열리겠죠?

새로 만든 마인크래프트 세계를 한번 둘러볼까요? 아마 크리에이티브 모드로 세
계가 만들어졌을 겁니다. 크리에이티브 모드의 세계에서는 하늘을 날 수 있어요!
하늘을 날려면 스페이스바를 두 번 누릅니다. 스페이스바를 계속 누르고 있으면
점점 더 높아지고, 시프트 키를 누르고 있으면 다시 땅으로 천천히 내려갑니다. 다
시 스페이스바를 두 번 누르면 순식간에 착륙합니다.

새로운 세계로 다시 시작하기

서버에서는 싱글 플레이 모드에서와 다른 방법으로 새로운 마인크래프트 세계를 만듭니다. 나음 과성에 따라 새보운 세계를 만늘어 뽈까요?

1. Minecraft Python 폴더로 이동합니다. Minecraft Tools 폴더를 마우스 오른쪽 비튼으로 클릭히고 **복사**를 클릭힙니다.

2. 빈 곳 아무 데나 마우스 오른쪽 버튼으로 클릭하고 **붙여넣기**를 선택합니다. 잠시 기다리면 'Minecraft Tools – 복사본' 폴더가 만들어집니다.

3. 이 복사본 폴더를 마우스 오른쪽 버튼으로 클릭하고 **이름 바꾸기**를 선택합니다. 저는 New World로 바꾸었는데, 여러분도 똑같이 따라 할 필요는 없습니다. 원하는 대로 바꾸세요.

4. New World 폴더(또는 여러분이 직접 바꾼 폴더)를 열고 server 폴더를 엽니다.

5. server 폴더에서 world 폴더, world_nether 폴더, world_the_end 폴더를 함께 선택합니다. 그림 1-7처럼 되겠죠? 키보드에서 Delete를 눌러 이 세 폴더를 삭제합니다.

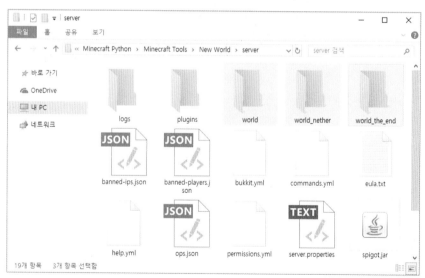

그림 1-7　삭제할 폴더들

6. 계속 server 폴더에서 start 파일을 더블클릭합니다. (잊지 마세요! server 폴더 안에 있는 start 파일을 클릭해야 합니다. 다른 곳에 있는 다른 파일과 착각하면 안 됩니다.) 마인크래프트 서버가 다시 시작하고 새로운 세계가 만들어집니다.

7. 이제 마인크래프트를 시작하고 Minecraft Python World를 열면 처음부터 새로 만들어진 세계와 마주하게 됩니다.

이 과정은 몇 번이든 원하는 대로 써먹을 수 있습니다. 이전 세계로 되돌아가려면 어떻게 해야 할까요? 그렇습니다. 언제든지 Minecraft Tools 폴더에 있는 Start_Server 파일을 클릭하여 실행하면 됩니다.

어떤 세계를 삭제하고 새로운 세계로 교체하려면, 삭제할 세계의 폴더에 있는 world, world_nether, world_the_end 폴더들을 삭제만 하면 됩니다.

오프라인으로 플레이하기

인터넷에 연결할 수 없는 환경에서는 마인크래프트를 어떻게 즐길 수 있을까요? 무턱대고 마인크래프트에서 서버에 연결하려고 하면 당연히 오류가 발생할 겁니다. 하지만 서버의 속성을 건드릴 수 있다면 이 문제를 해결할 수 있습니다. 우선, 서버 창이 열려 있으면 닫습니다. 그리고 Minecraft Python 폴더, Minecraft Tools 폴더, server 폴더의 순서대로 엽니다. server.properties 파일을 메모장 등의 텍스트 편집기에서 열고, online-mode라는 설정을 true에서 false로 변경합니다(그림 1-8). 이 파일을 저장합니다. Minecraft Tools 폴더로 돌아가 Start_Server 파일을 더블클릭하여 서버를 다시 시작합니다. 이제부터는 마인크래프트를 오프라인으로 즐길 수 있습니다.

```
server.properties - 메모장                                    —   □   ×

파일(F)  편집(E)  서식(O)  보기(V)  도움말(H)
#Minecraft server properties
#Thu Feb 21 18:37:02 KST 2019
generator-settings=
op-permission-level=4
allow-nether=true
level-name=world
enable-query=false
allow-flight=false
announce-player-achievements=true
prevent-proxy-connections=false
server-port=25565
max-world-size=29999984
level-type=DEFAULT
enable-rcon=false
force-gamemode=false
level-seed=
server-ip=
network-compression-threshold=256
max-build-height=256
spawn-npcs=true
white-list=false
spawn-animals=true
hardcore=false
snooper-enabled=true
resource-pack-sha1=
online-mode=false
resource-pack=
pvp=true
difficulty=1
enable-command-block=false
gamemode=1
player-idle-timeout=0
max-players=20
spawn-monsters=true
generate-structures=true
view-distance=10
motd=A Minecraft Server
```

그림 1-8 하이라이트된 설정을 true에서 false로 변경하기

서바이벌 모드로 전환하기

저는 기본(디폴트) 게임 모드를 크리에이티브 모드로 즐길 수 있도록 마인크래프트 서버를 설정했습니다. 크리에이티브 모드에서는 파이썬 프로그램을 작성하고 실행하기가 상대적으로 수월합니다. 플레이어의 체력이 떨어질 일도 없고, 배고파지거나 공격받을 일도 없기 때문입니다.

하지만 프로그램을 만들고 서바이벌 모드에서 테스트해야 할 때도 있습니다. 간단한 방법으로 크리에이티브 모드와 서바이벌 모드 사이를 왔다 갔다 할 수 있습니다.

크리에이티브 모드에서 서바이벌 모드로 서버를 전환하려면 다음 단계를 따릅니다.

1. Minecraft Tools 폴더를 열고 그 안에서 server 폴더를 엽니다.

2. server.properties 파일을 찾아 메모장 같은 텍스트 편집기에서 엽니다.

3. 그림 1-9에서처럼 gamemode=1 항목을 찾아 gamemode=0으로 변경합니다.

그림 1-9 **gamemode를 0으로 변경하여 서바이벌 모드로 전환하기**

4. 파일을 저장하고 메모장 등의 텍스트 편집기를 닫습니다.

5. Minecraft Tools 폴더에서 Start_Server 파일을 더블클릭하여 서버를 시작합니다. Minecraft Python World 게임을 서바이벌 모드에서 시작할 수 있습니다.

언제든지 크리에이티브 모드로 다시 전환할 수 있습니다. 지금 진행한 단계 중에서 3단계만 살짝 수정하면 되겠죠? server.properties 파일에서 gamemode=0을 gamemode=1로 변경하는 겁니다.

PC의 설정 과정이 모두 끝났습니다! 이제 코드를 작성할 때 필요한 IDLE을 만나 볼까요? 29쪽 'IDLE, 넌 누구냐?'로 텔레포트해 주세요.

맥 설정하기

파이썬으로 마인크래프트를 쥐락펴락하려면 다음 다섯 가지를 설치해야 합니다.

- 마인크래프트^{Minecraft}
- 파이썬 3^{Python 3}
- 자바 개발 키트^{Java Development Kit}
- 마인크래프트 파이썬 API
- 스피곳^{Spigot} 마인크래프트 서버

이제부터 하나씩 컴퓨터에 설치해 보겠습니다. 마인크래프트부터 시작할까요?

마인크래프트 설치하기

마인크래프트 최신 버전이 이미 여러분의 맥에 설치되어 있다면 18쪽 '파이썬 설치하기' 절로 텔레포트하세요. 설치된 마인크래프트가 최신 버전인지 잘 모르겠다고요? 그럼 다음 단계들을 차근차근 따라가며 최신 버전을 설치합니다.

마인크래프트는 마인크래프트 공식 웹사이트인 https://minecraft.net/에서 구입할 수 있습니다. 단, 미성년자는 부모님 등에게 도움을 받아야 합니다. 그리고 마인크래프트를 구입할 때는 계정부터 만들어야 하며, 계정을 만들 때 사용한 사용자명과 암호는 나중에 로그인할 때 꼭 필요하니 잊으면 안 됩니다.

마인크래프트를 구입하셨나요? 이제 다음 단계에 따라 마인크래프트를 직접 설치해 보겠습니다.

1. https://minecraft.net/download에 방문합니다.
2. '다운로드'를 클릭하여 Minecraft.dmg 파일을 저장합니다.
3. 잠시 기다리면 다운로드가 끝납니다(창문 한번 내다볼까요?). 이 파일을 열면 창이 나타나는데, 마인크래프트 아이콘을 Applications 폴더에 끌어다 놓습니다(그림 1-10).

마인크래프트가 깔끔하게 설치되었습니다.

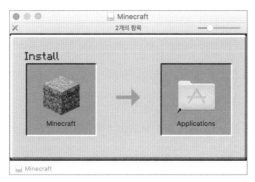

그림 1-10   마인크래프트 아이콘을 Applications 폴더에 끌어다 놓으면 마인크래프트가
           설치됩니다.

이제 뭘 해야 잘했다고 소문이 날까요? 주저하지 말고 마인크래프트를 실행합니
다. 잠시 기다리면 마인크래프트 창이 나타날 겁니다.

1. 마인크래프트를 열려면 Dock(독)에 있는 Finder(파인더) 아이콘을 클릭합니다.

2. 사이드바에서 응용 프로그램을 클릭합니다.

3. 응용 프로그램 폴더에서 마인크래프트 아이콘을 찾아 더블클릭합니다(그림
   1-11).

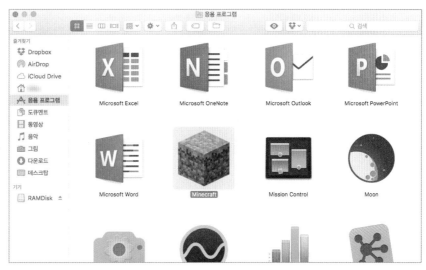

그림 1-11   응용 프로그램 폴더에서 마인크래프트 찾기

4. 마인크래프트를 열겠느냐고 묻는 대화상자가 나타날 수도 있습니다. 마인크래프트가 인터넷에서 다운로드한 애플리케이션이기 때문인데, 주저하지 말고 **열기**를 클릭합니다.

5. 마인크래프트가 시작되면 자동으로 업데이트가 설치될 수도 있습니다.

6. 로그인 창이 열리면, 마인크래프트를 구매할 때 만들었던 사용자명과 암호를 입력하고 **LOG IN** 버튼을 클릭합니다.

7. **PLAY**를 클릭합니다. 자동으로 업데이트 몇 가지가 더 다운로드될 수도 있습니다.

8. 마지막 단계입니다. 시작 화면에서 **Singleplayer**(싱글 플레이) ➡ **Create New World**(새로운 세계 만들기)를 클릭합니다. '새로운 세계'의 이름을 정하고 **Create New World**를 클릭합니다. 새로운 세계가 생성되면 실컷 즐길 준비가 끝난 셈입니다.★

★ 옮긴이
영어를 그대로 사용하며 마인크래프트를 즐기는 것도 좋지만, 여기서는 과감하게 한글로 변경하겠습니다. 마인크래프트의 타이틀 화면(시작 화면)에서 **Options...** ➡ **Language...**를 클릭하고, **한국어(한국)**를 선택합니다. **Done** 버튼이 **완료** 버튼으로 바뀌는 것을 확인하고, **완료** 버튼을 클릭합니다. **완료** 버튼을 한 번 더 클릭합니다. 이제 마인크래프트를 한글로 즐길 수 있습니다. 다만, 한글 번역이 온전하지 않고 한글 입력이 올바르지 않으니 유의해야 합니다.

우선 여기저기 돌아다니며 어떤 모습으로 자신의 세계를 만들지 생각해 보는 것도 좋을 듯합니다. 단, 어두워지면 조심해야 합니다. 몬스터가 출몰할 수도 있어요! 이 책으로 하나하나 공부하면서 만나게 될 멀티 플레이 게임 세계는 이 세계와 모습이 사뭇 다를 수도 있습니다. 22쪽 '스피곳 실행하기와 게임 프로파일 만들기'에서 자세하게 다루기로 하겠습니다.

다시 공부해요! 이제 파이썬을 설치해야겠죠? 마인크래프트에 고정됐던 마우스 커서를 풀려면 키보드에서 Esc를 누릅니다. 마인크래프트를 닫고 나머지 설치 과정을 계속 진행합니다.

파이썬 설치하기

파이썬은 이 책을 통해 배우게 될 프로그래밍 언어입니다. 일단 설치부터 할까요?

1. https://www.python.org/downloads/에 방문합니다.

2. **Download Python 3.7.2**라는 이름의 버튼을 클릭합니다. (이 버전이 2019년 3월 기준 최신 파이썬입니다. 여러분은 더 나중 버전을 다운로드할 수도 있습니다. 걱정하지 말고 최신 버전을 다운로드하면 됩니다.)

3. 다운로드된 인스톨러를 클릭합니다.

4. 인스톨러가 열리면 **계속** 버튼을 세 번 클릭합니다. 소프트웨어 사용권 계약에 동의해야 한다고 안내가 표시되면 **동의**를 클릭합니다.

5. **설치** 버튼을 클릭하면 파이썬이 설치되기 시작합니다. 저는 잠시 기다리는 동안 날씨를 확인했는데, 여러분은요?*

6. **닫기**를 클릭합니다. 이제 파이썬 설치가 모두 끝났습니다.

★ 옮긴이
새로운 소프트웨어를 설치할 때는 맥 사용자의 암호를 입력해야 합니다. 마인크래프트 계정의 암호가 아니니 주의하세요.

자바 설치하기

마인크래프트와 파이썬의 설치가 끝났습니다. 이제 이 둘이 서로 말을 주고받을 수 있도록 몇 가지를 더 설치하겠습니다. 마인크래프트와 파이썬이 대화를 하려면 스피곳^{Spigot}이라는 프로그램이 필요합니다. 하지만 스피곳이 실행되려면 그보다 먼저 '자바 개발 키트^{JDK}'라는 것이 컴퓨터에 설치되어 있어야 합니다. 본격적으로 시작해 볼까요?

1. http://www.oracle.com/technetwork/java/javase/downloads/index.html에 방문합니다. 커피 잔이 그려진 **Java DOWNLOAD** 버튼을 클릭합니다.

2. **Accept License Agreement**(라이선스 동의) 라디오 버튼을 선택하고 **macOS** 항목 오른쪽에 있는 jdk-11.0.2_osx-x64_bin.dmg 링크를 클릭합니다.*

★ 옮긴이
2019년 3월 기준 JDK 최신 버전이 11.0.2이었습니다.

3. 다운로드된 인스톨러를 클릭합니다.

4. 인스톨러가 열리면 설치 아이콘을 더블클릭합니다.

5. 암호를 입력하라고 안내를 받으면 암호를 입력합니다.

6. 잠시 기다리면 자바 설치가 끝납니다. **닫기** 버튼을 클릭합니다.

자, 이제 JDK가 올바로 설치되었는지 확인해 볼까요?

1. 독에서 **시스템 환경설정**을 클릭합니다.

2. 그림 1-12처럼 자바 아이콘이 나타납니다.

자! 드디어 끝났습니다. 자바를 설치했으니 마인크래프트 서버를 실행할 준비도 얼추 끝났습니다. 다음 단계를 진행해 볼까요?

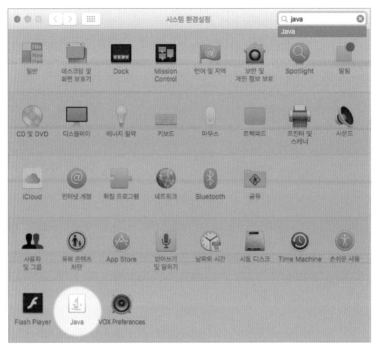

그림 1-12 　자바가 깔끔하게 설치되었습니다.

마인크래프트 파이썬 API와 스피곳 설치하기

이제 마인크래프트 파이썬 API와 마인크래프트 서버를 컴퓨터에 설치해야 합니다.

그나저나 말이 좀 어렵죠? API가 무엇일까요? 애플리케이션 프로그래밍 인터페이스 Application Programming Interface를 줄여 API로 부르는데, 다른 사람들이 만든 애플리케이션과 서로 말이 통하려면 이 API라는 것이 필요합니다. 여기서는 여러분이 파이썬으로 만든 프로그램과 마인크래프트가 서로 말이 통하도록 하기 위해 마인크래프트 파이썬 API를 사용하는 겁니다. 아직도 감을 잡을 수 없나요? 다시 말해, 마인크래프트 게임 안에서 블록을 만든다거나 플레이어의 위치를 다른 곳으로 변경하는 파이썬 프로그램을 만들려면 그렇게 해 줄 수 있는 이 마인크래프트 파이썬 API가 꼭 필요하다는 뜻입니다.

마인크래프트 싱글 플레이 게임을 즐길 때는 API가 필요하지 않습니다. 하지만, 프로그램에서 마인크래프트 서버server와 말을 주고받으려면, 즉 소통하려면 API를 사용해야 합니다. 마인크래프트 서버는 하나의 게임 세계에서 많은 사람이 함께 플레이할 수 있도록 대개 온라인으로 운영됩니다. 여러분도 여러분의 컴퓨터에서 마인크래프트 서버를 운영하며 직접 플레이할 수 있습니다. 마인크래프트 멀티 플레이 서버든 싱글 플레이 서버든 서버를 운영하려면 마인크래프트 API가 필요합니다. 이 책에서는 스피곳^{Spigot}이라는 싱글 플레이 마인크래프트 서버를 이용하겠습니다.

이제 API와 서버가 무슨 일을 하는지 감을 잡았나요? 그렇다면 이 둘을 직접 설치해 보겠습니다. 여러분을 위해 간편한 파일을 미리 만들어 두었으니 그 파일을 다운로드하겠습니다. 다음 과정을 잘 따라 오세요.

1. http://bit.ly/jpub_mcMac에 방문합니다. 그리고 맥용 Minecraft Tools Mac.zip 파일을 클릭하여 다운로드합니다.

2. 사파리 브라우저의 **다운로드 보기**를 클릭합니다. 다운로드된 파일을 마우스 오른쪽 버튼으로 클릭하고 **Finder에서 보기**를 클릭합니다.

3. 파인더에서 이 파일을 마우스 오른쪽 버튼으로 클릭하고 **'Minecraft Tools Mac.zip' 복사**를 클릭합니다.

4. 도큐멘트 폴더로 이동한 뒤, 빈 곳을 마우스 오른쪽 버튼으로 클릭하고 **새로운 폴더**를 클릭합니다. 새로운 폴더의 이름으로 MinecraftPython을 지정합니다. 이름 중간에 공백 문자가 없으니 주의하세요.

5. MinecraftPython 폴더를 엽니다. 빈 곳을 마우스 오른쪽 버튼으로 클릭하고 **항목 붙여넣기**를 클릭합니다. Minecraft Tools Mac.zip 파일이 이곳으로 복사됩니다.

6. 이 파일을 더블클릭하여 엽니다. (보통은 자동으로 압축 해체되지만, 파일이 열리지 않을 경우 **다음으로 열기 ➡ 아카이브 유틸리티**를 클릭합니다.)

7. 이 폴더의 내용물은 그림 1-13과 같습니다.

8. Install_API.command라는 파일을 마우스 오른쪽 버튼으로 클릭하고 **열기**를 선택합니다. 인터넷에서 다운로드한 프로그램이라며 열기를 확인하라는 팝업 창이 나타나면 **열기**를 클릭합니다.★

9. 설치가 완료되면 열렸던 창을 닫습니다.

★ 옮긴이
"Install_API.command'은(는) 확인되지 않은 개발자가 배포했기 때문에 열 수 없습니다.'라는 오류가 표시되면 다음 과정을 따르세요.

1. **시스템 환경설정**에서 **보안 및 개인 정보 보호**를 열고 **일반** 탭을 클릭합니다.

2. **다음에서 다운로드한 앱 허용**에서 확인 없이 열기를 클릭합니다.

3. "Install_API.command'은(는) 확인되지 않은 개발자가 배포했습니다. 열겠습니까?'라는 대화상자가 열리면 **열기**를 클릭합니다.

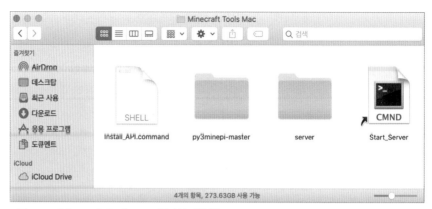

그림 1-13　Minecraft Tools Mac 폴더의 내용물

마인크래프트 파이썬 API와 마인크래프트 서버가 설치되었습니다. 이제 남은 일은 이 서버를 실행하는 것뿐이겠죠? 다음 절에서 서버를 실행하겠습니다.

스피곳 실행하기와 게임 프로파일 만들기

스피곳이 처음 실행되면 마인크래프트 세계가 자동으로 만들어지지만, 처음에는 몇 가지 설정 과정을 거쳐야 사용할 수 있습니다. 다시 말해, 스피곳과 마인크래프트가 항상 같은 버전으로 실행되도록 프로파일이라는 것을 설정하는 겁니다. 스피곳을 실행하려면 다음 단계를 진행합니다.

1. MinecraftPython 폴더로 이동하여 Minecraft Tools Mac 폴더를 엽니다.

2. Minecraft Tools Mac 폴더에서 Start_Server 파일을 마우스 오른쪽 버튼으로 클릭하고 **열기**를 클릭합니다. 정말로 열겠느냐고 묻는 팝업창이 나타나면 **열기**를 클릭합니다.

3. 스피곳이 마인크래프트 서버를 시작해 줍니다. 화면에는 알 수 없는 텍스트가 주르륵 출력되는데, 이 텍스트들은 스피곳이 게임 세계를 만드는 과정에서 출력하는 것들입니다. 그림 1-14와 비슷한 결과가 표시될 텐데, 창을 위로 스크롤해서 텍스트 맨 위로 이동하세요. 대충 서너 행쯤 되는 곳에 Starting minecraft server version x.x.x라는 메시지가 보이나요? 그림에서는 서버 버전이 1.13.2네요.

4. 이 창은 닫지 말고 그대로 놔둡니다.

```
                    — start.command — java ‹ start.command — 80×24
Java HotSpot(TM) 64-Bit Server VM warning: Ignoring option MaxPermSize; support
was removed in 8.0
Loading libraries, please wait...
Loaded 0 recipes
[11:09:04 INFO]: Loaded 0 recipes
[11:09:04 INFO]: Starting minecraft server version 1.13.2
[11:09:04 INFO]: Loading properties
[11:09:04 INFO]: Default game type: CREATIVE
[11:09:04 INFO]: This server is running CraftBukkit version git-Spigot-4165cd8-4
0cbae4 (MC: 1.13.2) (Implementing API version 1.13.2-R0.1-SNAPSHOT)
[11:09:04 INFO]: Debug logging is disabled
[11:09:04 INFO]: Server Ping Player Sample Count: 12
[11:09:04 INFO]: Using 4 threads for Netty based IO
[11:09:04 INFO]: Generating keypair
[11:09:05 INFO]: Starting Minecraft server on *:25565
[11:09:05 INFO]: Using default channel type
[11:09:09 INFO]: [SetSpawn] Loading SetSpawn v2.1
[11:09:09 INFO]: [RaspberryJuice] Loading RaspberryJuice v1.7
[11:09:09 INFO]: Preparing level "world"
[11:09:09 INFO]: Reloading ResourceManager: Default, bukkit
[11:09:11 INFO]: Loaded 524 recipes
[11:09:12 INFO]: -------- World Settings For [world] --------
[11:09:12 INFO]: Arrow Despawn Rate: 1200
[11:09:12 INFO]: View Distance: 10
```

그림 1-14 이 서버의 버전은 1.13.2입니다.

5. 이제 마인크래프트를 실행합니다. 그림 1-15처럼 Minecraft Launcher 화면이
   나타나면 **PLAY**를 클릭합니다.*

★ 옮긴이
스피곳은 마인크래프트와
버전이 같아야 합니다. 마
인크래프트가 업데이트되
면 기존 스피곳은 쓸모가
없어집니다. 그럴 때는 부
록의 '저는 왜 안 될까요?'
를 참고해 스피곳의 버전과
같은 마인크래프트를 골라
플레이해야 합니다.

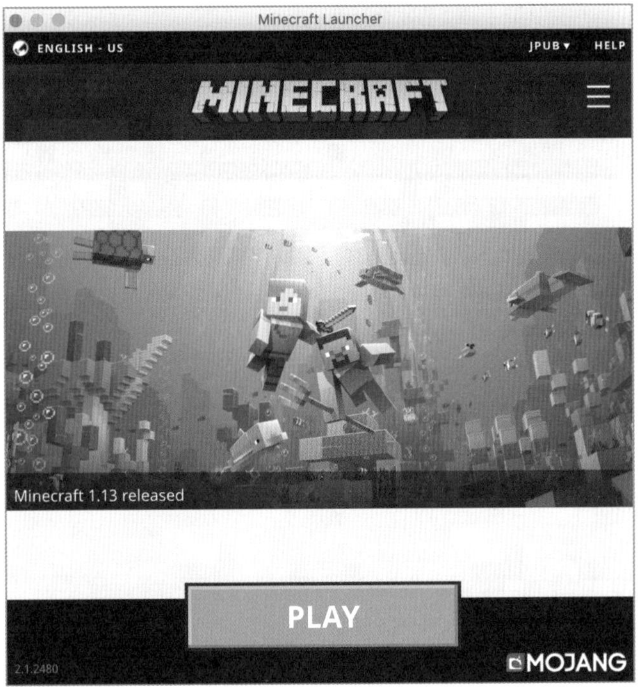

그림 1-15 Minecraft Launcher 화면

게임 세계 만들기

이제 새 마인크래프트 세계를 만들어 볼까요?

1. 마인크래프트를 시작합니다. 시작 화면에서 **멀티플레이**를 클릭합니다.

2. **서버 추가** 버튼을 클릭합니다.

3. 서버 이름에 Minecraft Python World를 입력합니다.* 서버 주소에 localhost 를 입력합니다. 여기까지가 그림 1-16입니다. **완료** 버튼을 클릭합니다.

4. Minecraft Python World를 더블클릭합니다. 이제 스피곳이 만들어 준 게임 세계가 열리겠죠?

★ 옮긴이
아쉽지만 한글을 올바로 입력하지 못합니다. 불편해도 영어 이름으로 입력할 수밖에 없겠죠?

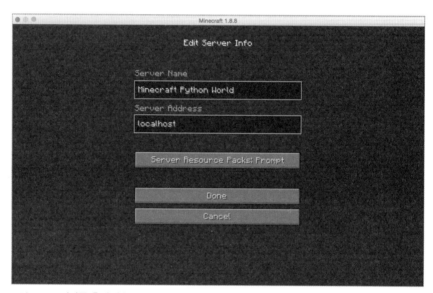

그림 1-16　서버를 추가해 놓으면 나중에도 쉽게 서버에 연결할 수 있습니다.

새로 만든 마인크래프트 세계를 한번 둘러볼까요? 아마 크리에이티브 모드로 세계가 만들어졌을 겁니다. 크리에이티브 모드의 세계에서는 하늘을 날 수 있어요! 하늘을 날려면 스페이스바를 두 번 누릅니다. 스페이스바를 계속 누르고 있으면 점점 더 높아지고, 시프트 키를 누르고 있으면 다시 땅으로 천천히 내려갑니다. 다시 스페이스바를 두 번 누르면 순식간에 착륙합니다.

새로운 세계로 다시 시작하기

서버에서는 싱글 플레이 모드에서와 다른 방법으로 새로운 마인크래프트 세계를 만듭니다. 다음 과정에 따라 새로운 세계를 만들어 볼까요?

1. MinecraftPython 폴더로 이동합니다. Minecraft Tools Mac 폴더를 마우스 오른쪽 버튼으로 클릭하고 **'Minecraft Tools Mac' 복사**를 클릭합니다.

2. 빈 곳 아무 데나 마우스 오른쪽 버튼으로 클릭하고 **항목 붙여넣기**를 클릭합니다. 'Minecraft Tools Mac 복사본'이라는 폴더가 새로 생깁니다.

3. 이 복사본 폴더를 마우스 오른쪽 버튼으로 클릭하고 **이름 변경**을 클릭합니다. 저는 New World로 바꾸었는데, 여러분도 똑같이 따라 할 필요는 없습니다. 원하는 대로 바꾸세요.

4. New World 폴더(또는 여러분이 직접 바꾼 폴더)를 열고 server 폴더를 엽니다.

5. server 폴더에서 world 폴더, world_nether 폴더, world_the_end 폴더를 함께 선택합니다. 키보드에서 command-delete를 눌러 이 세 폴더를 삭제합니다.

6. New World 폴더에서 Start_Server 파일을 더블클릭합니다. 마인크래프트 서버가 다시 시작하고 새로운 세계가 만들어집니다.

7. 이제 마인크래프트를 시작하고 Minecraft Python World를 열면 처음부터 새로 만들어진 세계와 마주하게 됩니다.

이 과정은 몇 번이든 원하는 대로 써먹을 수 있습니다. 이전 세계로 되돌아가려면 어떻게 해야 할까요? 그렇습니다. 언제든지 Minecraft Tools Mac 폴더에 있는 Start_Server 파일을 클릭하여 실행하면 됩니다.

어떤 세계를 삭제하고 새로운 세계로 교체하려면, 삭제할 세계의 폴더에 있는 world, world_nether, world_the_end 폴더들을 삭제만 하면 됩니다.

오프라인으로 플레이하기

인터넷에 연결할 수 없는 환경에서는 마인크래프트를 어떻게 즐길 수 있을까요? 무턱대고 마인크래프트에서 서버에 연결하려고 하면 당연히 오류가 발생할 겁니다. 하지만 서버의 속성을 건드릴 수 있다면 이 문제를 해결할 수 있습니다. 우선, 서버 창이 열려 있다면 닫습니다. 그리고 MinecraftPython 폴더, Minecraft Tools Mac 폴더, server 폴더의 순서대로 엽니다. server.properties 파일을 텍스트 편집기에서 열고, online-mode라는 설정을 true에서 false로 변경합니다(14쪽 그림 1-8 참고). 이 파일을 저장합니다. Minecraft Tools Mac 폴더로 돌아가 Start_Server 파일을 더블클릭하여 서버를 다시 시작합니다. 이제부터는 마인크래프트를 오프라인으로 즐길 수 있습니다.

서바이벌 모드로 전환하기

저는 기본(디폴트) 게임 모드를 크리에이티브 모드로 즐길 수 있도록 마인크래프트 서버를 설정했습니다. 크리에이티브 모드에서는 파이썬 프로그램을 작성하고 실행하기가 상대적으로 수월합니다. 플레이어의 체력이 떨어질 일도 없고, 배고파지거나 공격받을 일도 없기 때문입니다.

하지만 프로그램을 만들고 서바이벌 모드에서 테스트해야 할 때도 있습니다. 간단한 방법으로 크리에이티브 모드와 서바이벌 모드 사이를 왔다 갔다 할 수 있습니다.

크리에이티브 모드에서 서바이벌 모드로 서버를 전환하려면 다음 단계를 따릅니다.

1. Minecraft Tools Mac 폴더를 열고 그 안에서 server 폴더를 엽니다.

2. server.properties 파일을 찾아 텍스트 편집기에서 엽니다.

3. 15쪽 그림 1-9에서처럼 gamemode=1 항목을 찾아 gamemode=0으로 변경합니다.

4. 파일을 저장하고 텍스트 편집기를 닫습니다.

5. Minecraft Tools Mac 폴더에서 Start_Server 파일을 더블클릭하여 서버를 시작합니다. Minecraft Python World 게임을 서바이벌 모드에서 시작할 수 있습니다.

언제든지 크리에이티브 모드로 다시 전환할 수 있습니다. 지금 진행한 단계 중에서 3단계만 살짝 수정하면 되겠죠? server.properties 파일에서 gamemode=0을 gamemode=1로 변경하는 겁니다.

맥의 설정 과정이 모두 끝났습니다! 이제 코드를 작성할 때 필요한 IDLE을 만나볼까요? 29쪽 'IDLE, 넌 누구냐?'로 텔레포트해 주세요.

라즈베리 파이 설정하기

라즈베리 파이에 로그인하고 startx 명령을 입력하여 데스크톱(바탕 화면)을 시작합니다. (라즈베리 파이가 시작할 때 자동으로 이 데스크톱이 시작되는 경우도 많습니다.)

라즈베리 파이의 모델에 따라 파이썬의 버전이 다를 수 있습니다. 이 책에서는 최신 버전인 파이썬 3를 기준으로 하겠습니다.

라즈베리 파이에는 마인크래프트 파이 에디션Minecraft: Pi Edition이라는 마인크래프트의 축소 버전이 기본적으로 제공됩니다. 파이썬으로 마인크래프트를 프로그래밍하기 위한 기본 요소가 다 갖춰진 셈이죠. 라즈베리 파이 공식 재단의 웹사이트인 http://www.raspberrypi.org/에서 관련 내용을 찾아볼 수 있습니다.

간혹 마인크래프트가 기본으로 설치되지 않은 라즈베리 파이도 있습니다. 하지만 라즈베리 파이에 마인크래프트를 설치하는 방법은 매우 간단합니다. 우선, 라즈베리 파이를 인터넷에 연결합니다. 공식 웹사이트인 http://www.raspberrypi.org/에서 인터넷 연결에 대한 내용을 참고해도 좋습니다.

인터넷에 연결되면 다음 과정을 진행합니다.

1. 데스크톱(바탕 화면)에서 **LXTerminal**을 더블클릭합니다.
2. **LXTerminal**에서 다음 명령을 입력합니다.

```
$ sudo apt-get update
```

3. 업데이트가 끝나면 다음 명령을 입력합니다.

```
$ sudo apt-get install minecraft-pi
```

4. 잠시 기다리면 마인크래프트가 깔끔하게 설치됩니다.

라즈베리 파이의 마인크래프트는 PC나 맥 버전에 비해 몇 가지 제약이 있습니다. 게임 세계가 상당히 작고, 없는 블록이나 기능이 상당히 많습니다(예: 서바이벌 모드). 하지만 이 책으로 멋진 프로그램을 만들고 실행하기에는 부족함이 없으니 걱정 마세요.

일단 마인크래프트 파이썬 프로그램이 담길 폴더부터 만들어 볼까요? 작업표시줄에서 파일 관리자 아이콘을 클릭합니다. Documents 폴더에서 빈 곳 아무 데나 마우스 오른쪽 버튼으로 클릭하고 **새로 만들기 ➡ 폴더**를 클릭합니다. 폴더의 이름을 Minecraft Python으로 지정하고 **OK**를 클릭합니다.

NOTE 라즈베리 파이 초기 모델에서는 앞으로 작성할 여러 프로그램이 느리게 실행됩니다. 라즈베리 파이 초기 모델의 한계 때문입니다. 라즈베리 파이 2 이상의 최신 버전을 권장합니다.

마인크래프트를 열려면, 데스크톱 왼쪽 상단의 시작 메뉴를 클릭합니다. (라즈베리 파이 초기 모델에서는 시작 메뉴가 왼쪽 하단에 있습니다.) **게임**에서 **Minecraft**를 클릭합니다. 마인크래프트를 처음 시작할 때는 **Create World**를 클릭해야겠죠?

한 가지 유의해야 합니다. 창의 크기를 조절하지 말고 그대로 게임을 즐기세요. 창의 크기를 조절하면 문제가 생길 수도 있습니다.

간혹 다른 창이나 대화상자가 열릴 때(파일을 저장할 때 확인을 요구하는 대화상자 등) 마인크래프트 창 뒤로 숨는 경우가 있습니다. 그럴 때는 마인크래프트를 최소화하면 마인크래프트에 가려졌던 다른 창 등이 나타납니다. 마인크래프트를 설치하고 라즈베리 파이를 재시작하면 이런저런 문제가 해결될 수도 있습니다.

IDLE, 넌 누구냐?

이제 정말로 하나만 더 준비하면 됩니다. 파이썬 프로그램을 작성하고 실행할 소프트웨어인 IDLE을 확인하는 일입니다. 파이썬을 설치하면 이 IDLE도 함께 설치되므로 따로 설치해야 하는 번거로움은 없습니다. 백문이 불여일견! 어서 IDLE을 열어 볼까요?

윈도우 시작 메뉴를 열고 검색 상자에 **IDLE**을 입력합니다.

맥 응용 프로그램 폴더를 열고 IDLE 아이콘을 더블클릭합니다.

라즈베리 파이 데스크톱(바탕 화면)에서 Python 3라는 IDLE 아이콘을 더블클릭합니다.

그림 1-17과 비슷한 IDLE 창이 나타나는데, 이 창의 이름은 파이썬 셸입니다. 저는 파이썬 셸을 처음 봤을 때 정말 멋지다고 생각했습니다. 여러분은 어떤가요?

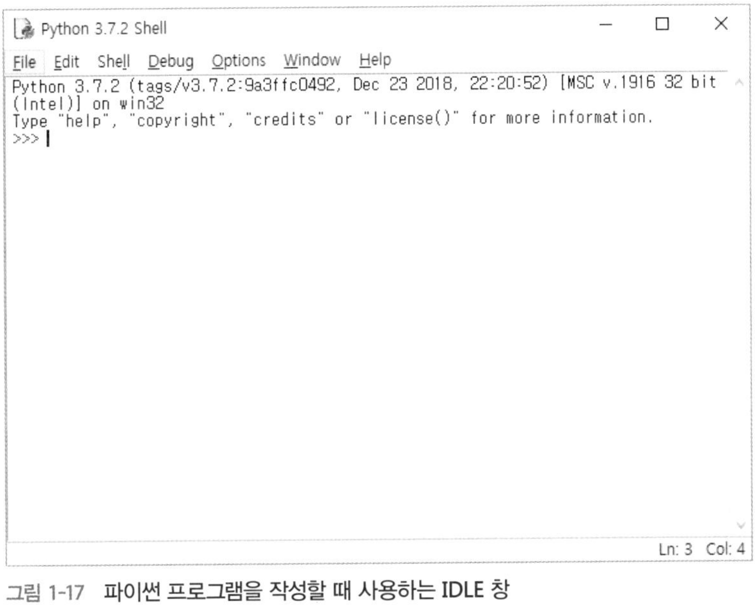

```
Python 3.7.2 Shell                                    —    □    ×

File  Edit  Shell  Debug  Options  Window  Help
Python 3.7.2 (tags/v3.7.2:9a3ffc0492, Dec 23 2018, 22:20:52) [MSC v.1916 32 bit
(Intel)] on win32
Type "help", "copyright", "credits" or "license()" for more information.
>>> |




                                                                    Ln: 3  Col: 4
```

그림 1-17 **파이썬 프로그램을 작성할 때 사용하는 IDLE 창**

파이썬 셸과 친해지기

파이썬 프로그램을 한 번에 한 행씩 작성하며 실행할 때는 파이썬 셸이 제격입니다. 코드를 한 행 작성하고 바로 실행하여 결과가 어떻게 출력되는지 확인할 수 있어 정말 유용하죠. 프로그램도 쉽게 작성할 수 있고 테스트도 쉽게 할 수 있는 파이썬 셸, 정말 대단하지 않나요?

행 맨 앞에 꺽쇠 세 개(>>>)가 보이는데, 이를 가리켜 **커맨드 프롬프트**라고 부릅니다. 커맨드 프롬프트 오른쪽에 파이썬 코드를 입력합니다. 아주 기본적인 명령부터 시작해 볼까요? 파이썬에서 두 수를 더하는 방법입니다.

가볍게 엔터를 눌러 커맨드 프롬프트가 올바로 표시되는지 확인하고 2 + 2를 입력합니다. 커맨드 프롬프트 자체(>>>)는 입력하지 않는 거 아시죠? 다음처럼 입력하면 됩니다.

```
>>> 2 + 2
```

명령을 입력하고 엔터를 눌러야 합니다. 파이썬 셸에 결과가 출력되겠죠? 예. 4가 출력됩니다.

```
>>> 2 + 2
4
```

셸에서는 텍스트도 사용할 수 있습니다. 다음 코드를 입력하고 엔터를 눌러 보세요.

```
>>> "W" + "o" * 5
Wooooo
```

Wooooo가 출력될 줄 예상했나요? 명령 맨 마지막에 있던 숫자는 영문자 o가 몇 번이나 반복되는지 결정합니다. 이 숫자에 따라 출력되는 단어의 길이가 바뀌겠죠? 20으로 한번 해 볼까요(다른 숫자도 상관없어요)?

```
>>> "W" + "o" * 20
Wooooooooooooooooooooo
```

Wooooooooooooooooooooo! 참 재밌는 파이썬 셸이죠?

혹시 눈치를 챘는지 모르겠지만 파이썬 셸의 코드와 실행 결과는 색색으로 표시됩니다. 이런 기능을 가리켜 어려운 말로 **문법 하이라이팅**^{syntax highlighting}이라고 합니다. 코드의 여러 부분에 색깔을 입혀 보기 쉽게 하는 기능을 나타내는 말입니다. 이 책에서 제공하는 모든 코드는 IDLE에서 표시하는 색깔 그대로 표시했습니다. 파이썬 셸과 같은 색깔이니 프로그램을 작성할 때 한결 수월해지겠죠?

이제 IDLE의 텍스트 편집기를 살펴보겠습니다.

IDLE에도 텍스트 편집기가 있다

좀 더 긴 프로그램을 작성할 때는 셸이 불편합니다. 그래서 IDLE에는 텍스트 편집기가 있습니다. 이 텍스트 편집기는 셸과 달리 코드를 입력하고 엔터를 누른다고 해서 실행 결과를 곧바로 보여 주지 않습니다. 따로 실행하라고 요구해야 합니다.

IDLE에서 **File** 메뉴를 클릭하고 **New File**을 선택합니다. 그림 1-18과 비슷한 새 창이 하나 열립니다. 바로 텍스트 편집기의 창입니다.

그림 1-18 **IDLE의 텍스트 편집기**

지금 제 귀에 이런 말이 들리는 것 같습니다. "어라! IDLE의 파이썬 셸과 똑같네?" 맞습니다. 그렇게 보입니다. 하지만 결정적인 차이가 있습니다. 새로 열린 창에는 커맨드 프롬프트(>>>)가 없습니다.

커맨드 프롬프트가 없으면 어떻게 다를까요? 직접 다음을 입력하고 엔터를 눌러 확인해 봅시다.

```
print(2 + 2)
```

4가 출력될 거라고 생각했나요? 엔터를 눌러도 화면에는 출력되는 것이 없습니다. 그냥 새 행으로 넘어갈 뿐이죠. 텍스트 편집기는 사용자가 엔터를 눌러도 코드를 실행하지 않기 때문에 여러 행을 입력해 놓고 한 번에 실행할 수 있습니다. 지금 몇 행을 더 입력해 볼까요? 다음과 같이 코드를 입력합니다.

```
print(2 + 2)
print("W" + "o" * 20)
print("PYTHON!")
print("<3s")
print("Minecraft")
```

IDLE 텍스트 편집기에서 작성한 파이썬 코드를 실행하려면 프로그램을 저장부터 해야 합니다. 프로그램을 저장하려면 메뉴에서 **File**을 클릭하고 **Save As**를 선택합니다. Minecraft Python 폴더에 Setting Up 폴더를 만들고, 이 프로그램을 Setting Up 폴더 안에 pythonLovesMinecraft.py로 저장합니다.

이제 프로그램을 실행해 볼까요? 메뉴에서 **Run**을 클릭하고 **Run Module**을 선택합니다. 셸 창이 열리고 프로그램의 실행 결과가 표시됩니다. 여기까지가 그림 1-19입니다.

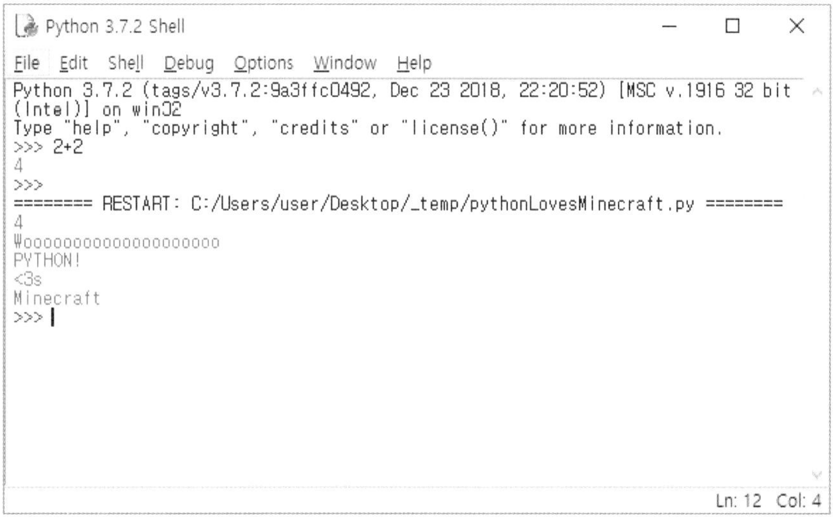

```
Python 3.7.2 Shell                                         —   □   ×

File  Edit  Shell  Debug  Options  Window  Help

Python 3.7.2 (tags/v3.7.2:9a3ffc0492, Dec 23 2018, 22:20:52) [MSC v.1916 32 bit
(Intel)] on win32
Type "help", "copyright", "credits" or "license()" for more information.
>>> 2+2
4
>>>
======== RESTART: C:/Users/user/Desktop/_temp/pythonLovesMinecraft.py ========
4
Wooooooooooooooooooooo
PYTHON!
<3s
Minecraft
>>> |



                                                              Ln: 12  Col: 4
```

그림 1-19 **파이썬 프로그램의 결과**

셀에서 코드를 입력했을 때와는 달리 텍스트 편집기에서 입력한 명령들은 그 결과
가 곧바로 표시되지 않습니다. 그래서 2 + 2 대신 print(2 + 2)를 사용한 겁니다. 너
무 깊이 파고들면 머리 아프겠죠? 지금은 이 정도로만 정리하겠습니다.

IDLE의 텍스트 편집기에서 프로그램을 실행하면 셸에서 그 결과가 표시됩니다.
다시 말해, 프로그램의 실행 결과는 언제나 셸에서 표시됩니다.

언제 파이썬 셸을 사용하고 언제 텍스트 편집기를 사용할까?

IDLE의 파이썬 셸과 텍스트 편집기가 어떻게 다른지 살펴봤습니다. 그렇다면 어
느 한쪽을 사용하는 것이 더 나을 때가 따로 있을까요? 일반적으로 저는 다시 사
용할 일이 없는 코드 몇 행을 테스트할 때 파이썬 셸을 사용합니다. 여기서는 짧
은 프로그램들을 실행할 때 파이썬 셸을 사용하겠습니다.

코드 행이 꽤 길거나 코드를 다른 곳에 다시 사용할 것 같으면 텍스트 편집기를
사용합니다. 여기서는 미션들을 수행할 때 텍스트 편집기를 사용하겠습니다. 물
론 텍스트 편집기를 사용하더라도 얼마든지 셸에서 빠르고 간편하게 코드를 테스
트할 수도 있습니다.

이 책에서 사용한 프롬프트

이 책에서는 IDLE의 파이썬 셸에서 작성되는 코드들은 모두 다음과 같이 커맨드 프롬프트(>>>)도 함께 표시하겠습니다.

```
>>> print("Wooooo Minecraft")
```

여러분도 직접 코드를 입력하여 파이썬 셸에 익숙해져야겠죠? 셸에서 표시되는 결과는 다음과 같습니다.

```
>>> print("Wooooo Minecraft")
Wooooo Minecraft
```

텍스트 편집기에서 작성하는 코드는 다음처럼 커맨드 프롬프트를 표시하지 않겠습니다.

```
print("Adventures")
```

이 코드의 실행 결과는 화면에 자동으로 표시되지 않습니다. 코드의 실행 결과를 확인하려면 이 코드를 직접 실행해야 합니다. 코드를 실행한 결과는 다음과 같이 표시하겠습니다.

```
Adventures
```

이 책에서 제공하는 코드를 좀 더 이해하기 쉽도록 하기 위해 다음과 같이 번호를 붙여 설명하겠습니다. 이런 번호가 붙은 코드 행은 모두 본문에서 설명하는 것들이니 같은 번호를 찾아 설명을 먼저 읽어도 괜찮겠죠?

❶ ❷ ❸ ❹ ❺ ❻

마인크래프트 파이썬 설정 테스트하기

이제 마지막으로 필요한 소프트웨어들이 올바로 설정되었는지 테스트해 볼까요? 우선, 마인크래프트에서 사용할 아주 기본적인 파이썬 프로그램을 하나 살펴보겠습니다.

PC 사용자든 맥 사용자든 다음 과정에 따라 필요한 세 가지 소프트웨어를 엽니다.

1. Minecraft Tools 폴더에서 Start_Server를 더블클릭하여 스피곳을 엽니다.
2. 마인크래프트를 열고 스피곳 서버에 연결합니다. 스피곳 서버에 연결하려면 멀티 플레이 메뉴에서 **Minecraft Python World**를 선택합니다.
3. 키보드에서 Esc를 누르면 마인크래프트에서 커서가 잠시 밖으로 풀리는데, 이때 IDLE의 파이썬 셸을 엽니다.

앞으로 프로그램을 작성하여 마인크래프트와 서로 소통하려면 지금처럼 세 가지 소프트웨어, 즉 서버, 마인크래프트, 파이썬 셸을 열어야 합니다.

라즈베리 파이 사용자는 IDLE과 마인크래프트만 열면 됩니다.

이제 다음 코드 행을 셸에 입력합니다. 단, 영문 대소문자를 반드시 구별해야 하니 주의하세요.

```
>>> from mcpi.minecraft import Minecraft
```

엔터를 누르고 다음 행에서 다음 코드 행을 입력합니다.

```
>>> mc = Minecraft.create()
```

여기서 그림 1-20과 비슷한 오류가 출력되면 어떤 문제가 있는 겁니다.

```
>>> from mcpi.minecraft import Minecraft
>>> mc = Minecraft.create()
Traceback (most recent call last):
  File "<pyshell#1>", line 1, in <module>
    mc = Minecraft.create()
  File "C:\Python34\lib\site-packages\mcpi\minecraft.py",
line 171, in create
    return Minecraft(Connection(address, port))
  File "C:\Python34\lib\site-packages\mcpi\connection.py"
, line 17, in __init__
    self.socket.connect((address, port))
ConnectionRefusedError: [WinError 10061] No connection co
uld be made because the target machine actively refused i
t
>>>
```

그림 1-20 스피곳이 시작되지 않았다는 의미의 오류 메시지

차근차근 따져 보겠습니다. 마인크래프트가 열려 있나요? 스피곳이 실행 중인가요? 멀티 플레이 모드인가요? 파이썬 버전(2가 아니라 3이어야 함)이 올바른가요? 처음 코드 행을 입력했을 때 오류가 일어났다면 API가 올바로 설치되지 않았다는 뜻입니다. API를 설치하는 단계로 되돌아가 다시 설치해 보세요. 두 번째 코드 행을 입력하고 오류가 일어났나요? 그렇다면 자바나 스피곳이 올바로 설치되지 않았을 가능성이 큽니다. 한 번에 하나씩 자바와 스피곳을 다시 설치해 보세요.

가장 먼저 생각해 볼 수 있는 원인은 설치된 자바의 버전이 낮기 때문입니다. 앞에서 설명한 '자바 설치하기'로 돌아가 자바의 버전을 확인해 보세요. 어떤 명령으로 확인할 수 있을까요? java -version이랍니다.

"ImportError: No module named 'mcpi'"와 비슷한 오류가 일어났다면 파이썬 버전이 오래되었을 가능성이 큽니다. 최신 버전의 파이썬으로 다시 설치해 보세요.

오류 메시지가 보이지 않는다면, 다음 행을 IDLE에 입력합니다.

```
mc.player.setTilePos(0, 120, 0)
```

엔터를 누르고 마인크래프트로 돌아가면 플레이어가 하늘 높이 날고 있을 겁니다. 코드 한 행을 실행하여 플레이어를 새로운 위치로 텔레포트했네요! 2장에서 좀 더 자세하게 다루겠습니다. 2장으로 달려가 볼까요?

2

변수, 단번에 텔레포트하다

이제 파이썬의 강력한 힘으로 마인크래프트 세계를 쥐락펴락할 모든 준비가 끝났나요? 이 장에서는 파이썬의 기본 지식을 다루겠습니다. 그리고 습득한 새로운 기술도 테스트할 겸 텔레포트를 직접 만들어 보겠습니다.

이 장에서 설명하는 개념들은 마인크래프트 파이썬에만 적용되는 것이 아닙니다. 어떤 파이썬 프로그램을 만들더라도 적용할 수 있는 개념들입니다.

프로그램이란 무엇일까?

프로그램program은 컴퓨터에 어떤 일(들)을 시키는 명령들을 한데 모아 놓은 것입니다. 휴대전화의 스톱워치 프로그램을 생각해 볼까요? 스톱워치 프로그램에는 사용자가 시작이나 중지를 눌렀을 때 무엇을 할지 알려 주는 명령들이 포함되어 있습니다. 그리고 시간을 화면에 표시하라는 명령도 포함되어 있습니다. 어떤 사람이 그렇게 동작하도록 프로그래밍을 한 것이겠죠.

지금 이 순간에도 전 세계적으로 수백만 개의 프로그램이 사용되고 있습니다. 휴대전화의 문자 앱도 프로그램이고, 마인크래프트 같은 컴퓨터 게임도 프로그램입니다. 거리의 신호등도 프로그램에 의해 제어됩니다.

이 책에서는 프로그래밍의 토대가 되는 지식과 프로그램을 작성하는 방법에 대해 설명할 것입니다. 이를 바탕으로 여러분의 멋진 아이디어가 마인크래프트에서 생명력을 얻을 수 있습니다.

변수에 데이터 저장하기

변수에 데이터를 저장하는 방법부터 살펴볼까요? 변수는 프로그램에서 데이터를 또 사용하려고 저장해 두는 공간입니다. 데이터는 숫자, 이름, 텍스트, 항목들의 리스트 등 기록하려는 정보를 가리킵니다. 예를 들어, 다음은 12라는 숫자 값을 저장하는 변수이며, 이름은 pickaxes입니다.

```
>>> pickaxes = 12
```

변수는 숫자나 단어뿐만 아니라 "빨리 탈출해!"처럼 문장도 저장할 수 있습니다. 이렇게 저장된 데이터는 얼마든지 변경할 수 있는데, 변수를 변경하면 마인크래프트에서 어떤 일을 깔끔하게 처리할 수 있습니다. 사실, 텔레포트의 강력한 힘을 이 변수로 발휘할 수 있습니다.

파이썬에서 변수를 만들려면 변수의 이름, 등호 기호(=), 값, 이렇게 세 가지가 필요합니다. 가령, 수많은 마인크래프트의 동식물을 헤치면서 멋진 모험을 떠난다고 생각해 봅시다. 먹을거리를 많이 챙겨야겠죠? 이때 이 먹을거리를 변수로 나타낼 수 있습니다. 예를 들어, 다음은 bread라는 이름의 변수이고 그 값은 145입니다.

```
>>> bread = 145
```

변수의 이름은 항상 등호 기호 왼쪽에 두고, 값은 오른쪽에 둡니다. 그림 2-1처럼 말이죠. 이 파이썬 코드 행에서는 bread라는 변수를 만들고 145라는 값을 대입(또는 지정)합니다.

변수를 선언하고 값을 대입(지정)했으면, 파이썬 셀에서 변수 이름만 입력하여 그 값을 확인할 수 있습니다.

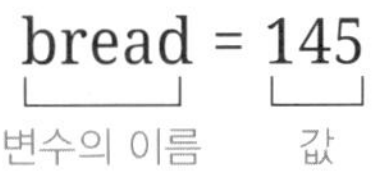

$$bread = 145$$

변수의 이름 　　　 값

그림 2-1 　변수 선언의 예. 빵을 145개나 가지고 있다니 배가 많이 고픈가 봐요.

```
>>> bread
145
```

변수에 이름을 붙일 때 별다른 제약은 없습니다. 다만, 변수의 목적이 드러나도록 이름을 붙여야 프로그램에서 무슨 일을 하는지 한눈에 알아볼 수 있을 겁니다. 그리고 규칙이라고는 할 수 없지만 영문 소문자로 변수 이름을 시작하는 것이 좋습니다. 한마디로 '파이썬 스타일'이죠. 파이썬 스타일은 지키기에 어렵거나 복잡한 방식도 아니니 습관을 들이는 것이 여러모로 바람직합니다.

NOTE 변수에 어떤 값을 저장한다고도 표현하지만 그렇다고 해서 영구적으로 저장되는 것은 아닙니다. 변수의 값은 컴퓨터의 임시 메모리에 저장됩니다. 다시 말해, 컴퓨터를 끄거나 프로그램을 종료하면 이 값은 사라집니다. IDLE을 닫았다가 다시 열어서 bread의 값을 다시 출력해 보세요. 어떻게 되나요?

프로그래밍 언어의 구조

문법syntax은 프로그래밍 언어의 규칙들을 모아 놓은 것으로, 우리가 사용하는 언어의 문법과 비슷합니다. 파이썬의 문법을 이해하면 프로그램을 작성하기가 더 편해집니다. 하지만, 올바른 문법을 사용하지 않으면 컴퓨터는 어떤 일을 하라고 명령을 받았는지 이해하지 못합니다.

코드 명령을 문장으로 생각해 볼까요? 영어에서 문장을 끝낼 때는 마침표(온점이라고도 합니다)를 찍습니다. 파이썬에서는 마침표를 사용하지 않고 그냥 새 행으로 넘깁니다. 새 행으로 넘어가기 전까지 명령을 문(문장)으로 부릅니다.

예를 들어, 곡괭이, 철광석, 조약돌 등을 몇 개 가지고 있다고 지정하려면 파이썬 셀에서 다음처럼 입력합니다.

```
>>> pickaxes = 12
>>> iron = 30
>>> cobblestone = 25
```

그림 2-2는 이 코드들을 파이썬 셸에서 실행한 모습입니다.

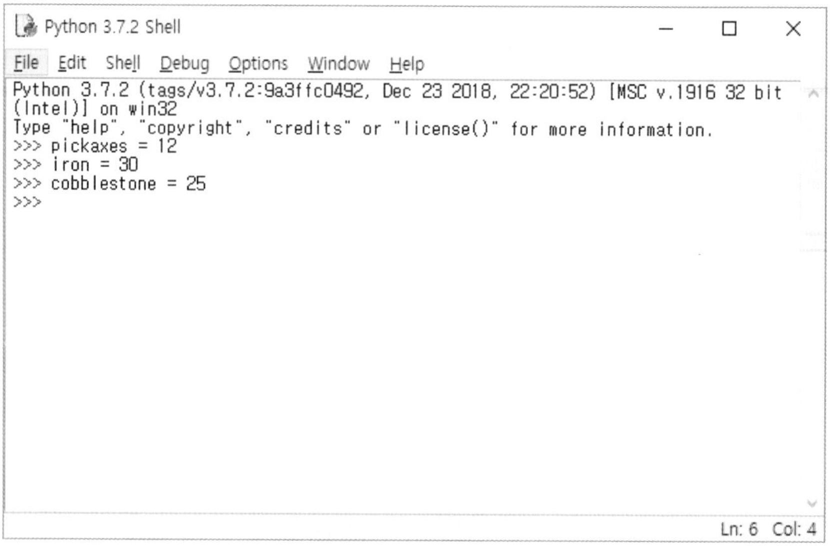

그림 2-2 **파이썬 셸에서 코드 입력하기**

문장마다 행 하나씩을 차지했기 때문에 파이썬은 세 변수를 파악하라는 명령을 이해하게 됩니다. 하지만 이 세 문장을 하나의 행으로 한꺼번에 입력하면 파이썬은 명령을 이해하지 못해 문법 오류를 출력합니다.

```
>>> pickaxes = 12 iron = 30 cobblestone = 25
SyntaxError: invalid syntax
```

문법 오류[syntax error]는 파이썬이 명령을 이해하지 못했다고 알리는 방식입니다. 파이썬이 왜 명령을 이해하지 못할까요? 문장이 어느 곳에서 끝나는지 다음 문장이 어느 곳에서 시작하는지 모르기 때문입니다.

다음처럼 문장을 공백 문자로 시작해도 파이썬은 문장을 알아채지 못합니다.

```
>>>    iron = 30
SyntaxError: unexpected indent
```

자세히 들여다보면 문장이 시작할 때 공백 문자가 있습니다. 'unexpected indent(들여쓰기가 잘못되었습니다)'라는 문법 오류가 생기면 공백 문자가 없어야 할 곳에 공백 문자가 있다는 의미로 받아들이면 되겠죠?

파이썬은 매우 까다롭게 코드 작성 규칙을 적용하고 있습니다. 이 책에 제시된 여러 예시 코드를 직접 입력하다 문법 오류가 난다면 입력한 코드를 세밀하게 들여다보아야 합니다. 원인은 대부분 글자를 잘못 입력한 데 있을 겁니다.

변수에 적용해야 할 문법 규칙

변수에 이름을 붙일 때 몇 가지 지켜야 할 문법 규칙이 있습니다. 파이썬이 이해하도록 적용할 규칙이므로 잘 알고 있어야 하겠죠?

- 기호를 넣으면 안 됩니다. 단, 밑줄(_)은 예외입니다.
- 숫자로 시작해서는 안 됩니다. 변수 이름 중간이나 끝에는 상관없습니다. 9bread는 허용되지 않지만, bread9는 올바른 이름입니다.
- 등호 양쪽으로 공백 문자를 반드시 넣어야 하는 것은 아닙니다. 있어도 되고 없어도 됩니다. 다만, 등호 양쪽으로 공백 문자가 있는 편이 더 읽기 편합니다.

변수는 매우 편리한 도구입니다. 다음 절에서는 변수의 값을 어떻게 변경하는지 살펴보겠습니다. 값의 변경은 플레이어를 텔레포트하는 데 아주 유용한 방법이랍니다.

변수의 값 변경하기

변수의 값은 언제든지 변경할 수 있습니다. 방법도 선언할 때와 같습니다. 일례로 고양이 다섯 마리를 만나 이 값을 변수로 저장하려고 한다면, 우선 cats라는 변수를 선언하고 여기에 5를 대입합니다. 파이썬 셸에서는 다음처럼 할 수 있겠죠?

```
>>> cats = 5
>>> cats
5
```

고양이를 다섯 마리 더 만났습니다. cats 변수의 값을 변경해야겠네요. 다음과 같이 cats의 값을 10으로 변경하면 어떻게 될까요?

```
>>> cats = 10
>>> cats
10
```

cats에 새 값을 대입했으니 cats는 5가 아닙니다. 프로그램에서 cats 변수를 사용하면 5가 아닌 10이 사용되겠죠?

★ 옮긴이
여기서는 '종류'라는 표현을 사용하지만 실제로 프로그래밍 언어에서는 그대로 '타입'이라고 부릅니다.

변수에 저장할 수 있는 데이터에는 여러 종류*가 있습니다. 데이터를 종류별로 나눈 것은 데이터 **종류**^{data type}마다 컴퓨터가 다루는 방법이 다르기 때문입니다. 우선, 가장 많이 사용하는 '정수'부터 살펴보겠습니다. 이 장 뒷부분에서 플로트^{float}라는 데이터 종류도 소개하겠습니다.

정수

정수^{integer}는 양의 정수와 음의 정수, 0을 나타냅니다. 가령, 10, 32, -6, 194689, -5 등의 값은 정수입니다. 3.14, 6.025 등은 정수가 아니겠죠?

여러분은 지금까지 아무런 어려움이나 문제없이 정수를 일상생활에서 사용했을 겁니다. 마인크래프트를 즐길 때도 마찬가지 아니었나요? 예를 들어, 언덕에서 소 12마리를 보고, 다이아몬드 5개를 캐고, 사과 2개를 보관함에 넣었다고 할 때, 이들 숫자 전부가 정수입니다.

돼지 5마리를 프로그램에서 사용한다고 생각해 볼까요? 파이썬에서 돼지가 몇 마리인지 나타내는 정수 변수를 선언하면 다음과 같습니다.

```
>>> pigs = 5
```

변수에는 음수도 저장할 수 있습니다. 가령, 온도가 영하 5도라면 이렇게 할 수 있겠죠?

```
>>> temperature = -5
```

이제 첫 번째 미션을 통해서 변수와 정수 사용법을 완벽하게 익혀 볼까요?

미션 #1: 플레이어 텔레포트하기

이번 미션에서는 변수가 어떻게 동작하는지 플레이어를 다른 곳으로 텔레포트하는 과정으로 알아볼 겁니다. 앞에서 배운 정수도 여기서 써먹을 거예요.

그림 2-3에 나타낸 대로 플레이어는 마인크래프트 세계에서 x, y, z 세 **좌표**로 나타나는 위치에 있습니다. y는 높이를 나타내고, x와 z는 수평 위치를 나타냅니다.

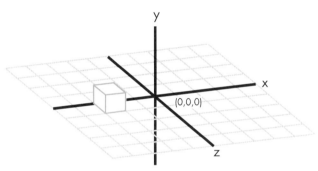

그림 2-3   **3차원 좌표**

마인크래프트 라즈베리 파이 버전에서는 그림 2-4처럼 플레이어의 위치가 게임 창 왼쪽 위에 숫자 세 개로 표시됩니다. PC 버전에서는 F3을 누르면 많은 정보가 묶음으로 나타나는데, 왼쪽 두 번째 묶음 정보에서 첫 번째 행을 찾아보세요. XYZ 라는 이름으로 된 행입니다. 그림 2-5를 참고하세요.

플레이어를 이리저리 이동하면 위치를 나타내는 숫자가 어떻게 바뀌는지 직접 확인해 보세요. 플레이어가 걸어 다니면 실시간으로 좌표가 업데이트됩니다. 굉장하죠? 그런데 아주 먼 거리를 이동하려면 당연히 시간도 많이 걸립니다. 파이썬을 이용하여 좌표 숫자를 변경하면 플레이어가 아주 먼 곳까지 단번에 이동할 수 있지 않을까요? 직접 해 볼까요?

그림 2-4 마인크래프트 파이 에디션에 표시된 플레이어의 위치

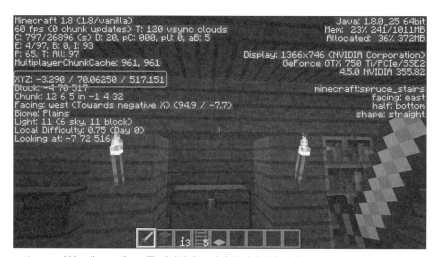

그림 2-5 마인크래프트 데스크톱 에디션에 표시된 플레이어의 위치

데스크톱이나 라즈베리 파이에서 다음 단계를 진행합니다.

1. IDLE을 열고 File ➡ New File(또는 New Window)을 클릭합니다. 그림 2-6처럼 빈 창이 열리겠죠? 라즈베리 파이에서처럼 일부 컴퓨터에는 파이썬이 여러 버전으로 설치된 경우도 있습니다. IDLE이 파이썬 3인지 반드시 확인해야 합니다.

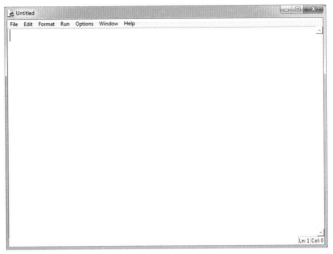

그림 2-6 **IDLE의 새 텍스트 편집기 창**

2. 새 창에서 File ➡ Save As를 클릭합니다.

3. 1장에서 만든 Minecraft Python 폴더 안에서 variables라는 폴더를 만듭니다.

4. variables 폴더에서 teleport.py라는 이름을 지정하고 **Save**를 클릭합니다.

이제 IDLE의 텍스트 편집기에서 다음 두 행의 코드를 입력합니다.

```
from mcpi.minecraft import Minecraft
mc = Minecraft.create()
```

이 두 행은 마인크래프트에 연결하기 위한 것입니다. 앞으로 어떤 프로그램을 만들든 이 두 행을 맨 처음에 항상 입력할 겁니다. 이제 위치를 나타내는 세 변수인 x, y, z를 만듭니다.

```
x = 10
y = 110
z = 12
```

이 세 변수는 플레이어를 텔레포트할 새 위치입니다. 지금은 10, 110, 12로 설정했습니다. 플레이어를 이 위치로 텔레포트하는 코드 행은 다음과 같습니다.

```
mc.player.setTilePos(x, y, z)
```

setTilePos()는 함수^{function}입니다. 함수는 어떤 일을 하도록 미리 만든 코드 모음을 말합니다. setTilePos(x, y, z)는 세 변수를 사용하여 플레이어의 위치를 변경하라고 마인크래프트에 알리는 함수입니다. 괄호 안의 x, y, z가 가지는 값은 가리켜 인수^{argument}라고 부릅니다. 변수를 인수로 함수에 **전달**하면 함수는 실행될 때 변수(여기서는 x, y, z)의 값을 사용할 수 있습니다.

WARNING 라즈베리 파이에서는 127보다 큰 값이나 –127보다 작은 값을 x와 z에 사용할 수 없습니다. 마인크래프트 파이의 세계는 작아서 이 범위를 넘어서는 값은 게임을 예기치 않게 종료시킬 수 있습니다.

코드 2-1은 지금까지 설명한 내용을 한군데로 모은 것입니다. 그림 2-7에서도 같은 내용을 확인할 수 있습니다.

teleport.py ❶
```python
# 마인크래프트에 연결합니다.
from mcpi.minecraft import Minecraft
mc = Minecraft.create()

# x, y, z 변수는 좌표를 나타냅니다.
x = 10
y = 110
z = 12

# 플레이어의 위치를 변경합니다.
mc.player.setTilePos(x, y, z)
```
코드 2-1 완성된 텔레포트 코드

이 프로그램의 이해를 돕기 위해 주석^{comment}❶을 추가했습니다. 주석은 코드가 어떤 일을 하는지 설명하는 문장입니다. 단, 파이썬은 주석을 무시하고 실행하지 않습니다. 다시 말해 파이썬은 주석으로 처리된 행을 건드리지 않습니다. 한 행을 주석으로 처리하려면 해시 마크(#)를 행 맨 앞에 추가합니다. 여기서는 teleport.py의 각 부분이 어떤 일을 하는지 곳곳에 주석을 심어 놓았습니다. 코드에 주석을 추가하는 습관은 매우 바람직합니다. 지금은 당연하게 보이는 코드도 나중에 다시 보면 이해하지 못할 때가 많기 때문입니다.

그림 2-7은 IDLE의 텍스트 편집기에서 완성한 프로그램 전체를 나타냅니다.

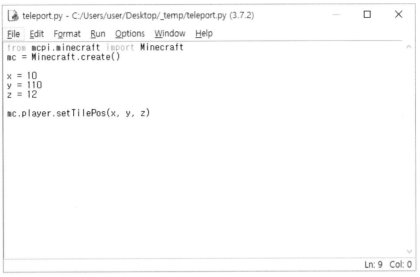

그림 2-7 IDLE의 텍스트 편집기에서 완성된 프로그램

이제 이 프로그램을 실행해 볼까요? 다음 과정을 진행합니다.

1. 마인크래프트를 엽니다.

2. 라즈베리 파이에서는 **Start Game**과 **Create a New World**를 클릭합니다. 윈도우 사용자는 9쪽, 맥 사용자는 22쪽의 '스피곳 실행하기와 게임 프로파일 만들기'에 설명된 대로 게임 세계를 엽니다.

3. 세계가 생성되면 키보드에서 Esc(라즈베리 파이에서는 탭 키)를 눌러 마우스를 풀어놓습니다. 이제 마인크래프트 창 밖으로 마우스를 이동할 수도 있고, 마인크래프트 창을 클릭하여 마인크래프트로 돌아갈 수도 있습니다. 그림 2-8은 IDLE과 마인크래프트 창을 나란히 배치한 모습입니다.

4. teleport.py 프로그램이 있는 IDLE 텍스트 편집기를 클릭합니다.

5. **Run ➡ Run Module**을 클릭하거나 F5를 누릅니다. 프로그램을 아직 저장하지 않았다면 저장부터 하겠느냐고 IDLE이 물어봅니다. **OK**를 클릭하여 프로그램을 저장합니다. **Cancel**을 클릭하면 프로그램이 실행되지 않습니다.

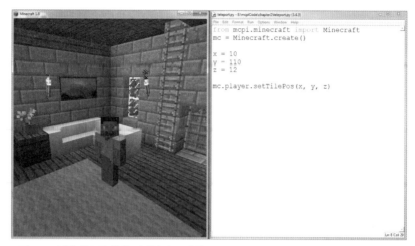

그림 2-8　이런 식으로 창을 정리하니 보기 좋죠?

이제 됐습니다! 프로그램이 실행되어 몇 초 뒤에는 여러분의 플레이어가 (10, 110, 120)의 좌표로 그림 2-9처럼 텔레포트되었습니다. 여러분의 세계는 책과 같지 않기 때문에 그림 2-9와 똑같은 모습이 그려지는 것은 아닙니다.

> **NOTE** 라즈베리 파이에서 IDLE을 실행할 때는 프로그램을 저장하라는 대화상자가 잠깐 나타났다가 마인크래프트 창 뒤로 숨을 수도 있습니다. IDLE이 '다운'된 것이 아니니 안심하고 마인크래프트 창을 최소화합니다. IDLE 대화상자에서 **OK**를 클릭하고 마인크래프트 창을 원래대로 합니다.

> 💬 **보너스 목표: 펄쩍펄쩍 뛰어다니기**
>
> 이제 텔레포트의 장점을 이용할 수 있나요? x, y, z를 다른 정수로 바꿔 플레이어의 위치를 변경해 보세요. 음수를 지정해도 된답니다!

그림 2-9 집에서 위치 (10, 110, 12)로 텔레포트한 모습. 늪 위에 있네요. 조심!

플로트

수에는 정수만 있는 것이 아닙니다. 소수점은 정수로 표현할 수 없는 값을 나타낼 때 사용됩니다. 예를 들어, 사과를 반쪽(0.5)만 가질 수 있습니다. 소수점을 사용하는 수를 가리켜 **부동소수점수**^{floating point number} 또는 줄여서 **플로트**^{float}라고 부릅니다. 파이썬이 사용하는 또 하나의 데이터 종류인 부동소수점수는 훨씬 더 정확한 값이 필요할 때 정수 대신 사용됩니다. 부동소수점수(플로트)는 3.0처럼 정수가 표현하지 못하는 수를 표현합니다.

플레이어의 위치 좌표에 소수점이 있었는데, 눈치챘을지 모르겠습니다(그림 2-4와 그림 2-5). 그 위치 좌표의 값이 플로트였습니다!

파이썬에서 플로트 변수를 선언하는 방법은 정수일 때와 같습니다. 예를 들어, x 변수를 1.34로 지정하려면 다음과 같이 입력합니다.

```
>>> x = 1.34
```

음수인 플로트를 만들려면 값 앞에 마이너스 기호(-)를 붙입니다.

```
>>> x = -1.34
```

다음 미션에서는 훨씬 더 세밀하게 텔레포트를 제어할 겁니다. 정확한 위치를 표현하려면 플로트를 꼭 사용해야겠죠?

미션 #2: 원하는 곳으로 정확하게 이동하기

앞에서는 정수를 사용하여 플레이어의 위치를 설정했습니다. 그렇다면 플로트를 사용하여 더욱 정확하게 플레이어의 위치를 설정할 수 있겠죠? 이번 미션에서는 미션 #1을 업데이트하여 플로트 값으로 플레이어를 텔레포트하겠습니다.

1. IDLE에서 teleport.py 프로그램(46쪽)을 엽니다. File ➡ Open을 클릭하고 variables 폴더에서 teleport.py 프로그램을 선택하면 되겠죠?

2. 이 파일의 복사본을 variables 폴더에 teleportPrecise.py로 만듭니다.

3. teleportPrecise.py 파일에서 x, y, z 변수를 정수 대신 플로트로 변경합니다. 그러니까 x, y, z의 값을 10, 110, 12에서 10.0, 110.0, 12.0으로 바꾸는 겁니다.

4. 마지막 행을 mc.player.setPos(x, y, z)로 변경합니다. Tile이라는 단어가 빠졌죠?

5. 프로그램을 저장합니다.

6. 마인크래프트 세계를 열고 코드를 실행합니다.

최종 코드는 다음과 같습니다.

teleportPrecise.py

```
# 마인크래프트에 연결합니다.
from mcpi.minecraft import Minecraft
mc = Minecraft.create()

# x, y, z 변수는 좌표를 나타냅니다.
x = 10.0
y = 110.0
z = 12.0

# 플레이어의 위치를 변경합니다.
mc.player.setPos(x, y, z)
```

여기서 사용한 mc.player.setPos(x, y, z)와 코드 2-1에서 사용한 mc.player. setTilePos(x, y, z)는 어떻게 다를까요? setTilePos() 함수는 텔레포트할 블록의 위치를 정하는 데 정수를 사용합니다. 반면, setPos() 함수는 정수 대신 플로트를 사용합니다. 텔레포트할 블록의 위치를 더욱더 정확하게 지정할 수 있는 겁니다. 저는 프로그램을 실행했더니 그림 2-10처럼 탑 꼭대기로 텔레포트했네요!

그림 2-10　플로트를 사용하여 훨씬 더 정확하게 탑 꼭대기로 텔레포트한 모습

보너스 목표: 정확한 텔레포트

플로트 양수와 플로트 음수 등 이것저것 섞어 x, y, z 변수의 값을 변경하고 프로그램을 다시 실행해 보세요. 그리고 값을 정수로 바꾸고 다시 프로그램을 실행해 보세요. 어떻게 되었나요?

time 모듈을 사용하여 천천히 텔레포트하기

파이썬 코드는 눈 깜짝할 사이에 실행됩니다. 하지만 잠깐잠깐씩 기다리도록 해서 전체적으로 천천히 실행하는 프로그램을 만들 수는 없을까요?

프로그램에서 시간을 사용하려면 time 모듈이 필요합니다. time 모듈에는 시간과 관련된 여러 함수가 들어 있습니다. time 모듈을 사용하려면 프로그램 맨 위에서 다음 코드를 추가해야 합니다.

```
import time
```

time 모듈이나 time 모듈에 제공되는 sleep() 함수를 사용할 때는 순서가 매우 중요합니다. sleep() 함수는 초 단위의 일정 시간만큼 프로그램의 실행을 기다리게 합니다. sleep() 함수는 time 모듈에서 제공하는 것이니 time 모듈을 먼저 가져와야 sleep() 함수도 사용할 수 있습니다. 이 순서가 맞지 않으면 파이썬은 sleep() 함수를 찾지 못해 당황한 나머지 프로그램을 더 이상 실행하지 못합니다. 그래서 어떤 모듈이든 사용하려면 프로그램 맨 위에서 어떤 모듈을 사용하겠다고 알리는 코드가 필요한 겁니다. 모든 import문은 프로그램 맨 위에 한데 묶어 두는 것이 좋습니다. 일례로, 저는 마인크래프트에 연결하기 위한 코드를 맨 위에 두고 그 밑으로 import time 코드를 둡니다.

다음은 sleep() 함수의 사용 예입니다.

```
time.sleep(5)
```

이 코드는 프로그램을 5초 동안 멈춥니다. 괄호 안에는 정수도 플로트도 사용할 수 있습니다. 플로트를 사용한 예는 다음과 같습니다.

```
time.sleep(0.2)
```

이 코드가 실행되면 프로그램은 0.2초 동안 멈춥니다. 자, 이 슬로모션 기능을 활용하여 다음 미션을 수행해 볼까요?

미션 #3: 텔레포트 여행

텔레포트의 매력은 플레이어를 어떤 곳으로든 한방에 보낼 수 있다는 것 아닐까요? 지금까지 배운 지식만 사용해도 마인크래프트 세계 어느 곳으로든 여행을 떠날 수 있습니다.

이번 미션에서는 미션 #1(43쪽)의 코드를 가져다 몇 군데 위치로 플레이어를 텔레포트하도록 수정할 겁니다. 플레이어는 한 곳으로 텔레포트한 뒤 몇 초 기다리다 다른 곳으로 다시 텔레포트하게 됩니다.

1. IDLE에서 teleport.py 프로그램(46쪽)을 엽니다. File ➡ Open을 클릭하고 variables 폴더에서 teleport.py 프로그램을 선택하면 되겠죠?

2. 이 파일의 복사본을 variables 폴더에 tour.py로 만듭니다.

3. 프로그램을 마인크래프트에 연결하는 코드 바로 다음에 import time을 추가합니다.

4. 프로그램 마지막에 time.sleep(10)을 추가합니다.

5. x, y, z 변수를 선언한 행들과 setTilePos() 함수 행을 복사해서 프로그램 마지막에 추가합니다. 그러니까 이들 코드는 프로그램에서 두 번 등장하는 겁니다.

6. x, y, z 변수를 두 번 다 아무 숫자로 변경합니다. 어떤 위치의 좌표를 일일이 알 수는 없으므로 게임에서 직접 어떤 장소로 이동하고 그 장소의 좌표를 옮겨 직었다가 코드로 입력해도 됩니다. 게임 안에서 좌표를 알 수 있는 방법은 앞에서 설명했었죠?

7. 프로그램을 저장합니다.

8. 마인크래프트 세계를 열고 코드를 실행합니다.

전체 코드는 다음과 같습니다.

tour.py

```
# 마인크래프트에 연결합니다.
from mcpi.minecraft import Minecraft
mc = Minecraft.create()
import time

# x, y, z 변수는 좌표를 나타냅니다.
x = # 직접 채우세요.
```

```
y = # 직접 채우세요.
z = # 직접 채우세요.

# 플레이어의 위치를 변경합니다
mc.player.setTilePos(x, y, z)

# 10초 동안 기다립니다.
time.sleep(10)

# x, y, z 변수는 좌표를 나타냅니다.
x = # 직접 채우세요.
y = # 직접 채우세요.
z = # 직접 채우세요.

# 플레이어의 위치를 변경합니다.
mc.player.setTilePos(x, y, z)
```

플레이어는 첫 번째 위치로 텔레포트한 뒤 10초 기다리다 두 번째 위치로 다시 텔레포트합니다. 그림 2-11을 참고하세요.

> **보너스 목표: 텔레포트 더더더**
>
> tour.py 코드를 복사하여 원하는 대로 몇 번이든 플레이어를 텔레포트하도록 수정해 보세요. time.sleep(10) 함수에서 10을 다른 값으로 변경해 보세요. sleep() 함수가 등장하는 곳마다 값을 달리하여 다음 위치로 텔레포트하기 전 기다리는 시간을 다양하게 해 보세요.
>
> 그리고 x, y, z 변수 중에서 하나만 변경하여 텔레포트해 보세요. 매번 모든 변수를 일일이 수정할 이유는 없겠죠? 정수 대신 플로트도 사용해 보세요.

그림 2-11   집으로 텔레포트하고 다시 사막으로 텔레포트한 모습

디버깅

사람은 누구나 실수를 합니다. 그것도 자주 합니다. 아무리 뛰어난 프로그래머라
고 해도 한 번에 모든 코드를 정확하게 작성하지는 못합니다. 올바르게 동작하는
프로그램을 작성할 수 있는 능력은 훌륭한 프로그래머가 갖춰야 할 능력 가운데
한 가지일 뿐이죠. 프로그램을 고치는 능력 또한 프로그래머에게 반드시 필요합니
다. 프로그램을 고치는 과정이 바로 디버깅debugging입니다. 프로그램의 오동작을 일
으키는 원인은 버그bug라고 부르고요. 이 절에서는 프로그램을 고칠 때 적용할 수
있는 여러 팁 등을 소개하겠습니다.

버그는 프로그램의 실행을 완전히 멈출 수도 있고, 예상하지 못한 결과를 초래할 수도 있습니다. 파이썬은 프로그램이 실행되지 않을 때 그림 2-12에서처럼 오류 메시지를 출력합니다.

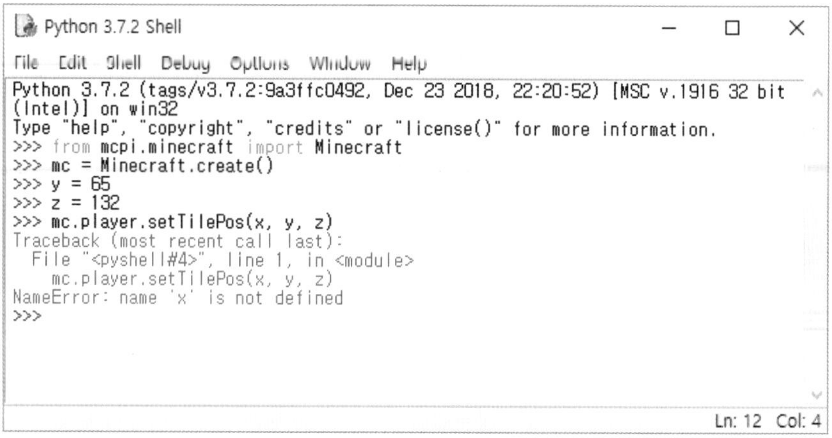

```
Python 3.7.2 Shell                                              —    □    ×

File  Edit  Shell  Debug  Options  Window  Help

Python 3.7.2 (tags/v3.7.2:9a3ffc0492, Dec 23 2018, 22:20:52) [MSC v.1916 32 bit
(Intel)] on win32
Type "help", "copyright", "credits" or "license()" for more information.
>>> from mcpi.minecraft import Minecraft
>>> mc = Minecraft.create()
>>> y = 65
>>> z = 132
>>> mc.player.setTilePos(x, y, z)
Traceback (most recent call last):
  File "<pyshell#4>", line 1, in <module>
    mc.player.setTilePos(x, y, z)
NameError: name 'x' is not defined
>>>

                                                              Ln: 12  Col: 4
```

그림 2-12 파이썬의 문법을 따르지 않았기 때문에 파이썬이 오류 메시지를 출력했습니다.

그림 2-12의 내용을 자세히 들여다볼까요? 파이썬 셸에 코드를 조금 입력했는데 오류 메시지가 출력되었습니다. 오류 메시지에는 많은 정보가 있지만, 마지막 행 (NameError: name 'x' is not defined)에 따르면 x 변수에 무언가 문제가 있다는 것을 알 수 있습니다. 구체적으로 말하자면, x 변수가 정의되지 않았다네요. 해결책은 x 변수를 정의하는 행을 추가하는 겁니다. 다음과 같이 말이죠.

```
>>> x = 10
```

이 행을 추가하면 오류 메시지가 해결됩니다. 다만, 모든 문제가 해결되었다는 뜻은 아니니 주의해야 합니다.

프로그램을 멈추지는 않아도 요상하게 동작하도록 하는 버그가 있을 때는 오류 메시지가 출력되지 않습니다. 우리는 예상하지 못했던 결과가 출력된 것으로 미루어 무언가 잘못되었다는 것을 알 수 있을 뿐입니다. 예를 들어, setTilePos() 함수를 빼먹었다고 해서 프로그램이 멈추거나 오류가 출력되지는 않습니다. 다만, 플레이어가 위치를 옮기지 않겠죠. 오류 메시지가 출력되지 않아도 온전한 프로그램이 아닌 것은 마찬가지 아닐까요?

문자 입력 오류가 가장 흔한 버그의 원인일 겁니다. 문자를 잘못 입력해 컴퓨터가 이해하지 못하게 되면 프로그램 자체가 실행되지 않을 수도 있습니다. 철자가 틀리지는 않았는지, 영문 대소문자가 올바르지 않았는지 세심하게 살펴야 하는 이유입니다.

미션 #4: 버그투성이 텔레포트 프로그램 고치기

이번 미션에서는 두 프로그램을 디버깅하겠습니다. 첫 번째 프로그램인 코드 2-2는 teleport.py(46쪽)와 비슷하지만, 실수가 다섯 군데나 있습니다. IDLE에서 새 파일을 열고, 코드 2-2를 teleportBug1.py로 복사합니다.

teleportBug1.py
```
from mcpi.minceraft inport Minecraft
# mc = Minecraft.create()

x = 10
  y = 11
z = 12
```

코드 2-2 텔레포트 프로그램의 오류 버전

다음 과정에 따라 이 프로그램을 디버깅합니다.

1. teleportBug1.py를 실행합니다.

2. 오류 메시지가 출력되면 무엇이 잘못되었는지 마지막 행에서 그 단서를 찾습니다.

3. 버그를 수정하고 코드를 다시 실행합니다.

4. 프로그램이 올바로 동작할 때까지 모든 버그를 수정합니다.

HINT setTilePos() 함수를 정말로 사용(호출)하는지 두 번 세 번 확인해야 합니다!

다른 프로그램의 버그도 잡아 볼까요? 코드 2-3도 실행은 되지만, 어떤 이유에선지 지정된 위치로 플레이어가 텔레포트하지 않습니다. 코드 2-3을 IDLE에서 teleportBug2.py로 복사합니다.

```
from mcpi.minecraft import Minecraft
mc = Minecraft.create()

x = 10
y = 110
z = -12

mc.player.setPos(x, z, y)
```

코드 2-3 두 번째 버그투성이 텔레포트 프로그램

이번에는 프로그램을 실행해도 teleportBug1.py에서와 달리 오류 메시지가 출력되지 않습니다. 쉽지는 않지만 코드를 찬찬히 들여다봐야 실수를 찾을 수 있을 겁니다. 원래는 플레이어가 위치 (10, 110, -12)로 텔레포트해야 합니다. 이 미션을 통해 코드 분석 능력을 한층 더 높이기 바랍니다.

두 프로그램에서 모든 버그를 수정했다면 어떤 문제가 있었는지 코드에 주석을 추가하세요. 사람은 비슷한 실수를 할 가능성이 크므로 주석을 만들어 놓으면 다른 버그를 수정할 때도 큰 도움이 됩니다.

이 장에서 배운 내용

축하합니다! 이제 여러분은 변수와 함수의 강력한 힘을 이용하여 마인크래프트 플레이어를 제어할 수 있는 파이썬 프로그램을 작성했습니다. 두 가지 데이터 종류(정수와 플로트)를 살펴보았고, 시간을 제어하고 이상한 프로그램을 디버깅도 했습니다. 그리고 마인크래프트 파이썬 API 중에서 두 가지 함수, 즉 setPos()와 setTilePos()를 체험했습니다.

3장에서는 블록을 설정하는 수학적 계산과 함수를 이용하여 마인크래프트에서 무언가를 빠르게 건설하는 방법을 익히게 될 겁니다.

CHAPTER

3

수학, 빨리 만들다

지난 2장의 내용은 변수를 만드는 방법과 변수의 값을 변경하는 방법
이었습니다. 이 장에서는 블록을 원하는 대로 만들어 복잡한 건물
도 빠르게 건설하기 위해 수학을 어떻게 이용해야 하는지 다루겠
습니다. 플레이어에게 슈퍼 점프의 강력한 힘을 부여하는 방법도
언급할 것입니다.

수식과 문장

우리는 다른 사람과 대화할 때 상대방이 이해하지 못하는 말을 하지는 않습니다.
"다이아몬드 세 개"나 "나무 뒤에" 같은 (어)구는 상대방에게 어떤 정보를 전달하
기 위한 표현입니다. 하지만 이런 표현은 "나무 뒤에서 다이아몬드 세 개를 발견했
어."처럼 온전한 문장에 접목되지 않고 그 자체로는 별다른 의미를 전달하지 못합
니다.

파이썬 프로그래밍에도 구나 문장과 비슷한 개념이 있습니다. 파이썬에서는 이를
가리켜 수식과 문(장)이라고 부릅니다.

어떤 값, 변수, 연산자 등을 결합하면 수식^{expression}을 만들 수 있습니다. 2 + 2가 수
식의 단적인 예입니다. 수식은 **문장**^{statement}에 결합될 수 있습니다. 2장에서 이미 그
런 예를 언급했습니다. 프로그램에서 어떤 구체적인 일을 하는 문장은 한 행일 수
도 있고, 여러 행에 걸친 코드 블록일 수도 있습니다. zombies = 2 + 2가 단적인 예
입니다. 이 예에서 2 + 2는 수식이고, zombies = 2 + 2라는 문장의 일부분입니다.

파이썬 셸보다 텍스트 편집기를 사용하는 편이 더 나은 긴 프로그램을 작성할 때
는 문장 전체를 입력해야 합니다. 예를 들어, 텍스트 편집기에서 작성한 프로그램
과 파이썬 셸은 2 + 2라는 수식을 전혀 다르게 처리합니다. 파이썬 셸에서는 2 + 2
의 결과로 다음처럼 4가 곧바로 출력됩니다.

```
>>> 2 + 2
4
```

하지만 텍스트 편집기를 사용할 때는 상황이 달라집니다. 파이썬은 입력된 수식
을 어떤 식으로도 처리하지 않습니다. 수식이 온전한 문장이 아니기 때문입니다.
수식을 온전한 문장으로 만들려면 다음처럼 수식을 변수에 지정해야 합니다.

```
zombies = 2 + 2
```

수식의 결과를 출력하려면 지정된 변수를 다음처럼 따로 출력해야 합니다.

```
print(zombies)
```

이 코드를 실행해야 4가 출력되는 거죠.

다시 한 번 강조하지만, 텍스트 편집기에서 프로그램을 작성할 때는 수식이 아닌
온전한 문장을 사용해야 합니다.

연산자

수학에서 **연산자**^{operator}는 수를 변경하거나 결합할 때 사용합니다. 가령, 더하기 연산자는 두 수(또는 여러 수)를 더하고, 빼기 연산자는 어떤 수에서 다른 수를 빼는데 사용합니다.

파이썬에서도 여러분이 이미 알고 있는 기본적인 수학 연산자를 모두 사용할 수있습니다. 더하기, 빼기, 곱하기, 나누기 등 기본 연산자뿐만 아니라 지수 등의 고급 연산자도 사용할 수 있습니다. 일단, 더하기부터 해 볼까요?

더하기

파이썬의 덧셈에는 예상했겠지만 더하기 기호(+)를 사용합니다. 예를 들어, 꽃이 둘있는데 둘을 더 얻으면 더하기 연산자를 사용하여 다음처럼 표현할 수 있습니다.

```
>>> flowers = 2 + 2
```

파이썬은 등호 기호 오른쪽의 수식을 계산하고 그 결과를 등호 기호 왼쪽의 변수에 대입(지정)합니다. 여기서 오른쪽 수식의 결과는 4입니다. 앞으로 별다른 일이없다면 flowers 변수는 4라는 값을 가지게 됩니다.

마인크래프트에서는 더하기를 사용하여 눈 깜짝할 사이에 건물을 만들 수 있습니다. 그럼 미션에 도전해 볼까요? 도전!

미션 #5: 블록 쌓기

마인크래프트에서 블록을 만들고 배치하려면 setBlock() 함수를 사용합니다. setBlock() 함수는 setPos()나 setTilePos()처럼 xyz 좌표를 인수로 받습니다. 그런데 앞선 함수들과 달리 받는 인수가 하나 더 있습니다. 네 번째 인수는 바로 '블록의 종류'입니다. 어떤 블록을 쌓을지 이 네 번째 값에 지정하면 됩니다.

마인크래프트에서 모든 것은 정수로 표현됩니다. 잔디, 용암, 수박 등을 비롯하여 모든 블록이 전부 특정 정수로 표현됩니다. 가령, 잔디는 2, 허공은 0, 물은 8, 수박은 103입니다. 361쪽 '블록 ID 치트 시트'에 전체 리스트를 마련해 두었습니다.

setBlock()을 사용하려면 xyz 좌표의 각 값과 블록의 종류를 나타내는 정수를 쉼표로 구분하여 전달합니다. 예를 들어, 수박 블록(103)을 좌표 (6, 5, 28)에 배치해 볼까요?

```
from mcpi.minecraft import Minecraft
mc = Minecraft.create()
mc.setBlock(6, 5, 28, 103)
```

이제는 익숙해졌을 두 행 다음으로 setBlock()에 모든 값이 지정된 행이 보입니다. 물론, 코드 3-1에서처럼 숫자 대신 변수를 사용해도 같은 효과를 낼 수 있습니다.

blockStack.py
```
from mcpi.minecraft import Minecraft
mc = Minecraft.create()
x = 6
y = 5
z = 28
blockType = 103
mc.setBlock(x, y, z, blockType)
```

코드 3-1 **수박 블록을 만드는 프로그램**

우선, 블록의 좌표를 나타낼 변수(x, y, z)와 종류를 나타낼 변수(blockType)를 만듭니다. 그리고 모든 변수를 setBlock() 함수에 전달하면, 마인크래프트 파이썬 API의 마술이 펼쳐집니다. 이제 프로그램 안에서 얼마든지 이들 변수를 사용할 수 있습니다. 더구나 변수의 값을 변경하고 싶을 때는 한 곳에서 몽땅 변경할 수 있습니다.

이 코드에 수학 연산자를 적용하면 아주 멋진 일을 할 수 있습니다. 한번 블록을 멋지게 쌓아 볼까요?

math라는 폴더를 Minecraft Python 폴더 안에 만듭니다. IDLE을 열고 빈 프로그램을 텍스트 편집기에서 만듭니다. 이 파일을 blockStack.py로 math 폴더에 저장합니다. 코드 3-1을 텍스트 편집기로 복사하고 코드 3-2의 두 행을 추가합니다. 이 두 행은 수박 블록을 지정된 위치에 하나 더 쌓습니다.

```
❶ y = y + 1
❷ mc.setBlock(x, y, z, blockType)
```

코드 3-2   첫 번째 수박 위에 두 번째 수박을 쌓는 코드

y의 값에 1을 더했고 ❶, setBlock() 함수를 사용하여 새 블록을 하나 더 만들었습니다 ❷. y의 값을 1 늘렸으니 두 번째 블록은 y축, 즉 위로 더 높은 곳에 배치됩니다. 두 블록이 쌓인 결과가 되겠죠?

미션은 여기서부터입니다. 블록을 두 개 더 쌓는 겁니다. blockStack.py 프로그램을 적절하게 수정하여 모두 네 개의 블록을 쌓아 보세요. 프로그램을 실행하면 그림 3-1처럼 4층짜리 수박 블록이 보여야 합니다.

그림 3-1   수박 블록을 쌓았어요!

HINT 블록 위에 블록을 또 쌓으려면 y 변수의 값을 1 늘리고 setBlock() 함수를 다시 사용합니다. 만일 프로그램 끝에서 이 두 문장을 다시 사용하면 어떻게 될까요? 세 번 사용하면 또 어떻게 될까요? 블록을 4층으로 쌓을 때 이 방법을 적용할 수 있을까요?

💬 **보너스 목표: 무지개 만들기**
blockStack.py 프로그램을 여러 가지 형태로 변형할 수 있겠죠? 블록의 종류를 여러 가지로 바꾸면 무지개나 용암탑 같은 것도 만들 수 있습니다. 블록의 종류를 바꿔 무엇을 만들 수 있는지 직접 확인해 보세요.

미션 #6: 슈퍼 점프

지난 2장에서는 플레이어의 위치를 어떻게 변경하는지 체험했습니다. 이제 여기서 한 단계 더 나아가 플레이어를 하늘 높이 보내 볼까요? 더하기의 마술을 써먹어야겠죠? 그렇려면 우선 플레이어가 지금 어디에 있는지 알아야 합니다. 코드 3-3에서처럼 getTilePos() 함수가 필요합니다

superJump.py
```python
from mcpi.minecraft import Minecraft
mc = Minecraft.create()

position = mc.player.getTilePos()
x = position.x
y = position.y
z = position.z
```
코드 3-3   플레이어의 위치를 알아내는 코드

position 변수와 x, y, z 사이의 점을 가리켜 **점 표기법**으로 부릅니다. 점 표기법은 마인크래프트 파이썬 API에서 사용하는 모든 함수(예: mc.setTilePos())에서처럼 변수나 함수에 적용됩니다. 자세한 내용은 11장과 12장에서 설명하겠습니다.

플레이어의 위치를 알면 x, y, z 변수를 플레이어의 현재 좌표에 설정할 수 있습니다. 이를 코드로 표현하면 position.x, position.y, position.z가 됩니다. 이제 현재 좌표를 기준으로 코드 3-4에서처럼 어떤 곳으로든 플레이어를 텔레포트할 수 있겠죠?

superJump.py
```python
x = x + 5
mc.player.setTilePos(x, y, z)
```
코드 3-4   플레이어를 5블록만큼 이동하는 코드

여기서는 플레이어를 x축으로 5블록 텔레포트했습니다. 하지만 얼마든지 다른 곳으로도 텔레포트할 수 있겠죠? 이번에는 슈퍼 점프를 해 볼까요?

이번 미션은 플레이어를 현재 위치에서 공중으로 10블록 높이 점프시키는 겁니다. 코드 3-3과 3-4를 살짝 수정하면 됩니다. 코드 3-3과 3-4를 IDLE에 복사하고 superJump.py로 저장합니다. x를 변경했던 대로 y 변수도 변경합니다. 프로그램을 실행하면 플레이어는 그림 3-2에서처럼 공중으로 점프하겠죠?

그림 3-2 슈퍼 점프 성공!

빼기

파이썬은 덧셈을 처리하듯 뺄셈을 처리합니다. 동굴을 탐험하고 있는데 거미가 공격하면 체력이 줄 겁니다.

```
health = 20
health = health - 2
```

health의 값은 18이 됩니다. 더하기 연산에서처럼 파이썬은 등호 오른쪽 연산의 결과를 왼쪽 변수에 지정합니다.

이제 마인크래프트에서 빼기의 재미를 느껴 볼까요?

미션 #7: 플레이어 밑의 블록 변경하기

마인크래프트에서 덫을 놓으면 좋겠다고 생각해 본 적이 있나요? 플레이어 발밑의 땅이 느닷없이 용암으로 바뀌는 걸 상상해 보세요. 파이썬을 사용하면 이런 상상을 현실로 이룰 수 있습니다. 플레이어의 현재 위치 아래에 블록을 놓을 수 있습니다. 사실, 코드 몇 행이면 얼마든지 플레이어 아래에 직접 어떤 블록이든 놓을 수 있습니다.

이번 미션에서는 플레이어 바로 아래의 블록을 용암으로 변경할 겁니다. 사용할 함수는 getTilePos()와 setBlock()입니다. 그런데 이번 미션은 좀 위험합니다. 재빨리 새로운 위치로 플레이어를 옮기지 않으면 플레이어는 용암으로 떨어지니 테스트할 때 조심해야 합니다.

코드 3-5의 프로그램은 플레이어의 현재 위치에 블록 하나를 만듭니다. 이 코드를 IDLE에서 새 파일로 복사하고 blockBelow.py로 저장합니다. 그리고 빼기 연산자를 사용하여 플레이어의 발 아래에 용암 블록을 놓을 수 있는 코드로 수정해 보세요. 그림 3-3처럼 되겠네요.

blockBelow.py

```
from mcpi.minecraft import Minecraft
mc = Minecraft.create()
pos = mc.player.getTilePos()
x = pos.x
y = pos.y
z = pos.z
blockType = 10
mc.setBlock(x, y, z, blockType)
```

코드 3-5 플레이어의 현재 위치에 블록을 놓는 코드

플레이어의 위치를 저장하는 변수의 이름이 pos입니다. 이 이름을 선택한 이유가 있습니다. 앞으로도 매우 자주 사용할 변수라서 이해하기 쉬운 이름으로 정했습니다. position보다 pos가 입력하기도 편하고 빠르겠죠?

y축은 블록의 위치에서 높이를 결정합니다. 플레이어 아래에 블록을 놓으려면 y 변수를 어떻게 변경해야 할까요?

보너스 목표: 플레이어를 에워싼 블록

플레이어 아래에 어떻게 블록을 놓는지 이해했을 겁니다. 그러면 플레이어 머리 위에는 어떻게 블록을 놓을까요? 방법을 알아내면 한 번에 여러 블록을 플레이어 주위에 놓아 보세요. 건물을 세우는 첫걸음입니다.

이 프로그램을 미션 #6(64쪽)과 합쳐 볼까요? 플레이어가 공중으로 점프하고 곧바로 플레이어 아래에 블록을 놓으면 플레이어가 떨어지지 않겠죠? 플레이어가 정말 높은 곳에서 용암 속으로 떨어지는 프로그램도 만들 수 있습니다.

그림 3-3　발 아래 블록을 변경하고 용암에 빠졌어요.

인수에 수학 연산자 사용하기

setBlock()이나 setTilePos() 등 함수를 사용할 때는 함수에 인수를 전달합니다. 인수는 함수가 실행될 때 사용할 값을 지정합니다.

지금까지 더하기와 빼기 연산자를 소개했습니다. 함수의 괄호 안에서도 두 연산자를 사용하여 인수의 값을 설정할 수 있습니다. 블록 쌓기를 했던 미션 #5(61쪽)로 잠시 돌아가 볼까요? setBlock() 함수의 괄호 안에서도 코드 3-6에서처럼 더하기 연산자를 사용할 수 있습니다. 문장을 따로 작성하지 않아도 괄호 안에서 얼마든지 두 값을 더할 수 있는 겁니다.

blockStack1.py

```
from mcpi.minecraft import Minecraft
mc = Minecraft.create()

x = 6
y = 5
z = 28
blockType = 103
mc.setBlock(x, y, z, blockType)
❶ mc.setBlock(x, y + 1, z, blockType)
```

코드 3-6　인수에 연산자를 사용한 블록 쌓기 프로그램 코드 3-6은 앞선 블록 쌓기 프로그램과 거의 같습니다. 더하기 연산자를 setBlock() 함수의 괄호 안에서 사용했다는 점이 다를 뿐입니다. 따로 문장을 만들기 않았죠. 마지막 행은 y + 1을 함수의 인수로 사용합니다 ❶. 이 인수의 값이 6 (5 + 1)이긴 하데 그렇다고 y 변수의 값이 변하는 건 아닙니다. y는 그대로 5입니다. y 변수의 값을 변경하지 않으면서도 y축을 변경할 수 있기 때문에 코드 내 다른 곳에서 y를 유용하게 다시 사용할 수 있습니다.

두 변수를 더해 인수 하나로 전달할 수도 있습니다. 코드 3-7은 코드 3-6과 거의 같지만 up이라는 새로운 변수를 사용하여 블록이 놓일 y축의 거리를 결정합니다.

blockStack2.py

```
from mcpi.minecraft import Minecraft
mc = Minecraft.create()

x = 6
y = 5
z = 28
blockType = 103
up = 1
mc.setBlock(x, y, z, blockType)
mc.setBlock(x, y + up, z, blockType)
```
❶ `mc.setBlock(x, y + up, z, blockType)`

코드 3-7 인수에 더하기 연산자를 사용한 두 번째 블록 쌓기 프로그램

마지막 행에서 y 변수와 up이 더해져 인수로 전달됩니다 ❶. 코드 3-6에서처럼 setBlock() 함수의 두 번째 인수는 6이 됩니다. y축으로 두 블록 더 높이 쌓으려면 up 변수를 2로 설정하면 됩니다. 변수를 사용하는 게 참 편리하죠? 지금까지 진행한 모든 결과를 그림 3-4에 나타내었습니다.

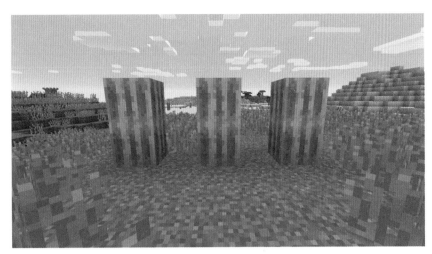

그림 3-4 같은 결과를 내는 세 버전의 프로그램

미션 #8: 빠르게 만들기

대개 마인크래프트에서 첫날은 은신처를 만드는 데 치중합니다. 지금까지 배운 내용으로도 단순한 집을 만들어 우아하게 하룻밤을 보낼 수 있습니다. 이번 미션의 프로그램은 건물의 벽과 천장, 바닥을 빠르게 만듭니다. 손으로 일일이 블록을 놓느라 아까운 시간을 허비하지 않고 코드 몇 행으로 기본 골격을 만들 수 있습니다.

블록 하나를 만들 때는 setBlock()을 사용했습니다. setBlock()에는 setBlocks()라는 친구가 있습니다. 이 친구는 직육면체 모양으로 블록들을 한꺼번에 만듭니다. 직육면체는 직사각형의 3차원 도형입니다. 직육면체의 길이와 너비, 높이는 서로 다른 값일 수 있습니다.

setBlocks() 함수를 사용하면 넓은 곳에서 많은 블록을 만들 수 있습니다. setBlocks()를 사용하려면 좌표 둘과 블록의 종류를 전달해야 합니다. 첫 번째 좌표는 직육면체의 한쪽 꼭짓점이고, 두 번째 좌표는 반대쪽 꼭짓점입니다. 그림 3-5에 직육면체의 두 꼭짓점과 그 좌표를 나타냈습니다.

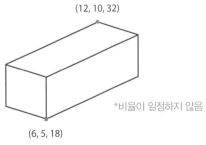

(12, 10, 32)

*비율이 일정하지 않음

(6, 5, 18)

그림 3-5 **직육면체의 크기를 알 수 있는 두 꼭짓점과 그 좌표**

그림 3-5의 직육면체를 만들어 볼까요? 블록의 종류는 조약돌로 지정할 텐데 여러분은 다른 종류로 해도 상관없습니다. 단, 용암이나 물, 공기 등은 이상한 집이 만들어진 테니 안 되겠죠?

```
building.py    from mcpi.minecraft import Minecraft
               mc = Minecraft.create()
           ❶ pos = mc.player.getPos()
               x = pos.x
               y = pos.y
               z = pos.z
               width = 10
               height = 5
               length = 6
           ❷ blockType = 4
           ❸ air = 0
               mc.setBlocks(x, y, z, x + width, y + height, z + length, blockType)
```

코드 3-8 직육면체 모양으로 블록 만들기

getTilePos() 대신 getPos()를 사용했습니다 ❶. getPos() 함수는 getTilePos() 함수와 같지만, 좌표를 정수가 아닌 플로트로 리턴한다는 점에서 다릅니다.

이 직육면체의 너비, 높이, 길이는 각각 10, 5, 6입니다. 그리고 블록 ID는 4, 즉 조약돌입니다 ❷. 완성된 건물을 그림 3-6에 나타냈습니다.

그림 3-6 프로그램이 만든 건물

하지만 이 집에는 '사소한' 문제가 있습니다. 집안이 블록으로 꽉 찬 겁니다. 프로 그램을 실행하고 건물의 한쪽 벽에 구멍을 내 보면 안이 비어 있지 않은 것을 알 수 있습니다. 그래도 직육면체가 훌륭한 시작임은 분명합니다. 이제 안을 비워 플 레이어가 들어갈 수 있도록 하는 일은 여러분 몫입니다.

이번에는 플레이어의 위치에 벽과 천장, 바닥이 있는 건물을 만드는 것이 미션입 니다. 미션을 완수하려면 바로 앞에서 만든 직육면체 안에 공기 블록의 직육면체 를 더 만들어야 합니다. 두 직육면체를 이용하여 빈 상자 모양을 만드는 거죠. 완 성된 프로그램의 결과를 그림 3-7에 나타냈습니다. 한쪽 벽에 구멍을 내면 안쪽이 빈 것을 알 수 있겠죠?

그림 3-7 **프로그램이 완성되면 안이 빈 직육면체가 만들어집니다. 직육면체는 건물을 빠르게 만드는 완벽한 방법입니다.**

코드 3-8에는 건물 안의 블록을 공기로 설정할 변수인 air가 이미 있습니다 ❸. 코 드 3-8을 IDLE로 복사하고 building.py로 저장합니다. 그리고 공기 블록 직육면체 를 만듭니다. 공기 블록 직육면체를 만들려면 마지막 행에 setBlocks()를 하나 더 추가해야 합니다. 공기 직육면체는 벽을 따라 안쪽 모두를 채워야 합니다. 더하기 와 빼기를 어떻게 사용해야 하는지 감이 잡히나요? 인내심을 가져야 합니다. 한 번에 안 되면 다른 방법을 써 봐야겠죠?

더하기와 빼기 연산자를 사용하여 벽 안쪽에 공기 직육면체를 만들 수 있습니다. setBlocks()
를 사용하여 공기 직육면체를 만들 때 첫 번째 x, y, z 인수를 1 늘립니다. 그리고 x + width,
y + height, z + length 인수에서 1을 뺍니다.

> •••• **보너스 목표: 이것저것 만들기**
>
> 건물을 만들었던 코드는 언제라도 다시 사용할 수 있습니다. 그런데 크기가 다른 건물
> 을 만들려면 어떻게 해야 할까요? 건물의 너비, 높이, 길이를 변경하려면 어떻게 해야
> 할까요?
>
> 몇 가지만 변경하면 프로그램을 다른 용도로도 사용할 수 있습니다. 이 코드를 살짝 수정
> 하여 수영장을 만들 수 있나요? 힌트: 안쪽 직육면체의 블록 종류를 물(블록 ID 8)로 변
> 경하고 바깥쪽 직육면체의 윗면을 없애면 수영장을 만들 수 있습니다.

곱하기

파이썬 코드에서는 곱하기가 여러분의 생각과 다소 다르게 보일 수 있습니다. 두
수를 곱할 때 사용하는 × 연산자는 파이썬에서 사용되지 않습니다. 파이썬(과 대
부분의 프로그래밍 언어)에서 사용되는 곱하기 연산자는 애스터리스크(*)입니다. 사
용되는 기호만 제외하면 곱하기 연산은 여러분의 생각과 동일하게 동작합니다.
2 * 2라는 수식의 결과는 4, 그러니까 2 × 2와 같습니다.

마인크래프트 집 밖에 나무가 네 그루 있다고 생각해 볼까요? 그런데 갑자기 나무
의 수가 두 배로 늘었습니다. 이를 코드로 나타내면 다음과 같습니다.

```
trees = 4
trees = trees * 2
```

이 예에서 trees의 값은 8입니다. 4 곱하기 2이니까 당연하겠죠?

나누기

파이썬에서 나누기는 슬래시(/)로 표현됩니다. 수학에서 사용하는 ÷ 기호는 사용
할 수 없습니다.

나누기 연산자는 한 값을 다른 값으로 나눕니다. 나뉘는 값은 슬래시 왼쪽에, 나누는 값은 오른쪽에 둡니다.

스켈레톤 8마리 중에서 절반이 도망갔다고 해 볼까요? 얼마나 남았는지 알려면 8 나누기 2를 계산해야 합니다. 이 나눗셈을 파이썬에서 표현해 보겠습니다.

```
skeletons = 8
skeletons = skeletons / 2
```

이제 스켈레톤이 4마리만 남았네요, 휴! 곱하기 연산자와 나누기 연산자를 본격적으로 사용해 볼까요?

미션 #9: 웅장한 첨탑

한 곳에서 변수의 값을 변경하면 이후 등장하는 이 변수 값이 모두 변경됩니다. 변수가 가진 강력함의 단적인 예입니다. 수학 연산자를 사용하여 변수의 값을 변경하면 정말로 다른 일을 하는 프로그램이 될 수도 있습니다. 대표적으로 곱하기 연산자와 나누기 연산자를 사용해 보겠습니다.

이번 미션에서는 나누기와 곱하기를 사용하여 매우 크고 좁은 탑, 즉 **첨탑**을 만들겠습니다.

그림 3-8은 프로그램을 실행한 뒤 등장한 첨탑의 모습입니다.

그림 3-8 **돌로 만든 첨탑**

프로그램에는 첨탑의 높이를 설정할 변수 하나가 사용되었습니다. 곱하기와 나누기를 사용하여 첨탑의 높이를 여러 가지로 지정할 수 있습니다.

코드 3-9는 첨탑을 만드는 프로그램입니다. 단, 첨탑의 각 부분을 지정하기 위해 height 변수나 수학 연산자를 사용하지는 않았습니다.

spire.py

```
from mcpi.minecraft import Minecraft
mc = Minecraft.create()

pos = mc.player.getTilePos()
x = pos.x
y = pos.y
z = pos.z

height = 2
blockType = 1

# 첨탑의 옆면: 같은 높이여야 합니다.
sideHeight = height
mc.setBlocks(x + 1, y, z + 1, x + 3, y + sideHeight - 1, z + 3, blockType)

# 첨탑의 꼭짓점: 높이의 두 배입니다.
❶ pointHeight = 4
mc.setBlocks(x + 2, y, z + 2, x + 2, y + pointHeight - 1, z + 2, blockType)

# 첨탑의 밑단: 높이의 절반입니다.
❷ baseHeight = 1
mc.setBlocks(x, y, z, x + 4, y + baseHeight - 1, z + 4, blockType)
```

코드 3-9 첨탑 만들기 프로그램

코드 3-9를 IDLE에서 새 파일로 복사하고 math 폴더에 spire.py로 저장합니다. 이 프로그램을 실행하면 첨탑이 만들어지지만, height 변수를 변경하고 프로그램을 다시 실행한다고 해서 첨탑의 각 높이가 모두 변경되지는 않습니다.

이 문제를 어떻게 해결해야 할까요? height 변수에 따라 첨탑 각 부분의 높이도 변경되도록 하려면, pointHeight ❶와 baseHeight ❷ 변수에 height에 따른 곱하기 및 나누기 연산을 적용해야 합니다. pointHeight는 height의 두 배로, baseHeight는 height의 절반으로 하려고 했죠? pointHeight = height * 2, baseHeight = height / 2 이렇게 하면 되지 않을까요?

이렇게 코드를 수정하면 이제는 height가 변경되면 첨탑의 다른 부분도 함께 변경됩니다.

다른 부분까지 일부러 변경할 까닭이 없어지는 거죠.

height 변수를 변경하고 프로그램을 다시 실행해 보세요. height 변수를 3으로 변경하면 첨탑은 그림 3-9처럼 만들어집니다.

그림 3-9 **height**를 더 크게 변경하면 더 높은 첨탑을 만들 수 있습니다.

height에 따라 pointHeight와 baseHeight도 변경되기 때문에 첨탑을 변경하기가 쉬워졌습니다. height를 여러 가지 값으로 변경해 보세요. 만들어지는 첨탑의 모양도 직접 확인해 보세요!

지수

같은 수를 계속 곱하는 지수도 파이썬에서 표현할 수 있습니다. 예를 들어, 3^4(3의 네제곱)은 3 * 3 * 3 * 3으로 표현할 수 있죠.

하지만 파이썬에서는 **라는 지수 연산자를 제공합니다. 곱하는 수, 즉 밑은 지수 연산자 왼쪽에 두고, 곱하는 횟수, 즉 지수는 오른쪽에 둡니다.

마인크래프트 농장을 만든다고 하면, 우선 땅을 경작해야 합니다. 4블록 × 4블록짜리 경작지를 네 번 붙여 여기에 밀을 아주 많이 경작할 수 있습니다. 이를 수학적으로는 4 * 4 * 4, 즉 4³으로 표현할 수 있습니다. 다음은 경작할 밀의 양을 계산하는 코드입니다.

```
wheat = 4 ** 3
```

결과는 64이어야 합니다. 4 * 4는 16이고, 16 * 4는 64입니다.

괄호와 연산 순서

한 수식에서 수학 연산자를 이것저것 섞어 사용할 때는 잘못 계산될 수도 있으므로 주의해야 합니다. 연산자마다 우선순위^{priority}라는 것이 있어서, 곱하기와 나누기가 왼쪽에서 오른쪽으로 가장 먼저 계산되고, 더하기와 빼기가 뒤이어 계산됩니다. 다음 수식을 한번 볼까요?

```
mooshroom = 5 * 2 - 1 + 4 / 2
```

곱하기와 나누기가 항상 먼저 계산되므로 수식을 왼쪽에서 오른쪽으로 훑으며 5 * 2가 먼저 계산되어 10이 되고, 4 / 2가 계산되어 2가 됩니다. 이제 수식은 10 - 1 + 2가 됐죠? 파이썬은 수식을 다시 왼쪽에서 오른쪽으로 훑으며 10에서 1을 빼고 이 결과에 2를 더해 11을 최종 결과로 mooshroom에 지정(대입)합니다.

그런데, 수식에 괄호를 사용하면 연산 순서를 조절할 수 있습니다. 괄호 안의 연산자가 가장 먼저 계산되기 때문입니다. 괄호가 연산 순서를 어떻게 조절하는지 살펴볼까요? 우선, 괄호가 없는 다음 수식을 살펴보겠습니다.

```
zombiePigmen = 6 * 3 - 2
```

이 수식에서는 zombiePigmen이 16입니다. 왜 그럴까요? 6 * 3은 18이고 이 값에서 2를 빼면 16이죠? 그런데 다음처럼 괄호를 넣으면 어떻게 될까요?

```
zombiePigmen = 6 * (3 - 2)
```

zombiePigmen은 6이 됩니다! 일반적인 연산 순서를 따르지 않고, 3 - 2가 먼저 계산된 뒤, 여기에 6을 곱해야 하므로 최종 결과는 6입니다.

어떤 순서를 정해서 계산하려면 괄호를 사용해야 합니다. 괄호는 파이썬 수식을 자유자재로 다룰 수 있는 도구인 셈입니다.

유용한 방법들

이어지는 절들에서는 여러분의 파이썬 프로그래밍 레벨을 '업'할 수 있는 여러 가지 수학 기술을 소개하겠습니다. 그리고 지금까지 설명했던 내용을 미션으로 정리해 보겠습니다.

줄임 연산자

변수에 연산자를 적용하고 그 결과를 다시 변수에 저장하는 일은 꽤 흔합니다. 예를 들어, 양떼에 양 다섯 마리를 더해 보겠습니다.

```
sheep = 6
sheep = sheep + 5
```

그런데 이런 문장을 자주 입력하다 보면 슬슬 귀찮아지기 시작합니다. 좀 더 간편한 방법은 없을까요? 파이썬은 수학 연산자를 변수에 적용하고 그 결과를 다시 변수에 지정하는 **줄임 연산자**를 제공합니다. 줄임 연산자에는 다음 네 가지가 있습니다.

- 더하기(+=)
- 빼기(-=)
- 곱하기(*=)
- 나누기(/=)

가령, 더하기 줄임 연산자를 사용하여 앞의 문장을 다시 작성하면 다음과 같습니다.

```
sheep = 6
sheep += 5
```

sheep의 결과는 당연히 11입니다.

난수와 놀기

프로그램에 재미를 더하는 데는 여러 방법이 있습니다. 난수도 그중 하나입니다. 실제로 우리가 즐겨 하는 많은 보드 게임은 난수를 바탕으로 만들어집니다. 주사위를 굴려 무작위로 나오는 수만큼 칸을 이동하는 게임은 정말 많습니다. 주사위 굴리기가 바로 난수의 전형적인 예라 할 수 있습니다.

파이썬에서 쉽게 난수를 만들 수 있는 방법이 있습니다. 이제 그 방법으로 주사위 굴리기를 흉내 내 볼까요? 단, 만들어야 하는 수는 1에서 6 사이여야 합니다.

```
❶ import random
❷ diceValue = random.randint(1, 6)
```

난수를 만들려면 프로그램 맨 처음에 import random을 포함해야 합니다 ❶. randint() 함수 ❷는 여느 수와 다를 바 없는 정수를 만듭니다. 괄호 안의 인수는 첫 번째 수와 두 번째 수 사이에서 값들을 만들어 내라고 randint()에 알립니다. 여기서는 1, 2, 3, 4, 5, 6 중에서 한 값이 생성되겠죠?

randint()를 사용하여 난수를 변수의 값에 더할 수 있습니다. 더구나 음수인 난수도 만들 수 있습니다. 한번 살펴볼까요?

```
import random
score = 0
score += random.randint(0, 99)
points = random.randint(-99, 99)
```

파이썬이 만든 난수 중에서 score에 더해지는 가장 작은 수는 0입니다. 그리고 가장 큰 난수는 99죠. 한편, 인수가 음수인 다음 행에서는 points가 –99로 지정될 수도 있습니다.

미션 #10: 슈퍼 점프 2탄!

이 장의 마지막 미션입니다. 거리를 난수로 지정하여 플레이어를 그곳으로 점프하게 해 볼까요? 현재 위치를 저장하고 이 위치에 난수를 더해 새로운 위치로 이동하게 하는 겁니다. –10에서 10 사이의 난수를 x축과 z축의 값으로 사용하고, 0에서 10 사이의 난수를 y축의 값으로 사용합니다.

코드 3-10을 IDLE의 새 파일로 복사하고 randomJump.py로 저장합니다.

randomJump.py
```
from mcpi.minecraft import Minecraft
mc = Minecraft.create()
import random

pos = mc.player.getPos()
x = pos.x
y = pos.y
z = pos.z

❶ x = x + random.randint(-10, 10)
mc.player.setPos(x, y, z)
```
코드 3-10 미완성의 무작위 점프 프로그램

변수 y와 z에 사용할 난수 생성 코드는 아직 작성하지 않았습니다. 여러분의 몫으로 남겨 두겠습니다. 코딩을 마치면 플레이어는 그림 3-10처럼 미지의 곳으로 단번에 점프하겠죠? 재미를 더한 것이 바로 난수라는 점, 잊지 마세요!

이 코드에서는 줄임 연산자를 사용하지 않았습니다. ❶행에 줄임 연산자를 사용해 보세요.

그림 3-10　무작위로 위치를 정했더니 나무 위가 되었습니다. 여러분은 어느 곳으로 점프했나요?

> **보너스 목표: 무작위 블록 텔레포트**
>
> randomJump.py 프로그램을 더 '난수스럽게' 만들어 볼까요? 플레이어가 새로운 위치로 점프하면 그 밑에 아무 블록이나 하나를 놓는 겁니다. 플레이어를 텔레포트하는 과정은 미션 #1(46쪽 teleport.py)을 참고하면 되겠네요. 만일 어딘가로 이동했는데 옴짝달싹 못하면, teleport.py를 다시 실행합니다. 또다시 다른 곳으로 텔레포트하게 되겠죠?

이 장에서 배운 내용

여러분은 이 장에서 파이썬의 수학 계산 방법을 배웠습니다. 더하기, 빼기, 곱하기, 나누기는 파이썬 프로그램에서 매우 자주 사용하는 연산입니다. 그리고 난수를 만드는 방법도 경험했고, 난수를 이용하여 아주 유용한 프로그램도 만들었습니다. 참 대단한 프로그램이었죠?

4장에서는 문자열 데이터 종류를 소개하겠습니다. 문자열은 문자나 기호, 수 등을 담는 데 사용됩니다. 문자열은 마인크래프트에서 매우 유용합니다. 마인크래프트의 대화(채팅) 기능에 사용할 수 있기 때문이죠. 또한, 대화 내용을 처리하는 일 등에도 문자열을 사용할 수 있습니다.

CHAPTER

4

문자열, 마인크래프트와 말을 하다

2장과 3장에서 정수와 플로트를 다루었는데. 이 둘은 수의 종류였습니다. 이 장에서는 문자열^{string}이라는 데이터 종류를 사용합니다. 문자열을 사용하면 숫자뿐만 아니라 글자와 기호까지 다룰 수 있습니다.

문자열은 프로그램을 사용하는 사람에게 데이터를 표시하는 데 사용됩니다. 프로그래밍에서 중요한 부분이기도 합니다. 파이썬이 데이터를 화면으로 출력하면 사용자는 이 데이터를 볼 수 있겠죠.

마인크래프트에서는 여러 곳에서 문자열을 사용할 수 있습니다. 멀티 플레이 모드에서 다른 플레이어와 대화를 나눌 수 있도록 메시지를 게시하는 것이 한 예입니다. 다만, 메시지 게시는 표준 기능이 아닌 마인크래프트 버전도 있고, 라즈베리 파이 버전에서는 숨겨진 기능이기도 합니다. 그런데 프로그래밍의 힘으로 이 기능을 드러낼 수 있습니다. 또한 문자열을 사용하면 비밀 정보를 친구들과 나눌 수도 있고, 보물을 자랑할 수도 있겠죠?

setBlock(), setBlocks(), getPos(), getTilePos() 등이 모두 함수였습니다. 함수란 한마디로 어떤 일을 쉽게 마무리할 수 있도록 다시 사용할 수 있는 코드 블록을 말합니다. 멋지지 않은가요?

이 장의 각 미션은 그동안 다룬 내용을 바탕으로 진행됩니다. 문자열을 사용하여 마인크래프트 대화 창에 메시지를 출력하거나 데이터를 입력하여 마인크래프트 세계에 무언가를 만드는 연습을 할 수 있을 겁니다.

문자열이란 무엇일까?

문자열^{string} 데이터 종류는 글자나 기호("a"나 "&") 하나에서 여러 개가 모인 블록까지 일정량의 텍스트를 가리킵니다. 문자열에 포함된 글자나 숫자, 기호를 가리켜 문자^{character}로 부릅니다. 문자열을 사용한다는 말은 프로그램에서 글자나 기호, 단어나 문장, 또는 이들의 조합을 포함한다는 의미입니다.

문자열 데이터 종류를 사용하면 글자, 숫자, 기호 등을 저장할 수 있습니다. 문자열은 항상 따옴표로 묶어야 합니다. 가령 다음은 문자열입니다.

```
"Look out! There's a zombie behind you!"
```

다음도 문자열입니다.

```
'Welcome to my secret base!'
```

두 예가 살짝 다릅니다. 눈치 챘나요? 문자열을 만들 때는 작은따옴표(')를 사용해도 되고 큰따옴표(")를 사용해도 됩니다. 하지만 둘을 섞어 사용하면 안 됩니다. 작은따옴표든 큰따옴표든 한 가지만 사용해야 하는 거죠. 문자열을 두 가지씩으로나 사용하는 데는 그만한 이유가 있습니다. 문자열 안에 아포스트로피 등이 있다면 큰따옴표를 사용하는 것이 보기에도 좋고 안전하겠죠?

print() 함수

텍스트를 비롯한 여러 정보가 사용자에게 표시되는 일은 사용자 인터랙션^{user} interaction에 매우 중요합니다. 정보가 표시되지 않으면 프로그램에서 어떤 일이 벌어지는지 사용자는 알 수가 없습니다. 사용자에게 표시되는 정보를 가리켜 **출력**^{output}이라고 합니다. 데이터를 사용자의 화면에 출력하려면 print() 함수를 사용합니다.

메시지를 출력하려면 다음과 같이 print() 함수에 인수로 문자열을 전달합니다.

```
>>> print("String")
```

이렇게 하면 파이썬은 String이라는 단어를 사용자에게 표시합니다. 따라서 파이썬 셀에 chocolate을 출력하려면 다음처럼 코드를 작성해야겠죠?

```
>>> print("chocolate")
```

출력은 다음과 같습니다.

```
chocolate
```

print()를 사용하여 변수의 값도 출력할 수 있습니다. 예를 들어, name이라는 변수의 값이 문자열이고, 이 값을 화면에 출력하려면 다음 과정처럼 할 수 있습니다.

```
>>> name = "Steve the Miner"
```

문자열 "Steve the Miner"를 name에 저장하고 다음처럼 코드를 작성하면 문자열을 출력할 수 있습니다.

```
>>> print(name)
Steve the Miner
```

문자열의 기본적인 내용을 모두 다루었습니다. 이제 마인크래프트 세계에 인사를 건네는 미션이 여러분을 기다리고 있습니다.

미션 #11: Hello, Minecraft World

마인크래프트 파이 버전에서 다른 플레이어와 대화할 때 메시지 전송을 담당하는 것은 마인크래프트 파이썬 API의 postToChat() 함수입니다. postToChat() 함수는 인수로 문자열을 받아 이 문자열을 마인크래프트 대화 창으로 출력합니다. 예를 들어, 코드 4-1은 "Hello, Minecraft World"를 출력합니다.

message.py

```
from mcpi.minecraft import Minecraft
mc = Minecraft.create()
mc.postToChat("Hello, Minecraft World")
```

코드 4-1 마인크래프트 대화 창에서 인사 건네기

인수란 무엇을 말하는지 기억하세요? 함수를 부를 때(호출할 때) 함수에 전달하는 정보를 가리켜 인수라고 합니다. 가령, 3장에서는 수를 함수에 전달하여 함수가 할 일을 정의했습니다. 여기서는 postToChat()에 "Hello, Minecraft World" 등의 문자열이 필요합니다.

postToChat() 함수는 print() 함수와 여러 면에서 비슷합니다. 다른 점은 무엇일까요? print() 함수는 파이썬 셸에 문자열을 출력하는 반면, postToChat() 함수는 마인크래프트 대화 창에 출력합니다.

코드 4-1을 복사하고 strings라는 새 폴더에 message.py로 저장합니다. 프로그램을 실행하면 그림 4-1처럼 대화 창에 메시지가 출력됩니다.

postToChat()에 이런저런 문자열을 전달하여 대화 창에 출력해 보세요.

그림 4-1　대화 창으로 출력된 메시지

 보너스 목표: 지금 어디?

mc.postToChat() 함수를 사용하면 어떤 정보든 대화 창으로 출력할 수 있습니다. 플레이어의 현재 x 위치나 현재 블록의 종류를 출력해 보세요. mc.player.getTilePos() 함수는 플레이어의 현재 위치를 알려 주고, mc.getBlock() 함수는 어떤 좌표의 블록 종류를 알려 줍니다.

input() 함수

지금까지는 모든 변수를 프로그램 안에서 설정했습니다. 이를 가리켜 하드코드라고 합니다. 따라서 변수의 값을 변경하려면 프로그램을 편집해야 합니다. 그런데 프로그램이 실행 중일 때 변수를 변경할 수 있거나 플레이어에게서 사용자 입력을 받을 수 있다면 참 편리하겠죠?

input() 함수도 프로그램에 이와 같은 인터랙션(대화식 상호 동작)을 가미할 수 있는 방법입니다. input() 함수는 문자열을 콘솔에 출력(사용자에게 어떤 정보를 입력하라고 알립니다)한 다음, 사용자가 응답을 입력할 때까지 기다립니다. 다음 코드를 파이썬 셸에 입력하고 어떤 일이 일어나는지 살펴볼까요?

```
>>> input("What is your name? ")
```

input()에 전달한 문자열이 그대로 콘솔에 나타납니다. 뭔가 응답을 입력해야겠죠?

```
What is your name?
```

뭔가를 입력하면 다음처럼 될 겁니다.

```
What is your name? Craig
'Craig'
```

깔끔하죠? 하지만 이 입력을 프로그램의 다른 곳에서 사용하려면 변수로 저장해야 합니다. 텍스트 편집기에서 작성된 프로그램은 파이썬 셸에서와는 달리 문장의 결과를 자동으로 출력하지 않습니다. 예를 들어 볼까요?

```
>>> name = input("What is your name? ")
What is your name? Craig
```

이번에는 이름을 입력하고 엔터를 눌러도 입력한 내용이 자동으로 출력되지 않습니다. 저장된 입력을 보려면 변수 name을 input() 함수의 인수로 전달해야 합니다.

```
>>> print(name)
Craig
```

아하! 이렇게 하면 변수에 입력된 값을 출력할 수 있네요. 정말 편하죠? 이제 사용자에게 입력을 받아 프로그램의 어느 부분에서도 이런 식으로 사용하면 됩니다. 이 기능을 활용하여 마인크래프트에서 대화 메시지를 작성해 보겠습니다.

미션 #12: 대화 메시지 직접 작성하기

이제 대화를 좀 더 '대화'답게 꾸며 볼까요? 일단 미션 #11에서처럼 파이썬 셸에서도 대화 메시지를 작성할 수 있습니다. 하지만 이번 미션에서는 살짝 다른 프로그램을 만들겠습니다. 대화 메시지를 message 변수에 저장하는 프로그램입니다.

코드 4-2를 살펴볼까요? 이 코드를 IDLE에서 새 파일로 복사하고 strings 폴더에 messageInput.py 파일로 저장합니다.

messageInput.py

```
from mcpi.minecraft import Minecraft
mc = Minecraft.create()
❶ message = "This is the default message."
❷ mc.postToChat(message)
```

코드 4-2 마인크래프트 대화 창에 문자열을 출력하는 방법

프로그램을 대화 창으로 출력할 메시지를 message 변수에 저장합니다❶. 이 변수가 담는 것은 "This is the default message."라는 문자열이겠죠? 그리고 프로그램은 message를 postToChat() 함수에 전달합니다❷. 마인크래프트 대화 창에 출력되는 거죠.

이 프로그램에서 문자열은 하드코드되었습니다. 다시 말해, 프로그램이 실행될 때마다 같은 문자열이 유지되는 겁니다. 하지만 하나만 변경하면 사용자가 입력하는 내용을 그대로 출력할 수 있습니다. 프로그램이 실행될 때마다 달라지는 메시지를 만들 수 있다는 겁니다! 살짝 '오버'하면 대화 프로그램을 직접 만들 수도 있다는 거죠.

프로그램에서 입력을 받으려면 "This is the default message." 메시지❶를 input() 함수로 교체합니다. input() 함수의 인수에는 "Enter your message: "처럼 인수도 둡니다. 단, 이 문자열을 input() 함수의 괄호 안에 두어야 합니다. 이제 지금 설명한 대로 프로그램을 수정하고 실행해 볼까요? 파이썬 셸에 "Enter your message: "라는 '프롬프트'가 보일 겁니다. 메시지를 입력하고 엔터를 누릅니다. 셸에서 입력한 이 메시지가 그림 4-2에서처럼 마인크래프트 대화 창에 나타납니다.

이제 프로그램 안에서 일일이 메시지를 작성하지 않아도 됩니다. 사용자에게서 입력을 받아 대화를 할 수 있으니 훨씬 쉬워졌죠?

그림 4-2   IDLE 셸에서 메시지를 입력했더니 마인크래프트 대화 창에 나타났어요!

 보너스 목표: 수다쟁이

지금 프로그램은 메시지 하나만을 요구합니다. 그런데, 첫 번째 메시지를 요구하고 몇 초 기다렸다(sleep() 함수 사용) 두 번째 메시지를 요구하는 프로그램을 생각해 볼까요?

문자열 합치기

문자열을 서로 합쳐야 할 때가 적지 않습니다. 이를 가리켜 전문용어로 concatenation(연결)이라고 하는데, 파이썬에는 쉬운 방법이 제공됩니다.

지난 3장에서는 더하기 연산자(+)로 수를 더했습니다. 이 연산자는 문자열을 더할 때(연결할 때)도 사용할 수 있습니다. 예를 들어 볼까요?

```
firstName = "Charles"
lastName = "Christopher"
print(firstName + lastName)
```

print()의 출력은 "CharlesChristopher"가 됩니다. 값 사이에 공백 문자를 넣으려면 다음과 같이 더하기 연산자를 한 번 더 사용하여 공백 문자를 연결합니다.

```
print(firstName + " " + lastName)
```

한 가지 방법만으로 문자열을 연결해야 하는 것은 아닙니다. 공백 문자 대신 쉼표를 사용할 수도 있습니다.

```
print(firstName, lastName)
```

어느 문장으로 작성해도 "Charles Christopher"가 출력됩니다. 하드코드된 문자열과 문자열이 담긴 변수도 서로 연결할 수 있습니다. 그냥 문자열을 연결할 때와 똑같이 연결하면 그뿐입니다.

```
print("His name is " + firstName + " " + lastName)
```

이 문장의 출력은 "His name is Charles Christopher"입니다.

텍스트 블록을 합치는 것도 쓸모가 많습니다만, 문자열을 정수 등 다른 데이터 종류에 연결해야 할 때도 있습니다. 파이썬에서는 문자열과 정수를 서로 연결할 수 있습니다. 그럴려면 정수를 문자열로 전환부터 해야 합니다. 한번 해 볼까요?

숫자를 문자로 전환하기

한 변수 종류를 다른 종류로 아주 쉽게 전환할 수 있습니다. 예를 들어, 가지고 있는 황금 사과의 개수를 저장한다면 정수가 필요합니다. 이 변수를 myGoldenApples라고 하겠습니다. 친구에게 황금 사과를 많이 가지고 있다고 자랑하고 싶은데, 일단 "My not-so-secret golden apple stash: "라고 말하고 뒤이어 황금 사과 개수(myGoldenApples에 담긴 정수)를 표시하려면 어떻게 해야 할까요? 출력되는 메시지에 myGoldenApples의 값을 포함하려면 우선 파이썬에 myGoldenApples를 문자열로 전환하라고 알려야 합니다.

str() 함수는 정수나 플로트 등 문자열이 아닌 데이터 종류를 문자열로 전환합니다. 문자열로 전환하려면 전환할 숫자를 str() 함수의 괄호 안에 두어야 합니다.

황금 사과 문제로 돌아가 볼까요? myGoldenApples를 2로 지정하고, 이 2를 정수 대신 문자열로 다루도록 하려면 다음과 같이 합니다.

```
print("My not-so-secret golden apple stash: " + str(myGoldenApples))
```

이 문장의 출력은 "My not-so-secret golden apple stash: 2"입니다.

플로트도 문자열로 전환할 수 있습니다. 황금 사과를 반쪽 먹었다면 myGolden Apples는 1.5가 됩니다. str(myGoldenApples)는 1.5도 2처럼 처리하여 문자열로 전환합니다. 얼마든지 메시지에 연결할 수 있겠죠?

숫자를 문자열로 전환해 봤습니다. 이제 숫자를 문자열로 전환하고 서로 연결하는 재밌는 프로그램을 만들어 볼까요?

정수와 플로트 연결하기

데이터 둘을 서로 연결하려면 둘 다 문자열이어야 합니다. 그런데 더하기 기호(+)는 더하기와 연결에 모두 사용되므로, 정수와 플로트 등 숫자를 연결하면 파이썬은 먼저 이 둘을 단순히 더하려고 합니다. 숫자를 문자열로 변경부터 해야 이 둘을 '연결'할 수 있을 겁니다.

두 숫자를 더하지 않고 연결하려면 str()을 사용합니다.

```
print(str(19) + str(84))
```

이렇게 하면 파이썬은 숫자 19와 84를 문자열로 전환하고 서로 연결합니다. 결과는 무엇일까요? 19와 84의 합인 103이 아니라 1984가 출력됩니다.

연결 기능은 한 문장에서 얼마든지 여러 번 사용할 수 있습니다. 다음 예를 볼까요?

```
print("The year is " + str(19) + str(84))
```

이 코드 행의 결과는 "The year is 1984"입니다.

연결에 대해 충분히 연습했습니다. 새로운 기술을 연마하기 위해 다음 미션에 도전해 볼까요?

미션 #13: 대화에 사용자명 추가하기

대화하는 사람이 두 명만 넘어가도 누가 말하는지 헷갈립니다. 이럴 때는 메시지 시작 부분에 사용자명을 함께 출력하면 누구의 말인지 쉽게 분간할 수 있습니다. 이번 미션에서는 미션 #12를 수정하여 메시지에 사용자명을 포함하겠습니다.

IDLE에서 messageInput.py를 열고 userChat.py라는 새 파일로 저장합니다. 사용자의 이름을 입력으로 받아 메시지 본문 앞에 끼워 넣기 위한 코드를 추가합니다. 마인크래프트 대화 창에는 "Anna: I need TNT."처럼 표시되어야 합니다. 미션을 완수하려면 연결을 사용해야 합니다.

프로그램에서 다음 행을 찾습니다.

```
message = input("Enter your message: ")
```

이 행에서 username이라는 변수를 추가하고, 그 값을 input("Please enter a username: ")으로 지정합니다. 이제 다음 행을 찾습니다.

```
mc.postToChat(message)
```

연결을 사용하여 문자열 username과 message를 postToChat() 함수 안에서 합칩니다. 두 문자열 사이에 ": "을 추가합니다. 변수 username과 message 사이에 콜론과 공백이 있어야 보기 좋겠죠? 그림 4-3은 이 프로그램을 실행한 결과입니다.

업데이트한 프로그램을 저장하고 실행합니다. 파이썬 셸에서 사용자명을 입력해야겠죠? 이름을 입력하고 엔터를 누릅니다. 곧바로 메시지도 입력합니다. 사용자명과 메시지가 마인크래프트 대화 창에 표시될 겁니다.

그림 4-3　이제 사용자명까지 대화 창에 출력할 수 있게 되었습니다.

 보너스 목표: 이름이 없는 사용자

사용자명을 입력하지 않고 그냥 엔터만 누르면 어떻게 될까요? 왜 그렇게 생각했나요?

int()로 문자열을 정수로 전환하기

str() 함수는 문자열이 아닌 데이터 종류를 문자열로 전환합니다. 이와 반대로, 정수가 아닌 데이터 종류를 정수로 전환할 때는 int() 함수를 사용합니다.

int() 함수는 input() 함수와 함께 사용할 때 특히 쓸모가 많습니다. input() 함수는 사용자의 입력을 문자열로 리턴하지만, 입력 내용을 수학 연산에 사용해야 할 때도 있습니다. 그러기 위해서는 입력을 정수로 전환해야 합니다. 이때 사용하는 함수가 int()입니다.

어떻게 동작하는지 살펴볼까요? cansOfTunaPerCat 변수에 이미 정수를 지정했다고 하고, 사용자가 기르는 고양이의 수를 기준으로 참치를 얼마나 먹었는지 알려주는 프로그램을 예로 들겠습니다. 다음처럼 프로그램을 만들 수 있습니다.

```
cansOfTunaPerCat = 4
cats = input("How many cats do you have? ")
cats = int(cats)
dailyTunaEaten = cats * cansOfTunaPerCat
```

함수 안에 다른 함수를 넣으면 행 하나로도 같은 일을 할 수 있습니다.

```
cats = int(input("How many cats do you have? "))
dailyTunaEaten = cats * cansOfTunaPerCat
```

입력을 어떻게 정수로 전환하는지 살펴봤습니다. 이제 한 단계 더 나아가 블록의 종류를 마인크래프트 프로그램으로 입력해 볼까요?

미션 #14: 입력으로 블록 만들기

마인크래프트에서 사용할 수 있는 블록은 이루 헤아릴 수 없이 많습니다. 크리에 이티브 모드에서는 선택할 수 있는 블록의 종류가 참 많지만 다른 모드나 다른 마 인크래프트 버전에서는 선택할 수 없는 블록도 많습니다. 하지만 파이썬 API를 사 용하면 모든 블록 종류를 가져다 사용할 수 있습니다. 이때 setBlocks() 함수를 사 용합니다.

setBlocks() 함수는 앞에서도 사용해 봤습니다. 하지만 그때에는 블록의 종류를 일 일이 하드코드해야 했습니다. 다시 말해 프로그램 실행 중에 블록의 종류를 바꿀 수 없었죠. 이제 input() 함수를 사용할 수 있습니다. 입력을 받게 되면 프로그램 을 실행할 때마다 다른 블록을 선택할 수 있습니다. 프로그램을 처음 실행할 때는 양털 블록을 골랐다 두 번째 실행할 때는 철광석을 골라도 되겠죠?

이번 미션에서는 설정할 블록의 종류를 사용자에게 결정하도록 하는 프로그램을 만들 겁니다. 코드 4-3을 새 파일로 복사하고 strings 폴더에 blockInput.py 파일로 저장합니다.

```
blockInput.py    from mcpi.minecraft import Minecraft
                 mc = Minecraft.create()
              ❶ blockType = # 이곳에 input() 함수를 둡니다.
                 pos = mc.player.getTilePos()
                 x = pos.x
                 y = pos.y
                 z = pos.z
                 mc.setBlock(x, y, z, blockType)
```

코드 4-3 플레이어의 위치에 블록을 설정하는 코드

이 프로그램은 플레이어의 현재 위치에 블록을 설정합니다. 변수 blockType이 input() 함수로 지정될 수 있도록 수정합니다❶. 다른 정보가 아니라 블록의 종류를 입력해야 한다고 확실하게 알리려면 프롬프트 역할을 하는 물음표 등을 함께 출력하는 것이 좋겠죠? 프롬프트를 함께 출력하지 않으면 IDLE은 사용자가 무언가를 입력할 때까지 빈 행에서 계속 기다려야 합니다. 사용자에게 블록의 종류, 즉 숫자를 입력하도록 분명하게 알리는 것이 좋겠죠?

input()은 입력을 문자열로 리턴했고 값을 정수로 입력하려면 int() 함수를 사용해야 했습니다. 블록의 종류를 입력받기 위한 수식은 다음과 같습니다.

```
blockType = int(input("Enter a block type: "))
```

수정한 프로그램을 저장하고 실행합니다. 마음에 드는 블록의 번호를 입력합니다. 그림 4-4는 프로그램을 실행한 결과입니다.

보너스 목표: 더 많은 입력

입력을 원하는 만큼 늘릴 수도 있습니다. 지금은 프로그램이 플레이어의 현재 위치에 블록을 만듭니다. x, y, z 변수를 입력으로 받아 어떻게 지정하는지 생각해 보세요. 어떤 좌표를 입력을 받아 그 위치로 텔레포트하는 프로그램도 멋지겠죠?

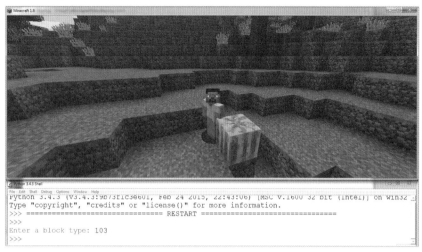

그림 4-4   원하는 블록은 모두 만들 수 있어요!

오류에서 빠져나오기

프로그램이 오류에서 빠져나와 계속 실행되도록 하기 위해 파이썬에서는 **예외 처리**exception handling라는 기능을 사용합니다. 예를 들어, 예외 처리는 잘못된 사용자 입력을 처리할 수 있는 방법입니다.

프로그램에서는 정수를 요구하는데 사용자는 문자열을 입력하면 어떻게 될까요? 원래는 오류 메시지가 출력되어야 합니다. 오류 메시지가 출력되는 동작을 가리켜 **예외 발생**throwing an exception이라고 합니다. 오류 메시지가 출력된 다음에는 실행이 중단됩니다.

반면, 예외 처리를 적용하면 오류를 직접 처리(관리)할 수 있습니다. 프로그램의 실행을 방해하지 않으면서 사용자에게 도움되는 오류 메시지(가령, "정수를 입력하세요.")를 출력하고, 프로그램을 다시 시작하지 않아도 문제를 해결할 수 있는 겁니다.

여기서 사용할 오류 처리 도구는 try-except문입니다. try-except문은 사용자가 입력을 잘못했을 때 도움이 될 만한 피드백을 제공하는 데 특히 유용하며, 오류가 발생했다고 해서 프로그램이 중단되는 일이 없도록 합니다.

try-except문은 try와 except로 나눠 생각할 수 있습니다. try는 오류가 발생하지 않았을 때 실행되어야 하는 코드입니다. 주로 입력을 받거나 문자열을 출력하는 코드가 이 자리에 옵니다. except는 try에서 오류가 발생하면 실행되는 코드입니다.

프로그램에서 선글라스를 몇 개나 가지고 있는지 묻는다면(나는 세 개 가지고 있음) 이런 코드를 생각할 수 있습니다.

```
try:
    noOfSunglasses = int(input("How many sunglasses do you own? "))
except:
    print("Invalid input: please enter a number")
```

❶ `noOfSunglasses = int(input("How many sunglasses do you own? "))`
❷ `print("Invalid input: please enter a number")`

프로그램에서 요구하는 것은 수입니다. 사용자가 글자나 기호를 입력하면 "Invalid input: please enter a number"가 출력되겠죠? int() 함수는 정수만 포함된 문자열을 전환할 수 있기 때문에 오류가 발생합니다❶. 숫자를 입력한다면 프로그램이 아무런 문제없이 동작하겠지만, 숫자가 아닌 다른 것을 입력하면(예: many) int() 함수에서 오류가 발생하는 겁니다.

그런데 이 코드는 뭔가 좀 다르게 보이지 않나요? 이 코드에는 이 책 처음으로 들여쓰기^{indentation}라는 것을 적용했습니다. 공백 문자를 몇 개 먼저 입력하고 실제 코드를 입력한 거죠. 들여쓰기는 6장에서 if문, 7장과 9장에서 루프를 다룰 때 자세하게 설명하겠습니다. 지금은 책에 표시된 대로 정확하게 입력해 주세요.

일반적으로는 파이썬이 출력하는 오류 메시지는 이해하기 어려운 말들이 많아 문제를 해결하기에 여러모로 부족합니다. 하지만 try-except를 사용하면 복잡한 파이썬의 오류 메시지 대신 간단하고 실제로 도움이 될 만한 '안내' 메시지를 출력할 수 있습니다. 심지어는 사용자가 아무런 입력 내용 없이 그대로 엔터만 누를 때도 있습니다. 보통은 이런 상황에서 오류가 발생하지만, try-except문❶을 사용한다면 "Invalid input: please enter a number"처럼 구체적인 메시지를 출력 ❷할 수 있습니다.

try-except문에 넣지 못하는 코드는 거의 없습니다. try-except문을 또 넣을 수도 있습니다. 다음 미션에서 확인해 볼까요?

미션 #15: 숫자만

미션 #14에서 작성했던 프로그램, 기억하세요? 정수를 입력하면 프로그램은 원래 의도대로 문제없이 동작하고 블록을 하나 만듭니다. 하지만 문자열을 입력한다면 프로그램은 실행을 멈추고 그림 4-5와 같은 오류를 출력합니다.

그림 4-5 **cake**는 숫자가 아닙니다. 그래서 프로그램은 블록을 만들지 못합니다.

이 오류 메시지는 파이썬에 익숙하다면 이해하기 쉬울지 모르지만, 파이썬을 구경해 본 적도 없는 사용자는 이 오류 메시지를 보고 무슨 말인지 몰라 그저 눈만 멀뚱거릴지도 모르겠습니다. 자, 이번 미션은 예외 처리를 적용하여 이해하기 쉬운 메시지로 바꾸는 겁니다.

미션 #14에서 작성한 blockInput.py 프로그램을 엽니다. strings 폴더에 blockInput Fix.py로 저장합니다.

이제 try-except문을 사용하는 프로그램으로 수정할 겁니다. 다음과 같은 마지막 코드 행을 찾습니다.

```
mc.setBlock(x, y, z, blockType)
```

try문을 이 행 바로 위에 추가하고 다음 행의 mc.setBlock() 함수 앞에 공백 문자 네 개를 입력합니다. mc.setBlock() 위의 행에 사용자로부터 입력을 받는 코드 blockType = int(input("Enter a block type: "))을 추가합니다.

mc.setBlock() 바로 다음에 except문을 작성합니다. 블록의 종류는 숫자여야 한다는 메시지를 올리는 코드가 except문 안에 들어가야 합니다. 예를 들어, "You didn't enter a number! Enter a number next time." 등이 메시지를 출력해야 합니다. 다음은 지금까지 설명한 대로 수정한 코드입니다. (❶과 ❷처럼 공백 문자 네 개, 즉 들여쓰기에 주의하세요.)

```
try:
❶    blockType = int(input("Enter a block type: "))
    mc.setBlock(x, y, z, blockType)
except:
❷    mc.postToChat("You did not enter a number! Enter a number next time.") )
```

int() 함수는 사용자가 입력한 입력을 정수로 전환합니다❶. try-except문을 추가했기 때문에 숫자가 아닌 다른 것(가령, 글자나 기호 등)이 포함된 내용을 입력하면 오류가 발생합니다. 프로그램에서는 파이썬의 원래 오류 메시지가 아니라 숫자를 입력하라고 이해하기 쉬운 내용으로 바꾼 안내 메시지를 출력합니다❷. 좀 더 공손한 표현으로 바꾸면 더 좋겠죠?

모두 수정했으면 blockInputFix.py 파일을 저장한 다음, 주저하지 말고 실행합니다. 그림 4-6과 비슷한 결과가 나오면 됩니다.

그림 4-6 이해하기 훨씬 더 쉬워진 오류 메시지

미션 #16: 기록계

이 장의 마지막 미션에서는 2장에서 다룬 변수와 3장에서 다룬 수학 연산자 및 메시지 출력 등을 종합해 보겠습니다. 여러분의 임무는 간단한 기록계를 만드는 것입니다. 플레이어가 10초마다 얼마나 멀리 이동했는지를 계산하고 그 결과를 대화 창으로 출력하는 거죠.

프로그램이 몇 초 동안 아무 일도 하지 않고 기다리는, 즉 잠자는 다음 코드를 기억하나요?

```
import time       # 이 행을 프로그램 맨 위 어딘가에 둡니다.
time.sleep(30)    # 프로그램이 30초 동안 기다립니다.
```

예로 든 sleep() 함수의 사용법을 이해했다면 다음 코드를 입력하여 본격적으로 시작합니다.

sprint.py
```
import time
from mcpi.minecraft import Minecraft
mc = Minecraft.create()

❶ pos1 = mc.player.getTilePos()
x1 = pos1.x
y1 = pos1.y
z1 = pos1.z

time.sleep(10)

❷ pos2 = mc.player.getTilePos()
x2 = pos2.x
y2 = pos2.y
z2 = pos2.z

# 시작 위치와 종료 위치의 차이를 계산합니다.
❸ xDistance = x2 - x1
yDistance =
zDistance =

# 대화 창에 결과를 출력합니다.
❹ mc.postToChat("")
```

코드가 좀 길어서 여러 부분으로 나눠 살펴보겠습니다. 우선, 플레이어의 시작 위치를 가져옵니다 ❶. 그리고 10초 기다렸다가 플레이어의 종료 위치를 가져옵니다 ❷. 두 위치의 차이를 계산하기 위해 yDistance와 zDistance 변수의 값을 설정합니다 ❸. 어떻게 하는지 일종의 본보기로 xDistance 행을 미리 작성했으니(x2 - x1), 나머지는 직접 해 보세요. yDistance와 zDistance도 같은 방식으로 계산하면 되겠죠? 다만, x2와 x1 대신 다른 변수를 사용해야 하는 것 잊지 마시고요!

마지막 행에서는 결과를 마인크래프트 대화 창에 출력합니다 ❹. 결과는 이런 식으로 출력될 겁니다. "The player has moved x: 10, y: 6, and z: -3". 이런 결과를 출력하려면 문자열, 연결, 그리고 xDistance, yDistance, zDistance 변수의 값이 필요하겠죠?

프로그램을 strings 폴더에 sprint.py로 저장하고 실행합니다. 실행 결과는 그림 4-7과 같습니다.

파이썬 셸에서 마인크래프트로의 전환이 오려 걸려 결과를 제대로 볼 수 없다면 3초 카운트다운을 2단계 앞에 추가해 보세요. 카운트다운을 대화 창에 올려 보는 것도 괜찮겠네요!

그림 4-7　프로그램이 종료되면 플레이어가 이동한 거리가 표시됩니다.

> **보너스 목표: 일직선으로!**
>
> 지금 프로그램은 플레이어가 이동한 거리를 x축, y축, z축마다 따로 표시했습니다. 이동한 거리를 정수 변수 하나로 표시하면 어떨까요? 그러니까 이동한 거리를 일직선으로 표현하는 거죠.
>
> **힌트:** 피타고라스의 정리를 이용해야 합니다. 그런 것 모르겠다고요? 180쪽의 미션 #40을 참고해 주세요. 이동한 거리를 정수 변수 하나로 계산하는 코드가 있거든요.

이 장에서 배운 내용

축하합니다! 이 장에서 정말 많은 것을 배웠습니다. 문자열도 만들어 봤고, print 문으로 문자열을 출력도 해 봤습니다. 그리고 문자열을 서로 연결하기까지 했습니다. 사용자의 입력받기, 데이터의 종류 변경하기, 예외 처리하기 등을 전부 이 장에서 배웠습니다. 또한, 기본 내용을 응용하여 마인크래프트에서 대화를 생동감 있게 만들기도 했습니다.

5장에서는 프로그램의 실행 흐름을 통제하는 방법과 프로그램에서 무언가를 결정하는 방법에 대해 다루겠습니다.

5

참이냐 거짓이냐 그것이 문제로다

'예/아니요' 질문은 너무나도 흔합니다. 비가 와? 내 머리가 길어? 등등 말이죠. 일단 '예'와 '아니요'가 정해지면 그에 따라 할 일을 결정할 수 있습니다. 비가 와? 예. 그럼 우산을 가지고 가. 아니면 그냥 가. 머리가 길어? 예. 그럼 잘라야지. 아니면 그냥 내버려 둬. 이런 모든 상황에서 무엇을 할지는 질문의 대답에 따라 달라집니다. 이렇듯 질문의 대답에 따라 무엇을 할지 결정하는 일은 프로그래밍에서도 매우 중요합니다. 이 장에서는 파이썬에서 질문하는 법을 다루겠습니다.

프로그래밍에서 질문은 대개 여러 값을 비교하는 것들입니다. 이 값이 다른 값과 같냐? 이 값이 다른 값보다 작냐? 크냐? 뭐 이런 식이죠. '예/아니요' 질문을 가리켜 조건condition이라고 부릅니다. "나는 내 친구보다 금 블록을 더 많이 가지고 있나?" 즉, "나의 금 보유량이 내 친구의 금 보유량보다 큰가?"라는 질문을 파이썬이 이해할 수 있는 조건으로 바꾸려면 참이나 거짓으로 판가름할 수 있는 문장으로 표현해야 합니다(가령, "나의 금 보유량은 내 친구의 보유량보다 크다").

어떤 조건이 참인지 거짓인지 판가름하는 것은 파이썬에서 매우 유용하게 사용됩니다. 파이썬에는 참^{True}이나 거짓^{False}을 담을 수 있는 특별한 데이터 종류가 제공되기 때문입니다. 지금까지 몇 가지 데이터 종류를 살펴봤습니다. 정수, 플로트, 문자열 데이터 종류였죠. 참이나 거짓을 저장하는 데이터 종류의 이름은 부울^{boolean}입니다. 부울은 참이나 거짓을 저장합니다. 둘을 함께 저장하지는 못하죠. 파이썬에서 질문을 하면 그 결과는 참이나 거짓 둘 중의 하나가 됩니다. 조건이 참이거나 거짓인 것을 참이나 거짓으로 **계산된**다는 표현도 통용됩니다.

이 장에서는 값이 포함된 여러 조건을 테스트하는 데 부울과 비교 연산자, 논리 연산자를 사용할 겁니다. 그러면 6장을 공부할 준비가 끝나는 거죠. 6장에서는 질문의 대답을 바탕으로 프로그램에서 무엇을 할지 결정하는 과정이 펼쳐질 것입니다.

부울의 기초

부울은 전등의 스위치와 비슷합니다. 켜거나(True) 끄는(False) 거죠. 파이썬에서는 전등을 켰다는 의미로 다음처럼 부울 변수를 선언할 수 있습니다.

```
light = True
```

여기서는 light 변수에 True를 지정했습니다. 이제 전등을 꺼 볼까요? 다음처럼 False를 light에 지정하면 됩니다.

```
light = False
```

True와 False는 지금처럼 항상 첫 글자를 대문자로 써야 합니다. 대문자가 아닌, 즉 true나 false는 올바른 부울로 판단되지 않아 예외를 발생시킵니다!

이번 미션에서는 부울을 사용하여 플레이어가 블록을 부수지 못하도록 하겠습니다.

미션 #17: 블록 부수기 그만!

마인크래프트에서는 블록을 부숴 필요한 여러 자원을 쉽게 캐낼 수 있습니다. 하지만 정말 멋진 구조물을 고생고생하며 만들었는데 실수로라도 블록을 부순다면 짜증이 많이 나겠죠? 이번 미션에서는 여러분의 마인크래프트 세계를 파괴할 수 없는 무적으로 만들어 보겠습니다.

setting("world_immutable", True)를 사용하면 블록을 변경할 수 없는immutable 상태로 만들 수 있습니다. setting()은 setTilePos()이나 setPos()처럼 함수입니다. 다음은 우리의 미션을 완수할 코드입니다.

immutableOn.py

```
from mcpi.minecraft import Minecraft
mc = Minecraft.create()

mc.setting("world_immutable", True)
```

코드 5-1 블록 부수기를 중단하는 코드

setting() 함수에서는 옵션을 어떻게 True로 설정할까요? "world_immutable"을 예로 들겠습니다. 이 옵션을 켤 때는 괄호 안에서 옵션 바로 다음에 True를 지정합니다.

코드 5-1을 IDLE에 입력하고 booleans라는 새 폴더에 immutableOn.py로 저장합니다. 실행하면 그림 5-1처럼 블록을 부술 수 없는 상대가 되어야 합니다. 그렇디면 블록을 다시 부술 수 있는 상태로는 어떻게 전환할까요? 프로그램을 새 파일로 복사하고 블록 부수기를 허용해 보세요. (힌트: 부울을 사용해 보세요!) 새 파일을 booleans 폴더에 immutableOff.py로 저장합니다.

그림 5-1   아무리 해 봐야 블록은 꿈쩍도 안 합니다!

부울 연결하기

정수나 플로트처럼 부울도 연결하려면 우선 문자열로 전환부터 해야 합니다. 예를 들어 부울을 print() 함수로 출력할 때 문자열과 연결한다고 해 볼까요? 이때 필요한 함수가 str()입니다.

```
>>> agree = True
>>> print("I agree: " + str(agree))
I agree: True
```

agree 변수는 부울을 저장합니다. 저장된 부울은 두 번째 행에서 str(agree)를 통해 문자열 "I agree: "와 연결되어 출력됩니다.

비교 연산자

값을 비교하는 우리의 능력은 기가 막힐 정도입니다. 5는 2보다 크고, 8과 8은 서로 같은 수이며, 6과 12는 같지 않는 수라는 사실을 단번에 알 수 있습니다. 컴퓨터도 우리에게 뒤지지 않는 능력을 가졌습니다. 다만, 비교의 종류를 구체적으로 알려 주어야 한다는 점이 다를 뿐입니다. 이때 사용하는 것이 비교 연산자comparator

입니다. 예를 들어, 어떤 값이 다른 값보다 큰지 혹은 더 작은지 분명하게 물어봐야 하는 겁니다.

파이썬의 비교 연산자는 다음 6가지입니다.

- 같다(==)
- 같지 않다(!=)
- 보다 작다(<)
- 보다 작거나 같다(<=)
- 보다 크다(>)
- 보다 크거나 같다(>=)

이들 비교 연산자는 조건이 만족되었는지를 부울 값(True나 False)으로 리턴합니다. 이제 어떻게 사용하는지 본격적으로 살펴볼까요?

같다

두 값이 서로 같은지 판단할 때는 '같다' 연산자(==)를 사용합니다. 두 값이 서로 같으면 부울 값 True가 리턴됩니다. 그렇지 않으면 False가 리턴됩니다.

예를 들어 두 변수의 값을 지정한 뒤 '같다' 연산자를 사용하면 이 둘이 서로 같은지 판단할 수 있습니다.

```
>>> length = 2
>>> width = 2
>>> length == width
True
```

결과는 True입니다. length와 width 변수의 값이 서로 같기 때문입니다.

만일 두 값이 서로 다르다면 False가 출력될 겁니다.

```
>>> length = 4
>>> width = 1
>>> length == width
False
```

'같다' 연산자는 문자열, 정수, 플로트, 부울 등 모든 변수에 적용할 수 있습니다.

앞에서 length와 width를 비교할 때 ==를 어떻게 사용했는지 눈여겨봐야 합니다. 변수에 값을 지정하는 것은 =입니다. 주의하세요. ==는 두 값이 같은지 비교하는 연산자이고, =는 어떤 값을 변수에 지정하는 연산자입니다. 코드를 작성할 때 이 둘은 잘 구별해야 합니다. 잘못 사용하면 버그의 원인이 되는 것은 당연한 말이겠죠? 하지만 지나친 걱정은 몸과 마음에 해롭습니다. 누구나 =와 ==를 혼동합니다.

미션 #18: 내가 수영하는 거 맞지?

이제 비교 연산자를 사용하여 플레이어가 물 위에 서 있는지 판단하는 프로그램을 만들어 볼까요? 결과는 마인크래프트 대화 창으로 출력해 보겠습니다.

어떤 좌표의 블록이 어떤 종류인지 파악하려면 getBlock() 함수를 사용합니다. 이 함수는 인수 세 개로 좌표를 넘겨받아 해당 블록의 종류를 정수로 리턴합니다. 예를 들면 다음과 같습니다.

```
blockType = mc.getBlock(10, 18, 13)
```

mc.getBlock(10, 18, 13)의 결과를 변수 blockType에 저장했습니다. 좌표 (10, 18, 13)에 있는 블록의 종류가 수박(블록 종류 103)이라면 변수 blockType에는 103이라는 값이 담기겠죠?

이제 getBlock() 함수를 사용해 볼까요? 코드 5-2에서는 플레이어가 서 있는 곳이 맨땅인지 판단합니다.

swimming.py
```
from mcpi.minecraft import Minecraft
mc = Minecraft.create()

pos = mc.player.getPos()
x = pos.x
y = pos.y
z = pos.z

blockType = mc.getBlock(x, y, z)
```

```
mc.postToChat(blockType == 0)
```

코드 5-2 플레이어가 서 있는 블록의 종류를 판단합니다.

여기서는 플레이어의 위치를 좌표 x, y, z로 넘겨받아 getBlock()의 좌표 인수로 전달했습니다. 그리고 mc.getBlock(x, y, z)의 결과를 blockType에 저장했습니다. 수식 blockType == 0은 블록이 공기인지 판단합니다. 공기라면 마인크래프트 세계 어딘가에 서 있다는 뜻이고 수식은 True가 됩니다. 그리고 이 True가 대화 창으로 출력됩니다. 공기가 아니라면 False가 대화 창으로 출력됩니다. 플레이어는 물속에 있거나 모래에 파묻혀 있을 수도 있겠네요.

코드 5-2를 복사하고 Chapter 5 폴더를 만들어 swimming.py로 저장합니다. 플레이어가 물 위에 서 있는지 판단하는 코드(블록의 종류 9)로 수정하고 실행합니다.

물속에 있을 때 프로그램을 실행해 보세요. 플레이어가 물속에 있는지 확인하고 프로그램을 실행하면 대화 창에 True가 출력되어야 합니다. 물속이 아니라면 False가 출력되겠죠.

프로그램을 실행한 결과는 그림 5-2와 비슷합니다.

그림 5-2 물속에 있는 거 뻔히 보입니다. 그래도 파이썬이 다시 한 번 알려 주네요.

NOTE 이 프로그램을 실행해 두고 계속해서 결과를 출력할 수는 없습니다. 플레이어 아래의 블록이 어떤 것인지 판단할 때마다 프로그램을 다시 실행해야 한다는 겁니다. 이 장에서 제공하는 다른 미션에도 공통되는 내용입니다.

보너스 목표: 하늘 높이 날자!

코드에서 두어 가지를 수정하면 발 아래 블록이 공기인지 판단할 수 있어요. 그러면 점프했는지 하늘을 날고 있는지 단번에 알 수 있겠죠? 어떻게 해야 할까요?

같지 않다

'같지 않다' 연산자는 '같다' 연산자의 정반대로 동작합니다. 두 값이 서로 같은지가 아니라 서로 다른지 판단합니다. 따라서 두 값이 서로 다르면 True가 됩니다. 두 값이 같다면 False가 되겠죠?

어떤 물체가 정사각형이 아니라 직사각형인지 판단한다고 하면, 정사각형이 아닌 직사각형은 길이와 너비가 서로 다르므로 다음처럼 비교 연산자를 사용할 수 있습니다.

```
>>> width = 3
>>> length = 2
>>> width != length
True
```

수식 width != length는 width와 length 변수가 서로 다른지 물어봅니다.

이 비교의 결과는 True입니다. width와 length 변수의 값이 서로 다르기 때문입니다.

하지만 두 값이 서로 같다면 False가 리턴되겠죠?

```
>>> width = 3
>>> length = 3
>>> width != length
False
```

'같지 않다' 연산자도 '같다' 연산자처럼 문자열, 정수, 플로트, 부울에 사용할 수 있습니다.

미션 #19: 나는 지금 공기가 아닌 블록에 서 있나요?

이제 공기가 아닌 블록, 가령 물이나 용암, 흙, 자갈 등에 서 있는지 판단해 보겠습니다. 미션 #18에서는 플레이어의 현재 위치에 있는 블록이 공기인지, 그리고 물속에 있는지 판단했습니다. 이 프로그램을 얼마든지 복사하여 붙여넣고 조금씩 수정해 가며 용암, 흙, 자갈 등을 판별할 수 있습니다. 그런데 이렇게 하면 좀 지루하지 않을까요? 여기서는 '같지 않다' 연산자를 사용하여 플레이어가 지하에 있는지, 모래 속에 갇혔는지, 해저에 있는지 판단해 보겠습니다. 용암 속에 빠졌을 수도 있겠죠?

미션 #18의 프로그램(swimming.py)을 열고 booleans 폴더에 notAir.py로 저장합니다. 프로그램의 마지막 행을 삭제하고 코드 5-3으로 대체합니다.

notAir.py ❶
```
notAir = blockType == 0
mc.postToChat("The player is not standing in air: " + str(notAir))
```
코드 5-3 '수영' 프로그램 변경하기

마지막 행은 플레이어가 공기 중에 서 있지 않은지를 출력합니다. 비교 연산의 결과는 notAir 변수에 저장됩니다 ❶. 비교 결과가 True라면 변수 notAir의 값은 True가 됩니다. 반면, 비교 결과가 False라면 변수 notAir의 값도 False가 됩니다.

그런데 첫 번째 행의 비교에는 문제가 있습니다. ❶에서는 blockType이 공기와 같은지 == 연산자를 사용하여 비교했는데, 올바로 수정하려면 != 연산자를 사용하여 공기와 같지 않은지를 비교해야 합니다. 다시 말해, 플레이어의 현재 위치에 있는 블록이 공기와 같지 않은지 비교하는 거죠.

프로그램을 실행하면 플레이어가 있는 곳을 올바로 출력하는지 이곳저곳 옮겨 다니며 확인해 보세요. 대화 창에 True가 출력되는 예는 그림 5-3과 같습니다.

The player is not standing in air: True

그림 5-3   시원하게 수영 좀 해 볼까요? 공기 블록이 아니라고 확실하게 출력되죠?

보다 크다와 보다 작다

어떤 값이 다른 값보다 큰지 판단할 때는 '보다 크다' 연산자를 사용합니다. 이 연산자는 자신의 왼쪽에 있는 값이 오른쪽의 값보다 크면 True를 리턴합니다. 따라서 자신의 왼쪽에 있는 값이 오른쪽의 값과 같거나 작다면 False를 리턴하겠죠?

예를 들어, 흑요석^{obsidian}을 100블록 이상 싣지 못하는 마인카트가 있습니다. 마인카트의 수송 능력이 흑요석의 블록 개수보다 크면 흑요석은 계속 마인카트에 실리게 되겠죠?

```
>>> limit = 100
>>> obsidian = 99
>>> limit > obsidian
True
```

굿! 우리의 마인카트는 100보다 작으면 얼마든지 흑요석을 실을 수 있습니다. 99는 100보다 작으므로 limit > obsidian은 True입니다. 하지만 흑요석 블록을 하나 더 실으면 어떻게 될까요?

```
>>> limit = 100
>>> obsidian = 100
>>> canLift = limit > obsidian
False
```

이제 안 됩니다. 한계에 도달했습니다! 결과는 False입니다. 100은 100보다 크지 않기 때문입니다. 마인카트는 흑요석을 실을 수 없습니다.

'보다 작다' 연산자 또한 같은 방식으로 동작합니다.

자동차가 다리 밑을 통과해야 한다면 다리보다 낮아야겠죠?

```
>>> vanHeight = 8
>>> bridgeHeight = 12
>>> vanHeight < bridgeHeight
True
```

여기서 자동차는 다리 밑을 통과할 수 있습니다. 8이 12보다 작다, 즉 다리의 높이보다 작기 때문입니다. 그런데 여기저기 이동하다 보니 다리가 또 보이네요. 이번에도 통과할 수 있을까요?

```
>>> vanHeight = 8
>>> bridgeHeight = 7
>>> vanHeight < bridgeHeight
False
```

8은 7보다 작지 않기 때문에 결과는 False입니다.

보다 크거나 같다와 보다 작거나 같다

'보다 크다' 연산자처럼 '보다 크거나 같다' 연산자도 어떤 값이 다른 값보다 큰지 판단합니다. 다만, 두 값이 서로 같아도 True가 되는 점이 '보다 크다' 연산자와 다릅니다.

이렇게 가정해 볼까요? 저의 놀라운 프로그램을 발표하는 자리에 손님들이 오면 스티커를 한 장씩 나누어 주겠습니다. 스티커가 충분한지 확인해야겠죠?

```
>>> stickers = 30
>>> people = 30
>>> stickers >= people
True
```

스티커는 충분합니다. 30은 30과 같으므로 stickers >= people은 True입니다. 그런데 친구 한 명이 스티커가 멋있다며 한 장 달라고 합니다. 이제 스티커를 원하는 사람은 모두 31명이 되었습니다.

```
>>> stickers = 30
>>> people = 31
>>> stickers >= people
False
```

스티커가 모자라죠? 30은 31보다 크거나 같지 않습니다. 그 친구는 스티커를 받지 못하겠네요.

이제 거의 모든 비교를 섭렵했을 겁니다. IDLE에서 '보다 작거나 같다' 연산자를 테스트해 보세요.

NOTE 보다 크다, 보다 크거나 같다, 보다 작다, 보다 작거나 같다 등의 연산자는 문자열에 적용할 수 없습니다. 정수, 플로트, 부울에만 사용할 수 있습니다.

미션 #20: 지금 있는 곳은 땅 위?

마인크래프트에서 플레이어의 y축 좌표는 플레이어의 높이를 나타냅니다. 블록 또한 좌표로 저장되므로 getBlock() 함수를 사용하면 특정 좌표의 블록 종류를 알 수 있습니다. 물론, setBlock() 함수를 사용하면 특정 좌표에 블록을 만들 수도 있습니다.

마인크래프트에서 가장 높은 블록을 넘겨받으려면 getHeight() 함수를 사용합니다. 이 함수는 x 좌표와 z 좌표를 받아 이 위치에서 가장 높은 블록의 y 좌표를 리턴합니다. 이를 코드로 표현하면 코드 5-4와 같습니다.

이 프로그램은 플레이어의 현재 위치와 이 위치에서 가장 높은 블록의 y 좌표를 가져오고 이 값을 마인크래프트 대화 창에 출력합니다.

'보다 크거나 같다' 연산자를 이 프로그램에 적용하면 플레이어가 현재 땅 위에 있는지 판단할 수 있습니다. 한번 해 볼까요?

aboveGround.py

```
from mcpi.minecraft import Minecraft
mc = Minecraft.create()
pos = mc.player.getTilePos()
x = pos.x
y = pos.y
z = pos.z
highestBlockY = mc.getHeight(x, z)
mc.postToChat(highestBlockY)
```

코드 5-4 플레이어의 현재 위치에서 가장 높은 블록의 y 좌표를 찾는 코드

코드 5-4의 프로그램을 복사하고 aboveGround.py로 복사합니다. 플레이어의 y 좌표가 highestBlockY 변수보다 큰지 판단하는 프로그램으로 변경합니다. 결과를 대화 창으로 출력합니다. 출력 형식은 "The player is above the ground: True/False" 입니다.

HINT 비교한 결과를 변수에 꼭 저장해야 합니다. 예를 들어, y가 10보다 크거나 같은지 판단하고 그 결과를 highEnough 변수에 저장하려면 다음 문장처럼 작성할 수 있습니다.

```
highEnough = y >= 10
```

수정이 끝나면 프로그램을 실행합니다. 프로그램을 실행한 결과인 False는 그림 5-4와 같습니다.

그림 5-4 여기는 동굴입니다. 땅 위가 아니라는 것을 파이썬은 정확하게 알고 있네요.

미션 #21: 근처에 집이 있어요?

마인크래프트 세계를 이곳저곳 돌아다니다 보면 길을 잃고 집이 어딘지 잊을 때가 있습니다. 몇 시간째 헤매다 겨우 집 근처로 오는 일도 흔하죠.

코드 한 행만 추가하면 어떤 좌표를 기준으로 얼마나 멀리 왔는지 확인할 수 있습니다. 예를 들면, 집과 현재 위치의 좌표를 사용하여 얼마나 멀리 떨어져 있는지 계산할 수 있는 겁니다. 비교 연산자를 추가하면 집까지 일정 범위 안에 있는지도 판단할 수 있죠. 40블록만 더 가면 집이라는 식으로 결과를 출력할 수 있습니다.

이제 그런 프로그램을 직접 만들어 볼까요? 이번 임무를 완수할 프로그램은 코드 5-5와 같습니다.

farFromHome.py

```
from mcpi.minecraft import Minecraft
mc = Minecraft.create()
import math
❶ homeX = 10
homeZ = 10
pos = mc.player.getTilePos()
x = pos.x
z = pos.z
❷ distance = math.sqrt((homeX - x) ** 2 + (homeZ - z) ** 2)
❸ mc.postToChat(distance)
```

코드 5-5 집까지 거리를 출력하는 코드

집의 좌표는 x = 10, z = 10이라 하겠습니다. 각각 homeX와 homeZ 변수에 지정되었습니다 ❶. 여기서 y 좌표는 알 필요가 없습니다. getTilePos() 함수를 사용하여 플레이어의 위치를 가져와 각각 x와 z 값을 지정했습니다.

distance 변수를 계산하려면 피타고라스의 정리를 이용해야 합니다. 그래야 직각삼각형의 빗변의 길이를 계산하여 마인크래프트에서 두 위치 사이의 거리를 계산할 수 있기 때문입니다. 수학 시간에 배운 피타고라스의 정리는 $a^2 + b^2 = c^2$입니다. 그림 5-5에 나타낸 대로 a와 b는 직각삼각형의 두 변이고, c는 빗변입니다. ❷에서 c를 구해 distance 변수에 지정했습니다.

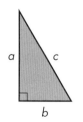

그림 5-5 직각삼각형

코드 5-5를 booleans 폴더에 farFromHome.py로 저장합니다.

이제 '보다 작거나 같다' 연산자를 사용하여 distance 변수의 값이 40보다 작거나 같은지 판단하여 그 결과를 "Your house is nearby: True/False" 형식으로 대화 창에 출력합니다 ❸. 연결 기능을 사용하여 문자열과 비교 결과를 합칩니다. postToChat() 함수를 사용하여 결과 문자열을 출력합니다 ❸.

프로그램을 테스트해 볼까요? 집에서 40블록 안에 있을 때는 True 메시지가 출력됩니다. 40블록을 넘어서면 False가 출력되겠죠? 그림 5-6을 참고하세요.

그림 5-6 확실히 집에서 40블록 안에 있습니다. 현관문도 보이네요!

논리 연산자

프로그램을 만들 때는 둘 이상의 비교 연산자를 함께 사용하면 여러모로 편리합니다. 두 조건이 모두 True인지 판단해야 할 때도 있겠죠. 가령, 색상은 빨강이면서 가격은 1만 달러 미만인 자동차가 그 예입니다.

둘 이상의 비교 연산자를 합치려면 논리 연산자logical operator가 필요합니다. 논리 연산자도 비교 연산자처럼 부울 값을 사용할 수 있는 곳이면 어디에도 사용할 수 있습니다. 논리 연산자의 다른 이름은 부울 연산자boolean operator입니다. 여기서는 and와 or, not 논리 연산자를 다루겠습니다.

and

and 연산자는 두 비교 조건 모두 True인지 판단할 때 사용합니다. 즉, and 연산자
가 True를 리턴하려면 두 조건 모두 True이어야 합니다. 둘 중 하나라도 False이면
전체 수식도 False입니다.

어떤 사람의 나이가 18세를 초과하고 자동차를 소유하고 있는지를 판단하고자 합
니다. 다음처럼 코드를 작성할 수 있겠죠?

```
>>> age = 21
>>> ownsCar = True
>>> age > 18❶ and ownsCar == True❷
True
```

❶과 ❷의 두 비교 연산자를 and로 합쳤습니다. 나이가 18보다 많고(age > 18는
True임), 자동차를 소유하고 있기 때문에(ownsCar == True) 전체 수식 age > 18 and
ownsCar == True의 최종 결과도 True입니다.

두 조건 중 하나라도 False라면 이 문장도 False가 됩니다. 가령, 자동차를 소유하
지 않았고 나이가 18세보다 많다면 다음처럼 생각할 수 있습니다.

```
>>> age = 25
>>> ownsCar = False
>>> age > 18 and ownsCar == True
False
```

age > 18은 True이고 ownsCar == True는 False이므로 전체 수식의 최종 결과는
False입니다.

and 연산자의 모든 부울 조합 및 그 결과를 표 5-1에 정리했습니다.

표 5-1 **and 연산자의 모든 True와 False**

조건 A	조건 B	A and B
TRUE	TRUE	TRUE
TRUE	FALSE	FALSE
FALSE	TRUE	FALSE
FALSE	FALSE	FALSE

미션 #22: 지금 여기는 물속?

미션 #18(108쪽)에서는 플레이어가 수영을 하고 있는지 판단했습니다. 프로그램은 플레이어의 현재 위치에 물 블록이 있다면 이를 바탕으로 True를 리턴했습니다. 다시 말해 플레이어의 다리가 물속에 있느냐가 판단 기준이었습니다. 그렇다면 플레이어의 머리가 물속에 있느냐도 같은 결과를 출력할까요? 플레이어의 다리와 머리 둘 다 물속에 있다는 건 어떻게 판단할까요?

swimming.py 프로그램에 and 연산자를 추가하는 등 몇 가지를 변경하면 플레이어의 다리와 머리가 모두 물속에 있는지 판단할 수 있습니다. swimming.py를 열고 underwater.py로 저장합니다.

이제 다음 과정에 따라 프로그램을 변경하여 플레이어가 완전히 물속에 있는지 판단해 보겠습니다.

1. 플레이어의 현재 위치 + 1에서 블록의 종류를 알아내는 두 번째 변수를 추가합니다. 이 변수는 플레이어의 머리에 있는 블록의 종류를 저장합니다. 이 변수의 이름을 blockType2라 할까요?

2. blockType이 물과 같은지와 blockType2가 물과 같은지 판단합니다.

3. 비교 결과를 "The player is underwater: True/False"의 형식으로 대화 창에 출력합니다.

HINT blockType과 blockType2가 물과 같은지 판단하려면 and 연산자가 필요합니다. 우선, block-Type이 물과 같은지 판단하는 수식은 blockType == 9입니다. 그리고 blockType2가 물과 같은지 판단하는 수식은 blockType2 == 9입니다. 이 둘을 합치려면 두 수식 가운데에 and 연산자를 추가합니다. blockType == 9 and blockType2 == 9, 이렇게 되겠죠?

프로그램을 실행할 때는 세 가지 상황에서 테스트합니다. 플레이어가 물 위에 있을 때, 다리만 물속에 있을 때, 플레이어가 완전히 물속에 있을 때를 테스트해야 겠죠? 그림 5-7은 올바로 실행된 프로그램의 한 예입니다.

The player is underwater: True

그림 5-7 플레이어가 완전히 물에 빠졌어요.

> •••• **보너스 목표: 지금 여기는 터널 안?**
>
> 플레이어가 있는 동굴이 흙으로 만들어졌는지 조약돌로 만들어졌는지 판단해 보세요. 그러려면 플레이어 머리 위의 블록이 무엇인지 알아야겠죠?

or

or 연산자의 동작 방식은 and와 다릅니다. 두 조건이 True이거나 한 조건만 True 이어도 전체 수식은 True가 됩니다. 두 조건 모두 False일 때만 전체 수식이 False 가 됩니다.

고양이 한 마리를 입양할까요? 검은색 고양이든 오렌지색 고양이든 상관없습니다. 다음 코드는 사용자 입력을 받아 그 문자열의 값이 "black"인지 "orange"인지 확인합니다.

```
catColor = input("What color is the cat?")
myCatNow = catColor == "black" or catColor == "orange"
```

```
print("Adopt this cat: " + str(myCatNow))
```

catColor가 "black"이든 "orange"이든 입양할 겁니다. 하지만 "gray"처럼 다른 색이라면 myCatNow는 False가 되어 입양하지 않을 겁니다.

표 5-2에 or 연산자의 모든 부울 결과를 정리했습니다.

표 5-2 **or 연산자의 모든 True와 False**

조건 A	조건 B	A or B
TRUE	TRUE	TRUE
TRUE	FALSE	TRUE
FALSE	TRUE	TRUE
FALSE	FALSE	FALSE

미션 #23: 지금은 나무에?

이 장에서 지금까지 만든 프로그램들은 플레이어가 어느 블록에 있느냐를 기준으로 True나 False를 표시했습니다. 그렇다면 나무에 있다는 건 어떻게 판단할 수 있을까요? 나무tree는 나무wood와 잎leaves이 합쳐진 것이므로 플레이어가 서 있는 곳이 나무wood 또는 잎인지 확인해야 합니다.

본격적으로 프로그램을 만들어 볼까요? swimming.py를 다시 열고 inTree.py라는 새 프로그램으로 저장합니다.

플레이어에서 한 블록 아래에 있는 블록의 종류를 알아내도록 프로그램을 수정합니다. 플레이어 아래의 블록이 잎(블록 종류 18)인지 나무(블록 종류 11)인지 판단할 때 or 연산자를 사용합니다. 결과를 대화 창으로 출력합니다.

앞에서 플레이어의 아래에 있는 블록을 판단할 때 y = y -1을 사용했었죠?

NOTE 나무나 잎은 전부 색상이 다르지만 블록 ID는 동일합니다. (딱 두 가지 예외가 있습니다. 아카시아 나무와 짙은 참나무의 잎은 블록의 종류가 다릅니다. 지금은 아카시아와 짙은 참나무의 경우를 무시하겠습니다.) 색상은 두 번째 값을 사용하여 지정합니다. 이 내용은 잠시 뒤에 다시 다루겠습니다.

프로그램을 실행하면 그림 5-8과 비슷한 결과를 확인할 수 있습니다.

그림 5-8   여기는 나무임, 오버.

not

not 연산자는 and나 or 연산자와 꽤 다릅니다. 하나의 부울 값이나 조건에 사용되어 원래 값의 반대를 리턴합니다.

다시 말해, 다음처럼 True는 False로, False는 True로 변경합니다.

```
>>> not True
False
>>> not False
True
```

not 연산자는 다른 논리 연산자와 쉽게 합칠 수 있습니다. 배가 고프지 않고[not hungry] 졸릴[sleepy] 때 값을 timeForBed에 지정해 보겠습니다.

```
>>> hungry = False
>>> sleepy = True
>>> timeForBed = not hungry and sleepy
>>> print(timeForBed)
True
```

not 연산자는 바로 뒤에 나오는 부울에만 적용됩니다. 여기서는 hungry 변수의 값만 뒤집고 sleepy는 그대로 놔둡니다. hungry를 False로 지정했기 때문에 not hungry는 True가 됩니다. sleepy의 값은 True입니다. 두 값이 모두 True이므로 timeForBed는 True입니다.

미션 #24: 이 블록은 수박이 아닌가 봐?

지금 배가 고프고 집에 먹을거리가 있는지 알고 싶습니다. 수박을 가장 좋아해서 집에 항상 여유분을 마련해 두고 있죠. 그런데, 수박이 남았는지 잘 모르겠습니다. 집에 가는 길에 수박을 사야 하는지 말아야 하는지 결정해야 하는데요.

다행히 파이썬을 배우고 있는 여러분은 머리를 약간만 쓰면 집에 수박이 있는지 알아낼 수 있는 프로그램을 만들 수 있습니다.

이번 미션에서는 마인크래프트에서 집으로 돌아가기 전에 먹을거리를 준비해야 하는지 알아내는 프로그램을 만들겠습니다. 프로그램은 어떤 좌표에 수박이 있는지 판단합니다. 확인할 좌표는 집이 될 수도 있고, 농장이 될 수도 있고, 수박을 보관한 어떤 곳이든 될 수 있습니다. 이들 좌표에 수박을 놓는 일은 여러분 몫입니다.

코드 5-6을 복사하고 notAMelon.py로 저장합니다.

notAMelon.py

```
from mcpi.minecraft import Minecraft
mc = Minecraft.create()

x = 10
y = 11
z = 12
❶ melon = 103
❷ block = mc.getBlock(x, y, z)

❸ noMelon =   # Check the block is not a melon

❹ mc.postToChat("You need to get some food: " + str(noMelon))
```

코드 5-6 특정 위치에 수박이 있는지 코드가 시작할 때 확인합니다.

코드는 특정 위치의 블록이 수박인지 판단합니다. melon이라는 변수를 사용하여 수박의 블록 ID(103)를 저장했고 ❶, getBlock()을 호출하여 block 변수에 그 결과를 저장했습니다 ❷. 프로그램을 완성하려면 ❸의 코드 행을 작성해야 합니다. 이 코드 행에서는 melon 변수가 block 변수와 같지 않은지 판단합니다. 이 결과는 noMelon 변수에 저장되어 ❹행에서 마인크래프트 대화 창에 출력됩니다.

melon과 block 변수가 같지 않은지는 두 가지 방법으로 확인할 수 있습니다. 같지 않다 연산자를 사용하거나 not 논리 연산자를 사용할 수 있습니다. 어느 방법을 사용해도 되지만 배운 내용을 써먹는다는 차원에서 not 논리 연산자를 사용해 보세요.

모두 수정했으면 프로그램을 실행합니다. 결과 화면은 그림 5-9와 비슷하겠죠?

그림 5-9   농장에 수박이 하나 있어요. 다른 먹을거리를 구하지 않아도 되겠죠?

보너스 목표: 식품 저장고에 차곡차곡
다른 종류의 블록을 판단해 보세요. 농장에서 옥수수가 자라고 있는지 누가 현관문을 훔쳐가지는 않았는지 판단해 보는 건 어떨까요?

논리 연산자의 연산 순서

수식 하나에 여러 논리 연산자를 합칠 수 있습니다. 가령, 다음처럼 and와 or, not 연산자를 멋지게 합칠 수 있죠.

```
>>> True and not False or False
True
```

이 코드의 결과는 True입니다. 예상을 벗어났나요? 수식에서는 not False가 먼저 계산되어 True가 됩니다. 그래서 처음 수식은 다음 수식과 같아집니다.

```
>>> True and True or False
True
```

이제 and가 계산됩니다. True and True는 True이므로 다시 다음 수식으로 간단하게 됩니다.

```
>>> True or False
True
```

이제 마지막입니다. or가 계산되어 True or False는 True가 됩니다.

파이썬이 논리 연산자를 계산할 때는 어떤 순서대로 합니다. 이 순서가 뒤틀리면 예상한 것과는 다른 결과가 나옵니다. 다음은 파이썬이 논리 연산자를 계산하는 순서입니다.

1. not
2. and
3. or

IDLE에서 여러 논리 연산자를 사용하여 각 결과를 추측해 보세요.

이 숫자는 다른 두 숫자 사이에 있을까요?

어떤 값이 다른 두 값 사이에 있는지 확인해야 할 때가 종종 있습니다. 가지고 있는 늑대가 10마리에서 20마리 사이인지 알고 싶다고 해 볼까요? 늑대를 좋아해서 10마리 정도를 더 원하지만 20마리를 넘기면 먹이가 부족할 수도 있으니 현재 몇 마리나 있는지 확인하는 겁니다. 이 조건은 and 연산자를 사용하여 테스트할 수 있습니다.

```
wolves = input("Enter the number of wolves: ")
enoughWolves = wolves > 10 and wolves < 20
print("Enough wolves: " + str(enoughWolves))
```

그런데 다른 방법을 적용할 수도 있습니다. and 연산자 대신 두 비교 사이에 다음과 같이 변수를 직접 사용할 수도 있습니다.

```
wolves = input("Enter the number of wolves: ")
enoughWolves = 10 < wolves < 20
print("Enough wolves: " + str(enoughWolves))
```

두 코드 중 어느 것이든 실행하고 10과 20이 아닌 그 사이의 숫자 하나를 입력하면 enoughWolves는 True가 됩니다. '보다 크거나 같다' 연산자(>=)나 '보다 작거나 같다' 연산자(>=)를 사용할 수도 있습니다.

```
wolves = input("Enter the number of wolves: ")
enoughWolves = 10 <= wolves <= 20
print("Enough wolves: " + str(enoughWolves))
```

여기서 10이나 20을 입력하면 enoughWolves의 값은 True가 됩니다.

미션 #25: 지금 집이에요?

지도에서 어떤 지역으로 가면 멋진 일이 일어나도록 해 볼까요? 특정 블록으로 가면 비밀의 문을 열거나 덫 위로 걸어가면 덫에 걸리도록 하는 거죠. 이번 미션에서는 집에 들어갔는지 알아내는 방법을 생각해 보겠습니다.

미션 #8(69쪽)에서는 자동으로 벽을 만드는 프로그램이 등장했습니다. 이 프로그램을 math 폴더에 building.py로 저장했었죠. 이 프로그램을 엽니다.

building.py 프로그램의 코드를 읽고 width, height, length 변수의 값을 적어둡니다(각각 10, 5, 6입니다). 그리고 현재 위치의 좌표도 적어둡니다. 이 프로그램을 실행하여 집을 만듭니다.

집이 만들어졌죠? 코드 5-7처럼 코드를 작성하여 플레이어가 집에 있는지 판단합니다.

---

insideHouse.py

```
from mcpi.minecraft import Minecraft
mc = minecraft.create()

❶ buildX =
  buildY =
  buildZ =
❷ width = 10
  height = 5
  length = 6

  pos = mc.player.getTilePos()
  x = pos.x
  y = pos.y
  z = pos.z

❸ inside = buildX < x < buildX + width and
```

코드 5-7 프로그램이 시작할 때 플레이어가 집에 있는지 확인합니다.

코드 5-7은 플레이어의 x 좌표가 building.py에 의해 만들어진 집에 있는지 판단합니다. 그런데 프로그램이 아직 끝나지 않았죠? building.py 프로그램으로 만든 집의 좌표와 플레이어의 y 좌표, z 좌표도 비교해야 합니다.

코드 5-7을 새 파일로 복사하고 insideHouse.py로 저장합니다. 플레이어가 집에 있는지 판단하는 일을 완성합니다.

다음 과정을 진행하세요.

1. 집의 좌표(building.py 프로그램을 실행했을 때 서 있던 좌표)를 추가합니다 ❶.

2. width, height, length 변수가 building.py 프로그램에서 사용된 것과 다르다면 올바로 고칩니다 ❷.

3. 플레이어의 좌표가 집 안을 나타내는지 확인하여 inside 변수에 그 결과를 지정합니다. x 위치가 집 안인지를 판단하는 첫 번째 부분은 미리 작성해 두었습니다 ❸. y와 z 위치는 여러분이 직접 코드를 작성해 보세요. x 위치를 판단하는 코드(buildX < x < buildX + width)와 비슷할 겁니다.

4. inside 변수의 값을 대화 창으로 출력합니다.

5. 모두 변경했다면 프로그램을 저장하고 실행합니다. 그림 5-10과 비슷한 결과를 확인할 수 있나요?

그림 5-10 지금 침실에 있어요. 집에 있는 거 맞죠?

이 장에서 배운 내용

이 장에서는 부울과 비교 연산자, 논리 연산자를 사용하여 프로그램에서 질문에 대답하는 방법을 다뤘습니다. 6장에서는 이 대답에 따라 다음 동작을 결정하는 프로그램을 만들겠습니다. 어떤 조건이 참인지 거짓인지 판단하고, 참일 때는 이런 코드를 거짓일 때는 다른 코드를 실행하는 프로그램입니다. 7장에서는 조건이 참이면 프로그램의 실행을 유지하고 거짓이면 중단하는 프로그램을 만들겠습니다. 부울과 비교의 진정한 힘을 느낄 수 있는 프로그램입니다. 프로그램에서 어떤 코드를 언제 실행할지 정확하게 골라낼 수 있는 원동력이 바로 부울과 비교입니다.

6

IF문, 미니 게임의 엔진이 되다

지난 5장에서는 파이썬에서 질문하는 법을 다뤘습니다. 비교 연산자 (==, !=, >, < 등)와 논리 연산자(and, or, not)를 사용하여 조건(들)의 True/False를 판단했습니다. 이 장에서는 질문의 대답, 즉 조건의 판단 결과를 사용하여 어떤 코드를 실행할지 결정할 겁니다.

우리는 늘 어떤 조건에 따라 결정을 내립니다. 마인크래프트에서도 마찬가지입니다. 지금 밤인가? 그렇다면 다이아몬드 갑옷과 검을 챙겨 몬스터와 싸울 채비를 한다. 그렇지 않다면 장비를 전부 비밀 기지에 보관한다. 배가 고픈가? 그렇다면 빵이나 과일을 먹는다. 그렇지 않다면 모험을 떠난다. 이렇듯 어떤 조건에 따라 달리 동작하는 프로그램을 만들 수 있습니다.

프로그램에서 결정을 내리게 하려면 파이썬 코드의 도움을 받아야 합니다. 어떤 조건에 따라 특정 코드를 실행할지 결정하는 if문이 대표적인 예입니다. if문의 의미는 "이 조건이 참이면 이 코드를 실행하라"입니다. 예를 들어, 플레이어의 현재 위치를 판단해서 어떤 밀실에 있다면 바닥을 용암으로 바꿀 수 있습니다. 또는 어떤 위치에 어떤 블록을 놓았다면 숨겨진 문을 열어 둘 수도 있습니다. 이제 본격적으로 조건과 if문을 사용하여 미니 게임을 직접 만들어 보겠습니다.

if문 사용하기

프로그램의 실행 흐름을 통제할 수 있는 능력은 대단히 강력한 힘을 발휘합니다. 사실, 코딩에서 정말 중요한 역할이라고 할 수 있습니다. 프로그래머들은 이 개념을 가리켜 **흐름 제어**^{flow control}로 부릅니다. if문은 흐름 제어를 가장 쉽게 구현할 수 있는 방법입니다. 어떤 조건이 True이면 코드를 실행하는 거죠.

if문은 크게 세 부분으로 나눌 수 있습니다.

- if 연산자
- 판단한 조건
- 조건이 True이면 실행할 코드 몸체

if문이 어떻게 동작하는지 살펴볼까요? 다음 코드는 좀비가 20이 넘을 때만 "That's a lot of zombies."를 출력합니다. 20이 넘지 않으면? 아무것도 하지 않습니다.

```
zombies = int(input("Enter the number of zombies: "))
if zombies > 20:
    print("That's a lot of zombies.")
```

여기서 zombies > 20은 우리가 판단할 조건입니다. 그리고 print("That's a lot of zombies.")는 if문의 몸체이고요. zombies > 20이 True일 때 실행되는 코드입니다. if문 맨 뒤의 콜론(:)은 다음 행이 if문의 몸체가 시작하는 곳이라고 파이썬에 알려주는 역할을 합니다. 들여쓰기가 몸체임을 나타내는 겁니다. **들여쓰기**^{indentation}는 코드 행에서 공백 문자 몇 개를 먼저 입력하고 코드를 작성하겠다는 규칙입니다. if문에서 실행할 코드가 여러 행이면 전부 같은 개수의 공백 문자를 입력해야 합니다. 가령, 여기서는 print("That's a lot of zombies.")에 열을 맞추는 겁니다.

이 코드를 몇 번 실행하여 여러 조건을 테스트해 보세요. 어떤 결과가 출력되는지도 살펴봐야겠죠? 예를 들어, 20보다 작은 값과 20, 20보다 큰 값을 입력해 보세요. 다음은 22를 입력했을 때입니다.

```
Enter the number of zombies: 22
That's a lot of zombies.
```

예상했던 대로 결과가 출력되었습니다. 조건을 만족하지 않을 때는 어떤 결과가 출력될까요?

```
Enter the number of zombies: 5
```

조건이 False일 때는 아무 일도 일어나지 않죠? if문의 몸체가 고스란히 무시되는 겁니다. if문은 조건이 True일 때만 몸체에 해당하는 코드를 실행하기 때문입니다. if문이 종료되면 프로그램은 if문 다음 행부터 실행을 계속합니다.

예를 하나 더 들겠습니다. 다음 코드는 if문을 사용하여 암호가 올바른지 판단합니다.

```
password = "cats"
attempt = input("Please enter the password: ")
if attempt == password:
    print("Password is correct")
print("Program finished")
```

if문의 수식은 attempt == password라는 조건입니다. if attempt == password:의 다음 행(들여쓰기가 된 행)인 print("Password is correct")는 if문의 몸체입니다.

이 코드는 attempt 변수에 저장된 값이 password 변수에 저장된 값과 같을 때만 "Password is correct"를 출력합니다. 이 둘이 서로 같지 않으면 아무것도 출력되지 않습니다. if문의 몸체가 실행되든 실행되지 않든 마지막 행인 print("Program finished")는 실행됩니다.

이제 좀 폭발적인 코드를 작성해 볼까요?

미션 #26: 크레이터가 쾅!

텔레포트하거나 높이 점프하는 방법은 이미 살펴봤습니다. 이번에는 플레이어 옆의 블록들을 사라지게 해 볼까요?

프로그램이 실행되면 플레이어의 위, 아래, 옆에 있는 블록을 공기로 바꾸어 보겠습니다. 파괴력이 대단하죠! 그러니 소심해서 사용해야 합니다. 블록을 파괴할 때 사용자에게 확인을 받는 안전장치가 있으면 좋겠네요. if문이 필요한 순간입니다.

★ **옮긴이**
다음에서 두 행으로 표시된 코드❷는 지면상 두 행일 뿐 실제로는 한 행으로 입력해야 합니다.

코드 6-1은 플레이어 주변에 크레이터를 만듭니다. 플레이어의 위, 아래, 옆에 있는 블록을 삭제하는 거죠. 그리고 대화 창에 "Boom!"을 출력합니다. 이 프로그램을 ifStatements라는 새 폴더에 crater.py로 저장합니다.★

crater.py

```
from mcpi.minecraft import Minecraft
mc = Minecraft.create()

answer = input("Create a crater? Y/N ")
```
❶ `# 이곳에 if문을 추가합니다.`

```
pos = mc.player.getPos()
```
❷ `mc.setBlocks(pos.x + 1, pos.y + 1, pos.z + 1, pos.x - 1, pos.y - 1, pos.z - 1, 0)`
```
mc.postToChat("Boom!")
```

코드 6-1 사용자가 무엇을 입력하든 크레이터를 만듭니다.

answer 변수는 input() 함수를 사용하여 사용자에게 크레이터를 만들지 물어봅니다. 하지만 사용자의 입력이 Y든 N이든 크레이터를 만듭니다. 사실, Y나 N뿐만 아니라 어떤 것을 입력하더라도, 심지어 아예 입력하지 않아도 크레이터는 만들어집니다.

이 프로그램을 완성하려면 사용자의 입력이 Y인지 판단하는 if문을 ❶에 추가해야 합니다. 사용자의 대답이 answer 변수에 저장되므로 if문에서 이 변수를 판단해야 합니다. if문을 추가하면, 사용자가 Y를 입력했을 때만 마지막 세 행의 코드를 실행해야 합니다. 따라서 이 세 행을 들여쓰기해야겠죠?

한 가지 명심해야 할 내용이 있습니다. setBlocks() 함수의 마지막 인수는 지정될 블록의 종류입니다. 여기서는 공기 블록을 나타내는 0입니다. 다시 말해, 크레이터는 setBlocks()를 사용하여 블록을 공기로 설정하면 ❷, 플레이어 주변의 모든 블록이 파괴된 것으로 보이는 겁니다. pos.x, pos.y, pos.z에서 1씩 더하고 빼면 플레이어의 주변에 공기 블록이 3 × 3짜리 정육면체 형태로 놓입니다. 이 정육면체가 크레이터입니다.

프로그램을 모두 수정하면 저장하고 실행합니다. "Create a Crater? Y/N" 질문이 파이썬 셸에 표시됩니다. Y나 N을 입력할 수 있는데, Y를 입력해야 프로그램의 실행이 계속됩니다. 주의하세요. 대문자 Y입니다.

대문자 Y를 입력했을 때 확인할 수 있는 결과의 예가 그림 6-1입니다.

그림 6-1 쾅! 크레이터가 생겼어요.

 보너스 목표: 집짓기
이 프로그램으로 다른 일을 할 수는 없을까요? 크레이터 대신 집을 만들어 보세요.

else문

이제 if문의 조건이 False일 때 다른 코드를 실행할 수 있는 고급 문장을 다루겠습니다. 바로 else문입니다.

else문은 if문의 단짝입니다. 어떤 조건이 True일 때 실행할 코드를 if문에 먼저 작성하고, 이 조건이 False일 때 대안으로 동작할 코드를 else문에 작성하는 겁니다. 이렇게 정리할 수 있습니다. "조건이 참이면 이 코드가 실행되고, 거짓이면 저 코드가 실행됩니다."

다음 프로그램은 좀비가 20이 넘으면 "Ahhhh! Zombies!"를 출력하고, 20을 넘지 않으면 "You know, you zombies aren't so bad."를 출력합니다.

```python
zombies = int(input("Enter the number of zombies: "))
if zombies > 20:
    print("Ahhhh! Zombies!")
else:
    print("You know, you zombies aren't so bad.")
```

if문처럼 else문에도 콜론과 들여쓰기를 적용해야 어떤 코드가 else문 몸체에 해당하는지 파이썬에 알릴 수 있습니다. 하지만 else문은 if문 없이 사용할 수 없습니다. else문 앞에는 반드시 if문이 먼저 자리를 틀고 있어야 하는 거죠. 그리고 else문은 자기만의 조건을 가질 수 없습니다. else문의 몸체는 if문의 조건(여기서는 zombies > 20)이 True가 아닐 때만 실행되는 겁니다.

앞에서 다뤘던 암호 예로 돌아가 볼까요? 다음처럼 암호가 올바르지 않을 때 메시지를 출력하는 else문을 추가할 수 있습니다.

```python
password = "cats"
attempt = input("Please enter the password: ")
if attempt == password:
    print("Password is correct.")
else:
    print("Password is incorrect.")
```

attempt의 값이 password의 값과 일치하면 조건은 True가 됩니다. "Password is correct."가 출력되는 거죠.

attempt가 password와 일치하지 않으면 조건은 False가 되고 "Password is incorrect."가 출력되겠죠?

그렇다면, else문이 if문 없이 사용되면 어떻게 될까요? 예를 들면 프로그램의 코드는 다음 두 행이 전부입니다.

```
else:
    print("Nothing happened.")
```

파이썬은 어떻게 해야 하는지 몰라서 오류를 출력합니다.

미션 #27: 부수기 금지? 허용?

미션 #17(105쪽)에서는 플레이어가 블록을 부술 수 없도록 하는 프로그램을 만들었습니다. mc.setting("world_immutable", True)를 사용하여 세계를 변경할 수 없는 상태로 만들었던 거죠. 애써 만든 구조물들을 사고로든 공격을 받아서든 파괴되지 않도록 할 수 있어 꽤 유용했습니다. 그런데 이 프로그램은 유연하지 못하다는 문제가 있습니다. 다시 세계를 변경할 수 있는 상태로 전환하려면 다른 프로그램을 만들어야 하는 거죠. 정말 불편합니다!

if문과 else문, 콘솔 입력 등을 사용하면 세계의 변경 가능 여부를 지정할 수 있습니다. 사용자에게 질문을 던지고 사용자의 대답에 따라 세계를 변경할 수 있는 상태로도 변경할 수 없는 상태로도 지정할 수 있는 겁니다.

IDLE을 열고 새 파일을 만듭니다. 이 파일을 immutableChoice.py로 ifStatements 폴더에 저장합니다. 다음 단계에 따라 프로그램을 완성합니다.

1. 사용자에게 블록을 변경할 수 없는 상태로 전환할지 물어봅니다.

   ```
   "Do you want blocks to be immutable? Y/N"
   ```

   input() 안에 인수로 문자열을 추가하고 사용자의 입력을 변수 answer에 저장합니다.

2. 변수 answer에 저장된 값이 "Y"인지 판단합니다. Y가 맞다면 다음 코드를 실행합니다.

```
mc.setting("world_immutable", True)
mc.postToChat("World is immutable")
```

이 코드를 복사하여 if문에 추가합니다. 이 코드는 answer의 값이 Y일 때만 실행되고 들여쓰기도 적용해야 한다는 것 잊지 마세요!

3. answer가 Y가 아닐 때는 다음 코드를 실행합니다.

```
mc.setting("world_immutable", False)
mc.postToChat("World is mutable")
```

이 코드를 복사하여 else문에 추가합니다. 들여쓰기도 잊지 마세요.

프로그램을 저장하고 실행합니다. 블록을 변경할 수 없는 상태로 전환할지 물어보는 질문에 Y나 N을 입력합니다. 블록을 실제로 부술 수 있는지 없는지 테스트해 보세요.

그림 6-2는 셸에서 메시지와 질문이 출력된 예입니다.

그림 6-2 변경할 수 없는 세계로 만들었습니다. 이제 어떤 블록도 부술 수 없습니다.

그런데 한 가지 생각해 볼 것이 있습니다. N 대신 말도 안 되는 banana 등의 단어를 입력해도 결과는 N을 입력할 때와 같습니다. 왜 그렇게 동작할까요?

elif문

if문과 else문을 사용하면 조건이 True일 때와 False일 때 서로 다른 코드를 실행할 수 있습니다. 그렇다면 실행할 코드가 두 종류를 초과할 때는 어떻게 해야 할까요?

그럴 때를 위해 파이썬에서는 else-if문, 즉 elif문을 사용할 수 있습니다. if문을 작성한 다음, elif문을 작성하고 마지막으로 else문을 두는 겁니다. 정리하자면, "조건이 True이면 이 코드를 실행하세요. 그렇지 않다면 두 번째 조건을 판단하여 True일 때 다른 코드를 실행하세요. 마지막으로 두 조건이 모두 True가 아니라면 또 다른 코드를 실행하세요."

어떤 구조인지 본격적으로 살펴보겠습니다. 아이스크림 가게에서 어떤 맛을 살지 결정한다고 해 볼까요? "초콜릿 아이스크림이 있으면 그걸로 살게요. 초콜릿이 없으면 딸기는 있나요? 있으면 딸기를 살게요. 딸기도 없으면 바닐라를 살게요."

이 결정 과정을 프로그램으로 나타내면 다음과 같습니다.

```
hasChocolate = False
hasStrawberry = True
if hasChocolate:
    print("Hooray! I'm getting chocolate.")
elif hasStrawberry:
    print("I'm getting the second best flavor, strawberry.")
else:
    print("Vanilla is OK too, I guess.")
```

처음 두 행은 가정한 상황을 그대로 표현한 겁니다. 아이스크림 가게에 초콜릿 맛은 없고 딸기 맛은 있습니다. 그래서 hasChocolate은 False이고 hasStrawberry는 True입니다.

이제 결정 과정의 논리입니다. hasChocolate이 True이면 if문은 "Hooray! I'm getting chocolate."을 출력합니다. 여기서는 False이므로 메시지는 출력되지 않습니다. 프로그램의 흐름은 elif문으로 이어집니다. hasStrawberry가 True인지 판단되는데, True가 맞으므로 elif문의 몸체가 실행되어 "I'm getting the second best flavor, strawberry."가 출력됩니다.

이 예에서 알 수 있듯이 elif문은 조건과 몸체를 직접 가지고 있습니다. elif문의 몸체는 if문의 조건이 False이고 elif문의 조건이 True이어야만 실행됩니다.

마지막으로, if문의 조건이 False이고 elif문의 조건도 False일 때 elif문 다음에 있는 else문이 실행됩니다. 여기서는 hasChocolate과 hasStrawberry가 False일 때 else문의 코드가 실행되어 "Vanilla is OK too, I guess."가 출력됩니다.

예를 한 가지 더 들까요? 좀비가 20이 넘을 때 "Ahhhh! Zombies!"를 출력했던 프로그램으로 돌아가겠습니다. if문의 조건이 False일 때 다른 조건을 판단하는 elif문을 추가하겠습니다.

```python
zombies = int(input("Enter the number of zombies: "))
if zombies > 20:
    print("Ahhhh! Zombies!")
elif zombies == 0:
    print("No zombies here! Phew!")
else:
    print("You know, you zombies aren't so bad.")
```

zombies와 0을 비교하기 위해 elif문을 추가했습니다. zombies == 0이 True이면 elif문의 몸체는 "No zombies here! Phew!"를 출력합니다. elif문의 조건이 False이면 실행 흐름은 else문으로 이어져 "You know, you zombies aren't so bad."가 출력됩니다.

미션 #28: 선물 주기

어떤 블록 위에 선물이 있는지 판단하여 선물이 있을 때 그 종류에 따라 다른 반응을 대화 창에 출력하는 프로그램을 만들겠습니다.

프로그램에 사용할 선물은 두 가지입니다. 하나는 다이아몬드 블록이고 또 하나는 묘목입니다.

코드 6-2는 위치 10, 11, 12의 블록이 다이아몬드인지 묘목인지 판단합니다. 단, 완성된 프로그램이 아니니 나머지는 여러분의 몫입니다.

gift.py

```
from mcpi.minecraft import Minecraft
mc = Minecraft.create()
x = 10
y = 11
z = 12
gift = mc.getBlock(x, y, z)

# gift가 다이아몬드일까요?
❶ if

# 아니면 묘목일까요?
❷ elif

else:
    mc.postToChat("Bring a gift to " + str(x) + ", " + str(y) + ", " + str(z))
```

코드 6-2 코드의 시작 부분은 선물을 배달했는지 판단합니다.

IDLE에서 새 파일을 만들고 ifStatements 폴더에 gift.py로 저장합니다. 코드 6-2를 이 파일로 복사합니다. 블록의 종류를 가져오는 코드는 이미 작성해 두었습니다. 블록의 종류는 gift 변수에 저장됩니다. 놓인 블록이 다이아몬드도 묘목도 아니면 else문이 실행됩니다. 앞의 좌표에 선물을 두라는 메시지가 대화 창에 출력되는 겁니다. x, y, z 변수로 표현되는 좌표는 원하는 대로 변경할 수 있습니다.

다음 과정에 따라 프로그램을 완성하세요.

1. ❶의 if문을 완성합니다. gift 변수에 다이아몬드 블록(57)에 해당하는 값을 가지고 있는지 판단하는 if문입니다. 값을 가지고 있다면 "Thanks for the diamond." 메시지를 출력합니다.

2. 두 번째 주석 자리인 ❷에 elif문을 추가합니다. gift 변수에 묘목(6)의 값이 담기는지 판단하는 elif문입니다. 값을 가지고 있다면 "I guess tree saplings are as good as diamonds..." 메시지를 출력합니다.

수정을 끝내면 프로그램을 저장하고 실행합니다. 앞의 좌표에 다이아몬드를 놓으면 어떻게 될까요? 묘목도 해 보고, 아무것도 놓지 말아 보세요. 단, 묘목은 흙이나 잔디 블록 위에만 놓을 수 있습니다. 상황마다 올바른 메시지가 출력되나요? 프로그램을 몇 번 실행하고 결과를 그림 6-3과 비교해 보세요.

I guess tree saplings are as good as diamonds...

그림 6-3   선물은 바로 묘목입니다.

 보너스 목표: 수박은 언제나 좋아

이번 미션에서는 블록을 여러 종류로 사용할 수 있습니다. 금이나 수박 블록을 사용해 보세요. 그리고 블록을 놓았다가 다시 삭제하는 코드도 작성해 보세요.

elif문 연결하기

if문 다음에는 elif문이 몇 개라도 올 수 있습니다. 하나가 와도 되고 100개가 와도 되는 겁니다. 파이썬은 순서대로 하나씩 계산합니다.

다음은 앞의 '좀비' 프로그램을 사용한 예입니다.

```
zombies = int(input("Enter the number of zombies: "))
if zombies > 20:
    print("Ahhhh! Zombies!")
❶ elif zombies > 10:
    print("There's just half a Minecraft zombie apocalypse.")
```

```
elif zombies == 0:
    print("No zombies here! Phew!")
else:
    print("You know, you zombies aren't so bad.")
```

새 elif문을 if문 바로 뒤인 ❶에 두었습니다. 좀비가 10을 넘는지 확인하는 elif문입니다. 10이 넘으면 "There's just half a Minecraft zombie apocalypse."를 출력하고, 넘지 않으면 코드는 다음 elif문으로 이어집니다.

if문과 elif문의 순서는 매우 중요합니다. 순서가 잘못되면 일부 코드는 아예 실행조차 되지 않을 수도 있습니다. 의도했던 것과는 딴판이 되는 겁니다.

예를 들어, if문의 조건을 첫 번째 elif문의 조건과 바꾸어 코드를 작성하면 문제가 발생합니다.

```
zombies = int(input("Enter the number of zombies: "))
if zombies > 10:
    print("There's just half a Minecraft zombie apocalypse.")
elif zombies > 20:
    print("Ahhhh! Zombies!")
elif zombies == 0:
    print("No zombies here! Phew!")
else:
    print("You know, you zombies aren't so bad.")
```

무엇이 문제일까요? zombies가 22일 때 어떤 일이 벌어지는지 살펴보겠습니다. 22는 10보다 크니까 첫 번째 if문의 조건인 zombies > 10은 True이고, if문의 코드가 실행됩니다. 이렇게 되면 다른 elif문과 else문은 하나도 실행되지 않습니다. 프로그램의 흐름은 elif zombies > 20까지 이르지 못합니다. 이미 if문의 몸체가 실행되었기 때문입니다. 버그가 분명합니다.

if문을 사용했는데 의도하지 않았던 결과를 만나면 주저하지 말고 if문과 elif문 등이 올바른 순서로 작성되었는지 두 번 세 번 확인해야 합니다.

미션 #29: 마음먹은 대로 텔레포트하기

if문과 elif문의 순서가 어긋나면 실행될 코드는 실행되지 않고 엉뚱한 코드가 대신 실행될 수도 있습니다. 이 때문에 난감한 버그가 발생하기도 합니다. 어떻게 해결해야 할까요? 소선을 올바른 순서로 배치해야겠죠? 바로 이번 미션의 주제입니다.

고느 6-3은 농삭하시 않습니다. 원래는 사용사가 입력한 섬수에 따라 플레이어를 다른 곳으로 텔레포트하는 코드입니다. 그런데 왜 동작하지 않을까요? 점수 입력 부분에는 문제가 없는 것 같습니다. 문제는 잘못된 순서로 작성된 조건입니다.

점수가 높을수록 텔레포트할 장소도 나아집니다. 이제 코드를 살펴볼까요? 이동할 장소에 필요한 조건들은 setPos() 함수로 설정했습니다.

teleportScore.py

```python
from mcpi.minecraft import Minecraft
mc = Minecraft.create()

points = int(input("Enter your points: "))
if points > 2:
    mc.player.setPos(112, 10, 112)
elif points <= 2:
    mc.player.setPos(0, 12, 20)
elif points > 4:
    mc.player.setPos(60, 20, 32)
elif points > 6:
    mc.player.setPos(32, 18, -38)
else:
    mc.postToChat("I don't know what to do with that information.")
```

코드 6-3 점수에 따라 다른 위치로 텔레포트합니다.

이 코드에서는 점수가 6 초과일 때, 4 초과일 때, 2 초과일 때, 2보다 작거나 같을 때를 따로따로 판단했습니다.

else문의 마지막 행은 사용자의 입력이 정말로 이상하지 않는 이상 실행될 일이 없습니다. 가령, 점수가 아닌 어떤 문자열을 입력하거나 아예 아무것도 입력하지 않아야 이 마지막 행이 실행됩니다.

IDLE에서 새 파일을 복사하고 teleportScore.py로 ifStatements에 저장합니다. 각 위치로 텔레포트할 수 있도록 조건을 올바른 순서로 다시 작성합니다. 점수를 달리 입력하여 각 위치로 텔레포트하도록 프로그램을 테스트합니다. 그림 6-4는 프로그램이 올바로 동작하지 않는 예입니다.

그림 6-4 **이대로 끝나는 것을 원하지는 않았어요.**

지금은 프로그램이 올바로 동작하지 않습니다. 5를 입력했지만 2를 초과할 때 지정되는 위치로 텔레포트했습니다. 원래 의도대로라면 4를 초과할 때 지정되는 위치로 텔레포트했어야 합니다.

★ 옮긴이

SF TV 시리즈 '스타트렉'의 명대사 가운데 하나입니다. '순간이동장치로 나를 이동해 줘'라는 의미입니다.

> **보너스 목표: Beam Me Up, Scotty★**
>
> 텔레포트할 위치를 castle처럼 문자열로 입력받는 프로그램을 만들어 볼까요? if문과 elif문을 사용하여 텔레포트 위치를 선택하세요. 예를 들어 sea fortress를 입력하면 어떤 위치로 텔레포트했다가 tree house를 입력하면 다른 위치로 텔레포트하는 겁니다.

중첩된 if문

if문의 조건이 True일 때, 다른 조건을 하나 더 판단하려면(그리고 True일 때 실행할 코드도 작성하려면) 어떻게 해야 할까요? 가령, 건물 출입문에 보안 장치를 이중으로 만들어 보겠습니다. 우선, 플레이어가 출입문을 열 수 있는 스위치에 서 있는지 판단하고, 이 조건이 참이면 문을 열 수 있는 비밀 아이템을 가지고 있는지 한 번 더 판단하는 코드 행을 작성하는 겁니다. 어떻게 해야 할까요?

if문 몸체에 다른 if문 하나를 더 두면 이 상황을 해결할 수 있습니다. 이를 가리켜 중첩된^{nested} if문으로 부릅니다.

코드 6-4는 중첩된 if문의 한 예입니다. ATM을 간단하게 구현한 이 프로그램에서는 일정 금액을 인출할 수 있는지 계좌를 파악하고 인출 여부를 다시 한 번 사용자에게 확인합니다. 확인을 받으면 프로그램은 인출을 수행합니다.

```
withdraw = int(input("How much do you want to withdraw? "))
balance = 1000

❶ if balance >= withdraw:
       confirm = input("Are you sure? ")
❷     if confirm == "Yes":
           print("Here is your money.")
   else:
       print("Sorry, you don't have enough money.")
```

코드 6-4 파이썬으로 작성한 가상 ATM

첫 번째 if문에 중첩된 if문의 들여쓰기에 주의해야 합니다. 바깥쪽 if문의 조건 ❶이 True이면(잔액이 충분하면), confirm = input("Are you sure? ") 행이 실행됩니다. 그리고 안쪽 if문의 조건 ❷이 True이면 "Here is your money."가 출력됩니다.

미션 #30: 비밀 출입문을 열어라

이번 미션에서는 앞의 예를 조금 확장하겠습니다. 비밀 출입문이 있는 건물을 만들 텐데, 이 비밀 출입문은 플레이어가 받침대에 다이아몬드 블록을 놓을 때만 열립니다. 다른 종류의 블록을 놓으면 바닥이 용암으로 바뀝니다!

우선 건물을 지어야겠죠? 건물을 빨리 지으려면 math 폴더에서 building.py 프로그램(70쪽)을 찾아 실행합니다. 건물에 아직 문을 추가하지는 않습니다. 건물 밖에서 적당한 위치에 받침대로 사용할 블록을 하나 놓습니다. 이 받침대 위에 다이아몬드 블록을 얹으면 비밀 출입문이 열려 건물 안으로 들어갈 수 있는 겁니다. 코드 6-5는 여러분에게 적합한 뼈대만을 제공합니다.

secretDoor.py
```
from mcpi.minecraft import Minecraft
mc = Minecraft.create()
```

```
x = 10
y = 11
z = 12
gift = mc.getBlock(x, y, z)
if gift != 0:
    # 여기에 코드를 추가합니다.
else:
    mc.postToChat("Place an offering on the pedestal.")
```

코드 6-5 코드는 플레이어가 받침대 위에 다이아몬드를 놓으면 비밀 출입문을 엽니다.

IDLE에서 새 파일을 복사하고 ifStatements 폴더에 secretDoor.py로 저장합니다. 이 프로그램의 좌표를 다이아몬드가 놓일 곳으로 변경합니다. 코드 6-5를 복사하고 다음 일들을 수행할 코드를 추가합니다.

- 다이아몬드 블록(57)이 받침대 위에 있다면 비밀 출입문을 엽니다. (힌트: 건물에 출입문을 만들려면 출입문 위치의 블록을 공기로 지정합니다.)
- 다이아몬드가 아닌 블록이 받침대에 얹히면 플레이어가 서 있는 바닥을 용암(10)으로 변경합니다.

이제 중첩된 if문을 사용할 때가 되었습니다.

이 프로그램은 이전보다 많이 복잡해졌으므로 단계별로 구현하고 테스트하는 과정이 필요합니다. 한 가지 기능을 추가하면 프로그램을 실행하여 오류가 발생하지는 않는지 확실히 살핍니다. 코드가 많지 않을 때 버그를 해결하는 것이 당연히 훨씬 더 쉽기 때문입니다. 그림 6-5는 비밀 출입문이 열렸을 때 모습입니다.

그림 6-5 사원의 비밀 출입문이 열렸어요!

if문을 사용하여 일정 구간의 값 테스트하기

지난 5장에서는 어떤 값이 다른 두 값 사이에 있는지 판단하는 프로그램을 만들었습니다. 구간은 True나 False로 계산되므로 구간 검사를 if문의 조건으로 사용할 수 있습니다. 보다 작다나 보다 크다, 같다/같지 않다 등의 비교처럼 사용하면 됩니다. 요컨대, True나 False로 계산되는 수식이면 어떤 것이든 if문의 조건으로 사용할 수 있습니다.

맛있는 마인크래프트 케이크를 구우려고 하루 종일 온갖 재료를 찾아다닌다고 해볼까요? 케이크 30개를 만들 수 있는 재료를 모으고, 만든 케이크를 판매하겠습니다. 다른 사람은 여러분에게서 케이크를 한 개부터 29개까지만 살 수 있습니다. 30개 이상을 사겠다고 하면 팔지 않는 거죠. 케이크를 싹쓸이하지 못하게 하려는 겁니다.

이 상황을 다음 코드로 구현할 수 있습니다.

```
cakes = int(input("Enter the number of cakes to buy: "))
❶ if 0 < cakes < 30:
      print("Here are your " + str(cakes) + " cakes.")
❷ elif cakes == 0:
      print("Don't you want some delicious cake?")
❸ else:
      print("That's too many cakes! Don't be selfish!")
```

cakes 변수의 값이 0과 30 사이, 즉 15라면 "Here are your 15 cakes."를 출력합니다 ❶. 구간을 벗어나면 다른 메시지를 출력합니다. 가령, cakes의 값이 0이면 "Don't you want some delicious cake?"를 ❷, cakes가 30 이상이면 "That's too many cakes! Don't be selfish!" ❸를 출력합니다.

부울 연산자를 사용하면 좀 더 복잡한 수식을 테스트할 수 있습니다. 다음 코드는 정말 이상하긴 하지만 20개에서 30개 사이의 빵을 사겠다고 하면 못 팔겠다고 메시지를 출력하고, 반대의 경우에만 빵을 그만큼 팝니다.

```
bread = int(input("Enter the amount of bread: "))
if not 20 <= bread <= 30:
    print("Here are your " + bread + " breads.")
else:
    print("I don't sell that amount of bread for some reason.")
```

여기서는 첫 번째 조건에 not 연산자와 보다 크다, 같다 연산자를 사용하여 일정 구간을 테스트했습니다. 구간 검사에서는 사려는 빵의 개수가 20에서 30 사이인지 판단합니다. 여기에 not 연산자를 적용하여 True는 False로, False는 True로 바꿉니다. 따라서 bread가 구간에 포함되면 전체 수식은 False가 되고, else문의 코드가 실행됩니다. bread가 구간에 포함되지 않으면, 가령 40이면 "Here are your 40 breads."를 출력합니다.

누가 빵을 23개 산다고 하면 팔지 않겠죠? 17개나 32개를 산다고 해야 빵을 팔 수 있습니다.

미션 #31: 텔레포트 위치를 제한하라

2장에서 teleport.py라는 텔레포트 프로그램을 만들었죠? 이번 미션에서는 구간 검사와 if문을 사용하여 플레이어가 텔레포트할 수 있는 위치를 제한하겠습니다. 라즈베리 파이의 마인크래프트는 게임 세계가 크지 않습니다. 그런데 게임 세계를 벗어난 위치를 지정해도 그곳으로 텔레포트는 할 수 있습니다. teleport.py 프로그램이 그런 제약을 알지 못하지 때문입니다. 데스크톱 마인크래프트는 게임 세계가 훨씬 더 크기 때문에 라즈베리 파이 마인크래프트의 단점은 찾아볼 수 없습니다. 프로그램이 실행되는 데도 무리가 없겠죠? 이런 프로그램은 어디에 사용할 수 있을까요? 플레이어가 숨을 수 있는 지역이 제한된 숨바꼭질 게임이 어떨까요?

코드 6-6에서는 x, y, z 좌표로 사용자의 입력을 받아 텔레포트 위치를 지정합니다. 다만, 완성된 프로그램은 아닙니다. 프로그램 완성은 여러분의 몫입니다.

```
from mcpi.minecraft import Minecraft
mc = Minecraft.create()
valid = True

x = int(input("Enter x: "))
y = int(input("Enter y: "))
z = int(input("Enter z: "))

if not -127 < x < 127:
    valid = False

# y가 -63과 63 사이에 포함되는지 판단한다.

# z가 -127과 127 사이에 포함되는지 판단한다.

if valid:
    mc.player.setPos(x, y, z)
else:
    mc.postToChat("Please enter a valid location")
```

코드 6-6 플레이어가 텔레포트할 수 있는 위치를 제한하는 프로그램

플레이어가 텔레포트할 수 있는 위치를 제한하기 위해 valid라는 변수를 만들었습니다. 이 변수는 목적지의 좌표가 유효한지에 따라 True나 False를 저장합니다. 사용자는 x, y, z의 형식으로 좌표를 입력합니다. if문에서는 x의 값이 -127에서 127 사이인지 판단합니다. 판단 결과가 False이면 x 좌표는 유효하지 않기 때문에 valid 변수는 False가 됩니다.

실행 흐름이 마지막 if문에 다다르면 if문의 조건이 True일 때 setPos() 함수가 호출됩니다. x, y, z가 모두 조건을 만족하면 valid는 True가 됩니다. 다른 경우에는 플레이어가 텔레포트할 수 없고 유효한 위치를 다시 입력하라고 사용자에게 안내합니다. IDLE에서 새 파일을 만들고 코드 6-6을 복사합니다. ifStatements 폴더에 teleportLimit.py로 저장합니다.

if문과 구간 검사를 y와 z에도 적용하여 프로그램을 완성합니다. 물론, 값들이 유효하지 않으면 valid를 False로 지정해야 합니다.

프로그램을 완성하면 테스트합니다. x와 z는 -127에서 127 사이, y는 -63에서 63 사이가 입력될 때 해당 위치로 텔레포트되어야 합니다. 그리고 이 구간에 포함되지 않는 값이 입력되면 텔레포트가 금지되어야 합니다. 그림 6-6은 사용자가 유효하지 않은 값을 입력했을 때를 나타낸 예입니다.

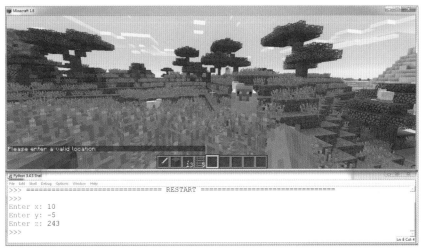

그림 6-6　z가 너무 커서 텔레포트할 수 없어요.

 보너스 목표: 땅 위에 있기

텔레포트 프로그램의 문제는 무엇일까요? 지하로 텔레포트해서 플레이어가 갇힌다는 겁니다. 지하로 텔레포트하지 않게 하려면 프로그램을 어떻게 변경해야 할까요? 사용자가 입력한 y 좌표와 getHeight() 함수를 비교하여 플레이어가 땅 위에 있는지 판단하고, 지하로 텔레포트한다면 못하게 막아야 합니다.

부울 연산자와 if문

지난 미션에서는 if문에서 not 연산자를 사용했습니다. 물론 if문에는 and나 or도 사용할 수 있습니다. 여기서는 단순 조건 하나를 판단하는 것처럼 두 조건을 판단하여 전체 수식이 True이면 if문의 몸체가 실행되도록 하겠습니다. 다음은 케이크를 가지고 있는지 그리고 가지고 있는 케이크를 조금 줄 수 있는지 판단하는 프로그램입니다.

```
hasCake = input("Do you have any cake? Y/N")
wouldShare = input("Would you give me some cake? Y/N")
```

```
if hasCake == "Y" and wouldShare == "Y":
    print("Yay!")
else:
    print("Boo!")
```

여기서는 and 연산자를 사용했습니다. 따라서 파이썬은 어떤 사람이 케이크를 가지고 있고(hasCake == "Y" is True), 나눠 주려고 한다면(wouldShare == "Y" is True) "Yay!"를 출력합니다. 두 조건 중 하나라도 True가 아니면 else문의 코드가 실행되어 "Boo!"가 출력됩니다.

and를 or로 바꾸면 어떻게 될까요? 케이크를 가지고 있거나 나눠 주려고 한다면 "Yay!"가 출력되겠죠?

```
hasCake = input("Do you have any cake? Y/N")
wouldShare = input("Would you give me some cake? Y/N")

if hasCake == "Y" or wouldShare == "Y":
    print("Yay!")
else:
    print("Boo!")
```

hasCake == "Y"나 wouldShare == "Y"가 True이면 전체 수식은 True가 됩니다. 따라서 "Yay!"가 출력됩니다. "Boo!"는 언제 출력될까요? 두 조건 모두 True가 아니어야 합니다. 케이크를 가지고 있지도 않고 나눠 주지도 않아야 하는 겁니다.

if문에서 not 연산자를 사용해 볼까요?

```
wearingShoes = input("Are you wearing shoes? Y/N")
if not wearingShoes == "Y":
    print("You're not wearing shoes.")
```

이 프로그램은 사용자에게 신발을 신고 있다면 Y를, 신고 있지 않다면 N을 입력하도록 요구합니다. 사용자의 대답은 wearingShoes에 저장되죠. 비교 부분을 살펴볼까요? wearingShoes와 "Y"를 비교하여 이 둘이 같은지 판단합니다. not 연산자가 판단 결과를 뒤집기 때문에 True는 False가 되고 False는 True가 됩니다. 따라서 사용자가 Y를 입력하면 비교는 True이고 not 연산자가 이를 뒤집어 전체 결과는 False가 됩니다. 메시지는 출력되지 않겠죠? 사용자가 Y를 입력하지 않으면 비교는 False가 되고, not 연산자가 이를 뒤집어 전체 결과는 True가 됩니다. 따라서 "You're not wearing shoes." 메시지가 출력됩니다.

미션 #32: 샤워하고 싶어요!

마인크래프트에서 최고의 집을 지으려면 상당한 디테일이 필요합니다. 사람들은 나무 바닥을 깔고 벽난로를 만듭니다. 벽에 액자도 걸죠. 마인크래프트에서도 진짜 집처럼 편안해지려는 겁니다. 우리는 한걸음 더 나아갈까요? 이제부터 샤워장을 만들겠습니다.

어떻게 만들 수 있을까요? 우선 구간 검사와 부울 연산자가 필요합니다. 샤워장을 만들고 플레이어가 이 영역으로 들어가면 물이 나오게 합니다. 다시 말해 플레이어가 일정 구간의 좌표에 들어가면 플레이어 위에 물 블록을 만드는 거죠.

코드 6-7은 기본적인 골격만을 제공합니다. 살을 붙이는 일은 여러분의 몫입니다.

shower.py

```
from mcpi.minecraft import Minecraft
mc = Minecraft.create()

❶ shwrX =
  shwrY =
  shwrZ =

❷ width = 5
  height = 5
  length = 5

  pos = mc.player.getTilePos()
  x = pos.x
  y = pos.y
  z = pos.z

❸ if shwrX <= x < shwrX + width and
      mc.setBlocks(shwrX, shwrY + height, shwrZ,
                   shwrX + width, shwrY + height, shwrZ + length, 8)
  else:
      mc.setBlocks(shwrX, shwrY + height, shwrZ,
❹                  shwrX + width, shwrY + height, shwrZ + length, 0)
```

코드 6-7 샤워 프로그램

코드 6-7을 복사하고 shower.py 파일로 ifStatements 폴더에 저장합니다.

이제 프로그램을 완성해 볼까요? 샤워장의 좌표는 shwrX, shwrY, shwrZ 변수에 지정합니다 ❶. width, height, length 변수로 표현되는 샤워장의 크기를 추가합니다 ❷. 여기서는 샤워상의 크기를 5로 지정했지만, 원하는 크기대로 얼마든지 다른 값을 지정해도 됩니다.

if문에서는 x, y와 z 변수가 샤워장 안에 있는지 판단합니다 ❸. x를 판단하는 코드 (shwrX < x < shwrX + width)를 참고하여 나머지를 직접 완성해 보세요. 힌트: and 연산자를 사용하여 모든 조건 판단을 합쳐야 합니다.

샤워 스위치를 켜거나 끄는 용도로 setBlocks() 함수를 사용합니다 ❹. 샤워 스위치를 켤 때는 블록을 물(블록 ID 8)로 설정하고 스위치를 끌 때는 공기(블록 ID 0)로 설정합니다.

if/else문의 setBlocks() 함수는 미완성입니다. 인수가 너무 길어 두 행으로 작성했는데, 파이썬에서는 이렇게도 코드를 작성할 수 있습니다. 물론 한 행으로도 작성할 수 있지만, 두 행이 보기 편합니다.

그림 6-7은 샤워하는 모습입니다.

그림 6-7 　저 여기 있어요. 샤워하고 있지요.

프로그램을 실행하면 플레이어가 샤워장으로 들어설 때 머리 위 블록이 물로 변합니다. 샤워장을 나가거나 프로그램을 다시 실행하면 다시 공기로 바뀝니다. 대단하죠?

 보너스 목표: 물을 아껴 씁시다

일정 시간이 지나면 샤워 스위치를 끄는 프로그램은 어떤가요?

이 장에서 배운 내용

이제 여러분의 프로그램은 결정을 내릴 수 있습니다. 이 장에서는 if문과 else문, elif문을 통해 조건 판단 방법을 다루었습니다. 7장에서는 while **루프**를 소개하겠습니다. while 루프는 if문처럼 조건에 따라 무엇을 할지 결정하는 구조입니다. 하지만 if문이나 else문과 다른 점이 있습니다. if문은 조건이 참일 때와 거짓일 때 실행하는 코드가 다르지만, while 루프는 조건이 참인 동안만 어떤 코드를 실행합니다. 거짓이 되는 순간 while 루프는 종료됩니다.

while 루프, 댄스파티와 꽃 퍼레이드를 기획하다

루프loop 구조를 적용하면 코드를 몇 번이고 쉽게 반복 실행할 수 있습니다. 같은 코드를 복사해서 붙여넣을 필요가 없는 거죠. 이 장에서는 파이썬이 제공하는 루프 중에서 while 루프를 실습하겠습니다.

단순 while 루프

코드 블록을 반복할 때는 while 루프를 사용합니다. while 루프는 if문처럼 조건을 판단합니다. 이 조건이 True인 동안 while의 몸체 코드가 실행됩니다. 다시 말해, 조건이 만족되는 동안에만 while 루프의 코드 블록이 실행되는 겁니다.

while 루프는 if문과 무엇이 다를까요? if문의 코드는 기껏해야 한 번 실행됩니다.

while 루프의 코드는 여러 번 실행될 수도 있습니다. 프로그래머들은 이와 같은 반복을 이터레이션^{iteration}이라고 부릅니다.★

★ 옮긴이

프로그래밍에서 반복은 iteration과 recursion으로 나뉩니다. 이터레이션은 특별한 경우가 아니면 단순히 반복이라고 표현하겠습니다. 반면, recursion은 '재귀'로 통용되고 있습니다.

예를 들어 볼까요? 다음 코드는 while 루프를 사용하여 숫자 1에서 5까지 출력합니다.

```
count = 1
while count <= 5:
    print(count)
    count += 1
print("Loop finished")
```

count 변수는 루프가 반복되는 횟수를 기록합니다. 시작은 1이죠. while 루프의 조건은 이 count가 5보다 작거나 같은지입니다.

> **NOTE** 3장에서 += 연산자를 소개했습니다. 표준 더하기 연산자를 사용하여 count = count + 1처럼 작성해도 결과는 같습니다.

루프가 처음 실행될 때 count의 값은 1입니다. 이 값은 5보다 작으므로 루프의 조건은 True입니다. 따라서 프로그램은 count의 값을 출력합니다. 그리고 count의 값에 1을 더합니다. 이제 while 루프가 다시 시작되어 조건을 다시 판단합니다. 조건은 True이므로 앞의 과정을 반복합니다. count가 5보다 크면 while 루프는 종료됩니다.

루프 바깥에는 행이 하나입니다. "Loop finished"를 출력하는 행이죠. 이 프로그램을 저장하고 실행합니다. 실행 결과는 다음과 같습니다.

```
1
2
3
4
5
Loop finished
```

조건을 바꿔 가며 몇 번 실습을 해 보세요. count를 변경해도 되고, count가 증가하는 정도를 변경해도 됩니다. 코드가 어떻게 동작하는지 while 루프의 실행 과정을 단계별로 정리하면 다음과 같습니다.

1. 조건이 True인지 판단한다.

2. 조건이 True이면

   a. 몸체 코드를 실행한다.

   b. 1단계를 반복한다.

3. 조건이 False이면

   a. 몸체 코드를 무시한다.

4. while loop가 종료되고 그다음 코드 행으로 실행 흐름이 이어진다.

이제 while 루프를 사용하여 텔레포트해 볼까요?

미션 #33: 무작정 떠나는 텔레포트 여행

미션 #3(53쪽)에서는 여러 위치로 플레이어를 텔레포트했습니다. 이번에는 while 루프를 적용해 보겠습니다. 몇 번이고 텔레포트를 반복하는 겁니다.

플레이어를 아무 위치로 텔레포트하는 코드에 루프를 적용하여 더 강력하고 읽기가 더 쉬운 프로그램으로 만들겠습니다. 멋지지 않나요?

다음 코드는 플레이어를 아무 위치로나 텔레포트합니다. 좌표를 나타내는 x, y, z 변수에 난수를 지정하면 되겠죠? 지정된 좌표로 플레이어를 텔레포트하면 끝입니다.

```
import random
from mcpi.minecraft import Minecraft
mc = Minecraft.create()
```
❶ # 여기에 count 변수를 추가합니다.
❷ # 여기서부터 while 루프입니다.
❸ x = random.randint(-127, 127)   # 이 행부터는 들여쓰기를 해야 합니다.
```
  y = random.randint(0, 64)
  z = random.randint(-127, 127)

  mc.player.setTilePos(x, y, z)
```
❹ # 여기서 count에 1을 더해야 합니다.

지금은 텔레포트를 한 번만 할 수 있습니다. 루프를 적용하여 코드를 5번 반복하면 플레이어가 이리저리 돌아다니겠죠?

다음 과정에 따라 코드에 루프를 적용합니다.

1. 루프를 통제할 변수인 count를 만듭니다 ❶.
2. count를 기준으로 하는 while 루프를 추가합니다 ❷.
3. while문의 몸체를 들여쓰기합니다 ❸.
4. count의 값을 늘립니다 ❹.

루프가 반복되는 횟수를 추적할 용도로 count 변수가 필요하고 루프 안에서 count를 늘리는 겁니다. 이 내용에 대해서는 다음 절에서 상세하게 다루겠습니다. 지금은 count가 루프 반복 횟수를 통제한다고만 정리하겠습니다.

코드 7-1은 모두 수정된 코드입니다.

randomTeleport.py

```
import random
from mcpi.minecraft import Minecraft
mc = Minecraft.create()

count = 0
while count < 5:
    x = random.randint(-127, 127)
    y = random.randint(0, 64)
    z = random.randint(-127, 127)

    mc.player.setTilePos(x, y, z)
    count += 1
```

코드 7-1 아무 곳으로나 텔레포트하는 전체 코드

코드 7-1을 새 파일로 복사하고 whileLoops라는 새 폴더에 randomTeleport.py로 저장합니다. 그리고 프로그램을 실행합니다. 플레이어가 마인크래프트 세계 곳곳으로 이동하는 모습이 보이나요? 그런데 코드가 너무 빨리 실행됩니다! 전부 이동하는 데 1초도 채 걸리지 않으니 사실 프로그램의 원래 의도가 무색해집니다. 이 문제를 고쳐 볼까요?

코드를 느리게 실행하려면 time 모듈이 필요합니다. 다음 과정을 진행합니다.

1. 프로그램 시작 행에 import time 문장을 추가합니다. 이 행은 파이썬의 time 모듈을 가져옵니다. time 모듈에는 시간과 관련된 유용한 함수들이 가득합니다.

2. time.sleep(10)을 while 루프의 몸체가 끝나는 행에 추가합니다. 프로그램의 실행이 10초 동안 지연됩니다. 이 코드 행은 while 루프 마지막에 있어야 하므로 들여쓰기에 주의해야 합니다.

프로그램을 저장하고 실행합니다. 이제 플레이어는 새로운 곳으로 10초마다 텔레포트합니다. 그림 7-1은 그 과정 중 일부입니다.

그림 7-1 **10초마다 새로운 곳으로 텔레포트합니다.**

count 변수로 루프 통제하기

count처럼 루프에서 반복 횟수를 나타내는 변수(일명 카운트 변수)는 프로그램의 실행 흐름을 통제하는 가장 일반적인 수단입니다. 지금까지 몇 가지 예를 통해 카운트 변수가 어떤 역할을 하는지 살펴봤습니다. 예를 하나 더 살펴볼까요?

```
count = 0
while count < 5:
    print(count)
    count += 1
```

while 루프의 조건은 변수 count의 값이 5보다 작은지 판단합니다. 루프의 몸체에서는 반복 횟수를 결정하기 위해 count의 값을 변경했습니다. 이렇게 count 변수의 값을 늘리는 것은 인크리먼트^{increment}라는 표현으로 통용됩니다.

마지막 코드 행에서는 count의 값을 1만큼 늘렸습니다. 그리고 코드가 반복될 때마다 count의 새 값이 5보다 작은지 판단합니다. count가 5와 같아지거나 5보다 커지면 루프는 종료됩니다.

깜빡 잊고 count의 값을 늘리지 못하면 어떻게 될까요? 루프가 종료되는 일은 없을 겁니다. 이를 가리켜 **무한 루프**$^{infinite\ loop}$로 부릅니다. 다음은 무한 루프의 예입니다.

```
count = 0
while count < 5:
    print(count)
```

count의 값은 늘 0입니다. 늘어난 적이 없기 때문입니다. 따라서 루프의 조건은 늘 True이고 루프는 영원히 반복됩니다. 믿지 못하겠다고요? 다음 코드를 실행해 보세요!

```
0

0
0

0

0
--지면상 여기까지만--
```

이 무한 루프의 실행을 끝내려면 CTRL-C를 눌러야 합니다. 프로그램에서는 어떻게 해야 할까요? 루프의 몸체 마지막에 count += 1을 추가하면 됩니다. 이제 무한 루프에 빠지는 일은 없습니다. 휴!

카운트 변수를 항상 1씩만 늘려야 하는 것은 아닙니다. 1인 아닌 다른 값만큼 늘려야 할 때도 있습니다. 다음 예에서 카운트 변수는 2씩 늘어납니다. 코드를 실행하면 어떤 결과가 나올까요? 0에서 100 사이의 짝수만 주르륵 출력됩니다.

```
count = 0
while count < 100:
    print(count)
    count += 2
```

count의 값에 음수를 지정하여 일정하게 줄일 수도 있습니다. 다음은 100에서 1까지 숫자를 세는 코드입니다.

```
count = 100
while count > 0:
    print(count)
    count -= 1
```

이 예는 앞선 예들과 무엇이 다를까요? 바로 조건입니다. 여기서는 보다 크다 연산자를 사용했는데, count가 0보다 크면 루프는 계속 진행됩니다. count가 0이 되면 루프는 종료됩니다.

NOTE 루프를 제어하기 위한 변수의 이름이 늘 count인 것은 아닙니다. 앞에서도 편의상 카운트 변수라고 언급했는데, 얼마든지 다른 이름을 지정할 수 있습니다. 다른 사람의 코드를 들여다보면 정말 다양한 이름을 확인할 수 있습니다.

미션 #34: 받아라, 물의 공격을!

이번에는 플레이어를 못살게 구는 프로그램을 만들겠습니다. 플레이어를 잠시 동안 느리게 하는 등 약하게 하는 겁니다.

이번 미션은 플레이어의 위치에 30초 동안 흐르는 물 블록을 두는 괴롭히기 프로그램입니다. 흐르는 물 블록이 있으면 플레이어는 앞으로 나아가기가 힘들어집니다.

다음은 플레이어의 위치에 흐르는 물 블록을 두는 코드입니다.

waterCurse.py

```
from mcpi.minecraft import Minecraft
mc = Minecraft.create()

pos = mc.player.getPos()
mc.setBlock(pos.x, pos.y, pos.z, 8)
```

이 코드는 플레이어의 현재 위치에 흐르는 물 블록을 한 번만 둡니다. 여러 번 반복하는 일은 여러분의 몫입니다. 최종 코드에서는 30번 반복해야 합니다. 그리고 각 반복은 1초씩 유지되어야 합니다.

이 코드를 waterCurse.py로 whileLoops 폴더에 저장합니다. 그리고 올바로 동작하는지 테스트해 봅니다. 프로그램이 멈출 때까지 플레이어의 위치에 물 블록 하나가 보여야 합니다.

이제 어떻게 해야 각 반복이 1초씩 유지될 수 있는지 생각해 보겠습니다. while 루프와 count에 관한 내용을 활용하여 다음 과정을 진행합니다.

1. count 변수를 프로그램에 추가합니다.
2. 마지막 두 코드 행을 반복하는 루프를 추가합니다. 루프는 30번 반복되어야 합니다.
3. count의 값을 루프의 마지막에서 늘립니다.
4. (프로그램의 첫 행에서) time 모듈을 가져와 1초 동안 기다리는 코드를 while 루프의 마지막 행에 추가합니다.

프로그램을 저장하고 테스트합니다. 30초 동안 1초마다 물 블록이 생깁니다. 문제가 생기면 미션 #33(159쪽)을 참고할 수 있습니다.

그림 7-2는 프로그램 동작을 보여 주는 예입니다.

그림 7-2　이런 맙소사! 강물에 떠내려가고 있어요.

 보너스 목표: 빨라진 홍수
30초 동안 루프를 두 배 빨리(즉, 0.5초마다) 반복하려면 어떻게 해야 할까요?

무한 while 루프

while 루프에서 부울 조건은 결국 False가 됩니다. 이 사실은 대단히 중요합니다. False가 되지 않으면 루프는 영원히 반복되어 컴퓨터가 무단으로 종료되기 때문입니다.

그런데 이런 무한 루프도 필요할 때가 있습니다. 예를 들어, 비디오 게임은 무한 루프를 사용하여 사용자의 입력을 판단하고 플레이어의 움직임을 관리합니다. 물론 비디오 게임에는 종료에 해당하는 버튼이 마련되어 언제든지 무한 루프를 멈출 수 있습니다.

무한 루프를 간단하게 만드는 방법이 있습니다. 다음과 같이 while 루프를 정의할 때 True인 조건을 사용하면 됩니다.

```
while True:
    print("Hello")
```

이 코드는 영원히 반복되며 "Hello"를 끊임없이 출력합니다. 무한 루프를 종료하려면 파이썬 셸에서는 일반적으로 CTRL-C를 눌러야 합니다. IDLE에서는 Shell ➡ Restart Shell을 클릭해야 합니다.

무한 루프 '다음 행'에 작성한 코드는 실행되지 않습니다. 다음 예에서 마지막 행의 코드는 실행되지 않습니다. 이보다 앞에 있는 무한 while 루프 때문입니다.

```
while True:
    print("Hello")
print("This line is never reached")
```

무한 루프가 까다롭기는 하지만 잘만 활용하면 멋진 일을 많이 할 수 있습니다. 무한 루프를 본격적으로 살펴볼까요?

미션 #35: 꽃길

이번 미션에서 작성할 프로그램은 미션 #34와 비슷합니다. 다만, 물 블록을 놓는 대신 플레이어 뒤로 꽃길을 만들겠습니다. 꽃이 홍수보다는 훨씬 좋겠죠?

whileLoops 폴더의 waterCurse.py 파일을 열고 flowerTrail.py 파일로 저장합니다.

플레이어 뒤로 무한 꽃길을 만들려면 다음 과정대로 프로그램을 변경해야 합니다.

1. while 루프의 조건을 True로 변경합니다.
2. count 변수와 증가 코드를 삭제합니다.
3. setBlock() 함수에서 블록의 종류에 해당하는 인수를 8에서 38로 변경합니다.
4. 꽃 5송이가 1초마다 나타나도록 sleep() 함수에서 인수의 값을 0.2로 줄입니다.
5. 프로그램을 저장하고 실행합니다. 그림 7-3은 프로그램을 실행한 예입니다.

그림 7-3 꽃들이 아름다워!

 보너스 목표: 파괴의 즐거움

flowerTrail.py 프로그램은 무척 유연합니다. 다른 종류의 블록을 놓아 볼까요? TNT 블록이 괜찮아 보입니다(setBlock(x, y, z, 46, 1)). 46(TNT 블록) 뒤의 인수 1은 무엇일까요? 1을 지정하면 라이터 없이도 TNT를 폭발시킬 수 있습니다.

활용도 높은 조건들

while 루프의 조건은 부울 값을 나타내기 때문에 비교 연산자와 부울 연산자 모두를 사용할 수 있습니다. 이미 보다 크다 연산자나 보다 작다 연산자가 어떻게 동작하는지 살펴보기도 했습니다.

그런데 지금까지와는 다른 방법으로 비교 연산자와 부울 연산자를 사용하여 while 루프를 통제할 수 있습니다. 어떤 방법인지 살펴볼까요?

일단 조건부터 좀 더 '인터랙티브하게' 만들겠습니다. 다음은 continueAnswer 변수를 만들어 while 루프에서 그 값이 "Y"인지 판단하는 코드입니다. 의미상 continue라는 변수를 만들면 좋을 텐데 그러지 못합니다. continue는 파이썬 언어에서 사용하기로 약속된 예약어이기 때문입니다.

```
continueAnswer = "Y"
coins = 0
while continueAnswer == "Y":
    coins = coins + 1
    continueAnswer = input("Continue? Y/N")
print("You have " + str(coins) + " coins")
```

while 루프 마지막 행에서는 사용자에게 계속할 것인지 묻습니다. 사용자가 Y가 아닌 다른 것을 입력하면 루프는 종료됩니다. 사용자가 Y를 누를 때마다 coins의 값은 1씩 늘어납니다.

continueAnswer를 루프보다 먼저 만들었습니다. 그렇게 하지 않으면 오류가 발생합니다. 왜 그럴까요? 변수를 만들어 놓고 그 값을 판단해야 하며, while 루프가 처음 실행되기 전에 반드시 True로 지정되어야 하기 때문입니다. 이 과정이 어긋나면 while 루프의 몸체는 실행될 일이 없습니다.

미션 #36: 물속에 오래 있기

while 루프와 '같다' 연산자(==)를 사용하여 재밌는 프로그램을 만들어 볼까요? 이번 미션에서는 미니 잠수 게임을 만들겠습니다. 프로그램은 플레이어가 얼마나 오래 물속에 있는지 기록하고 점수를 출력합니다. 플레이어가 6초보다 오래 물속에 있을 때는 플레이어에게 꽃을 날려 축하합니다.

다음은 미션 완수를 위한 미완성 코드입니다.

divingContest
.py

```
from mcpi.minecraft import Minecraft
mc = Minecraft.create()
import time

score = 0
pos = mc.player.getPos()
```
❶ `blockAbove = mc.getBlock(pos.x, pos.y + 2, pos.z)`

❷ `# 여기에 while 루프를 추가합니다.`
```
    time.sleep(1)
    pos = mc.player.getPos()
```
❸ `blockAbove = mc.getBlock(pos.x, pos.y + 2, pos.z)`
❹ `score = score + 1`

```
mc.postToChat("Current score: " + str(score))

mc.postToChat("Final score: " + str(score))
```
❺ `if score > 6:`
```
    finalPos = mc.player.getTilePos()
    mc.setBlocks(finalPos.x - 5, finalPos.y + 10, finalPos.z - 5,
                 finalPos.x + 5, finalPos.y + 10, finalPos.z + 5, 38)
```

프로그램을 divingContest.py 파일로 whileLoops 폴더에 저장합니다. score는 플레이어의 잠수 시간을 추적하는 변수입니다.

일단 코드를 실행하여 동작 과정을 살펴보세요. 아직은 완성된 프로그램이 아니기 때문에 플레이어가 물속에 있는지 확인하고 종료됩니다.

일단, 나머지 코드가 무슨 일을 하는지 살펴보겠습니다. blockAbove 변수는 플레이어의 머리 위에 놓인 블록의 종류를 저장합니다❶. 가령, 플레이어가 물속에 있을 때 이 변수에는 8이라는 값(물 블록을 나타냄)이 저장됩니다. 나중에 ❸에서처럼 플레이어 머리 위에 있는 블록의 종류가 다시 저장됩니다. 따라서 while 루프를 만들면 플레이어 머리 위의 현재 블록을 나타내도록 blockAbove를 업데이트해야 합니다. ❹에서는 플레이어가 물속에 있을 때 1초마다 1점씩 늘립니다. 그리고 ❺에서는 if문을 사용하여 점수가 6점을 초과할 때 꽃비를 만듭니다.

❷에 blockAbove 변수를 조건으로 사용하는 루프를 추가하는 일은 여러분의 몫입니다. while 루프에서는 blockAbove가 물(블록 ID 8)이나 흐르는 물(블록 ID 9)과 같은지 비교해야 합니다. while 루프에 추가할 조건은 while blockAbove == 8 or blockAbove == 9처럼 되겠죠? 이 조건으로 플레이어가 현재 물속에 있는지 루프가 반복될 때마다 판단합니다.

프로그램을 테스트하려면 최소한 세 블록 깊이로 물이 있는 곳을 찾아 잠수를 합니다. 프로그램은 플레이어가 물속에 있을 때만 실행되기 때문입니다. 프로그램이 실행되면 잠수 시간이 초 단위로 출력됩니다. 플레이어가 물 밖으로 나오면 최종 점수가 표시되고 6초 이상 잠수를 했다면 꽃이 날립니다. 그림 7-4는 플레이어가 물속에 있고 점수가 출력되는 예입니다. 그림 7-5는 6초 넘게 잠수하여 꽃 세례를 받는 예입니다.

그림 7-4 물속에서 숨을 참고 있어요. 잠수 시간도 표시됩니다.

그림 7-5 멋있는 꽃 세리머니!

> **보너스 목표: 탐나는 우승 상품**
>
> 상을 늘려 볼까요? 프로그램 아래쪽의 if문에 필요한 코드를 추가합니다. 플레이어가 최고 점수를 내면 황금 블록을 선사하는 거죠. 난이도를 조절하고 그에 따른 상도 여러 가지로 만들어 보세요.

부울 연산자와 while 루프

while 루프에 and, or, not 등의 부울 연산자를 사용하여 여러 조건을 함께 판단할 수 있습니다. 예를 들어 다음 루프는 사용자가 올바른 암호를 입력하지 않고 입력 시도가 세 번 이하인 동안만 반복합니다.

```
password = "cats"
passwordInput = input("Please enter the password: ")
attempts = 0

❶ while password != passwordInput and attempts < 3:
❷     attempts += 1
❸     passwordInput = input("Incorrect. Please enter the password: ")

❹ if password == passwordInput:
      print("Password accepted.")
```

while 루프의 조건❶은 두 가지 일을 합니다. password가 사용자의 입력과 다른지 와(password != passwordInput) 암호 입력을 세 번 이하로 시도했는지를(attempts < 3) 판단합니다. and 연산자를 사용했으므로 두 조건이 동시에 만족되어야 합니다. 조건이 False이면 attempts 변수의 값을 1 늘리고❷ 암호의 재입력을 요구합니다❸. 루프는 사용자가 정확한 암호를 입력하거나 attempts의 값이 3 이상이면 종료됩니다. 루프가 종료되고 사용자가 정확한 암호를 입력하면 "Password accepted"가 출력됩니다❹.

while 루프에서 구간 판단하기

값이 어떤 구간에 포함되는지도 while 루프에서 판단할 수 있습니다. 예를 들어 다음 코드는 사용자가 입력한 값이 0에서 10 사이인지 판단합니다. 값이 구간에 포함되지 않으면 루프는 종료됩니다.

```
position = 0
❶ while 0 <= position <= 10:
    position = int(input("Enter your position 0-10: "))
    print(position)
```

변수 position이 10보다 크면 루프는 반복되지 않습니다 ❶. 0보다 작을 때도 마찬가지입니다. 이런 식으로 비교하면 플레이어가 특정 지역에 있는지 없는지를 쉽게 판단할 수 있습니다. 이 방법을 미션으로도 실펴보겠습니다.

미션 #37: 우리 모두 춤을

신나게 춤을 추어 볼까요? 그런데 그보다 먼저 할 일이 있습니다. 바로 댄스 플로어를 만드는 일입니다. 이번 미션에서 만들 프로그램은 0.5초마다 화려한 조명을 켜는 댄스 플로어입니다.

다음은 코드의 시작입니다. 플레이어의 현재 위치에 댄스 플로어를 만들고 if문을 사용하여 조명 색상을 바꾸는 프로그램입니다. 다만, 코드를 완성하는 일은 여러분의 몫입니다.

danceFloor.py

```
from mcpi.minecraft import Minecraft
mc = Minecraft.create()
import time

pos = mc.player.getTilePos()
floorX = pos.x - 2
floorY = pos.y - 1
floorZ = pos.z - 2
width = 5
length = 5
block = 41
```
❶
```
mc.setBlocks(floorX, floorY, floorZ,
             floorX + width, floorY, floorZ + length, block)
```
❷
```
while floorX <= pos.x <= floorX + width and # z도 판단해 보세요.
```
❸
```
    if block == 41:
        block = 57
    else:
        block = 41
    mc.setBlocks(floorX, floorY, floorZ,
                 floorX + width, floorY, floorZ + length, block)
    pos = mc.player.getTilePos()
    time.sleep(0.5)
```

IDLE을 열고 새 파일을 만들어 danceFloor.py로 whileLoops 폴더에 저장합니다. 코드는 플레이어의 현재 위치에 댄스 플로어를 만들고 ❶, 댄스 플로어의 위치와 크기를 floorX, floorY, floorZ, width, length 변수에 저장합니다. while 루프 안에서는 if문을 사용하여 댄스 플로어의 바닥 블록을 변경하여 ❸ 클럽 분위기를 만들었습니다.

프로그램이 올바로 동작하려면 while 루프에서 플레이어의 z 좌표가 댄스 플로어에 있는지 판단하도록 조건을 변경해야 합니다. 다시 말해, pos.z가 floorZ보다 크거나 같은지와 floorZ + length보다 작거나 같은지를 판단해야 합니다. pos.x가 댄스 플로어에 있는지를 판단하는 코드는 여러분을 위해 미리 작성했습니다(floorX <= pos.x <= floorX + width).

그림 7-6 댄스, 댄스!

프로그램을 완성하면 저장하고 실행합니다. 댄스 플로어가 플레이어의 위치에 나타나고 0.5초마다 색상이 바뀝니다. 잠시 댄스 삼매경에 빠져도 좋겠죠? 플레이어가 댄스 플로어를 벗어나면 더 이상 댄스 플로어의 색상이 바뀌지 않습니다. 프로그램을 다시 실행하여 댄스 플로어를 새로 만들어야 합니다.

 보너스 목표: 파티는 이제 그만

플레이어가 춤을 다 추면 댄스 플로어를 없애 보세요. 어떻게 해야 할까요? 루프가 종료되면 댄스 플로어를 공기로 바꾸면 되겠죠?

중첩된 if문과 while 루프

while 루프 안에 if문이나 중첩된 if문을 사용하면 훨씬 더 강력한 프로그램을 만들 수 있습니다. 이미 미션 #37(172쪽)에서 중첩된 if문을 사용했었습니다.

다음 중첩된 if문에서는 출력된 마지막 단어를 기준으로 mine과 craft를 번갈아 출력합니다. 루프는 50번 반복됩니다.

```
word = "mine"
count = 0
while count < 50:
    print(word)
    if word == "mine":
        word = "craft"
    else:
        word = "mine"
```

word 변수는 출력될 첫 번째 단어를 저장합니다. 루프의 if문에서 현재 단어가 "mine"인지 판단하여 "mine"일 때는 word를 "craft"로 바꾸고 다음번 반복되는 루프에서 출력합니다. 그리고 word가 "mine"이 아니라면 "mine"으로 바꿉니다. 이 코드는 무한 루프입니다. 따라서 실행을 멈추려면 CTRL-C를 눌러야 합니다.

이 밖에도 while 루프에는 elif문이나 다른 while 루프를 중첩해서 사용할 수도 있습니다.

다음은 사용자에게 1과 1백만 사이의 모든 숫자를 출력하겠느냐고 묻는 프로그램입니다.

```
userAnswer = input("Print the numbers between 1 and 1000000? (yes/no): ")

❶ if userAnswer == "yes":
       count = 1
❷      while count <= 1000000:
           print(count)
           count += 1
```

if문은 사용자의 입력이 yes인지 판단합니다 ❶. yes일 때는 if문 안에서 중첩된 루프가 실행됩니다. yes가 아닌 다른 입력일 때는 루프가 실행되지 않고 바로 종료됩니다.

미션 #38: 미다스의 손

미다스는 전설의 왕입니다. 미다스 왕이 만지는 모든 것은 금으로 변했죠. 이번 미션은 플레이어 밑의 모든 블록이 금으로 변하는 프로그램을 만드는 겁니다. 단 공기와 물은 그대로 놔 두어야 합니다. 안 그러면 문제가 심각해지겠죠? 금 블록의 값은 41이고, 물은 9, 공기는 0입니다.

midas.py

```
from mcpi.minecraft import Minecraft
mc = Minecraft.create()

air = 0
water = 9

❶ # 여기에 while 무한 루프를 추가합니다.
       pos = mc.player.getTilePos()
       blockBelow = mc.getBlock(pos.x, pos.y - 1, pos.z)

❷      # 여기에 if문을 추가합니다.
           mc.setBlock(pos.x, pos.y - 1, pos.z, 41)
```

IDLE을 열고 새 파일을 만듭니다. 그리고 whileLoops 폴더에 midas.py 파일로 저장합니다. 코드는 미완성이므로 필요한 부분은 여러분의 몫입니다. 우선, while 무한 루프를 추가합니다 ❶. while 무한 루프의 조건은 늘 True여야 합니다. 플레이어 밑의 블록이 공기나 물과 같지 않은지 판단하는 if문 ❷도 추가해야 합니다. 플레이어 밑의 블록 값은 blockBelow 변수에, 공기와 물의 값은 air와 water 변수에 저장합니다.

프로그램을 완성하면 저장하고 실행합니다. 플레이어가 지나온 길에 금 블록이 만들어져야 합니다. 하지만 플레이어가 물속이나 공중으로 점프할 때는 블록이 금으로 변하지 않습니다. 그림 7-7은 실행 중인 프로그램의 예입니다.

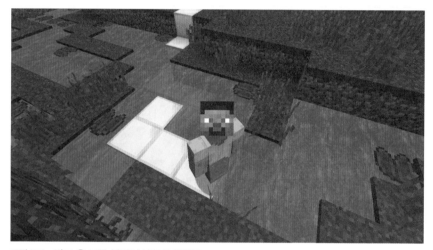

그림 7-7 밟고 온 모든 블록이 금으로 변해요.

무한 루프를 종료하려면 IDLE 셸에서 Shell ➡ Restart Shell을 클릭하거나 CTRL-C를 누릅니다.

> **💬 보너스 목표: 나는야 농부**
>
> midas.py를 다른 목적으로도 수정해 볼까요? 흙 블록을 괭이로 개간한 농장으로 만들면 어떨까요? 흙 블록을 잔디로 바꾸는 건요?

break로 while 루프 끝내기

while 루프에서는 루프를 언제 어떻게 끝낼지 온전한 통제권을 가질 수 있습니다. 지금까지는 루프를 끝내기 위해 조건을 사용했습니다. 하지만 조건 대신 break문을 사용할 수도 있습니다. break문은 while 루프를 즉시 끝냅니다. 어떻게 동작하는지 살펴볼까요?

break문은 루프에서 중첩된 if문에 둘 수 있습니다. break문은 if문의 조건이 True일 때 즉시 루프를 중단합니다. 다음은 사용자에게 "exit"를 입력해 달라고 계속 요구하는 코드입니다.

```
❶ while True:
❷     userInput = input("Enter a command: ")
❸     if userInput == "exit":
❹         break
      print(userInput)
❺ print("Loop exited")
```

이 코드는 while True❶를 사용했기 때문에 무한 루프입니다. 루프가 반복될 때마다 사용자는 명령을 입력해야 합니다❷. 프로그램은 사용자가 입력한 명령을 if문에서 "exit"와 비교합니다❸. 조건이 만족되면 break문은 루프를 끝냅니다❹. 그러면 프로그램의 실행이 루프 다음으로 이어져 "Loop exited"가 출력되겠죠?❺

미션 #39: 끝없는 대화

미션 #13(91쪽)에서는 문자열, 입력, 출력을 사용하여 사용자의 메시지를 대화 창에 게시하는 프로그램을 만들었습니다. 그 프로그램은 괜찮았지만 제한도 많았습니다. 새 메시지를 게시할 때마다 프로그램을 다시 실행해야 했기 때문입니다.

이번 미션에서는 프로그램을 재시작하지 않고도 사용자들이 원하는 대로 메시지를 게시할 수 있도록 while 루프를 사용하여 대화 프로그램을 업그레이드하겠습니다.

strings 폴더에서 userChat.py 파일을 열고 whileLoops에 chatLoop.py로 저장합니다.

프로그램을 재시작하지 않고 새 메시지를 원하는 대로 게시하려면 다음을 코드에
추가합니다.

1. while 무한 루프를 프로그램에 추가합니다.
2. 사용자의 입력이 "exit"인지 판단하는 if문을 루프에 추가합니다. 사용자의 입
   력이 "exit"이면 루프는 종료됩니다.
3. userName 변수를 루프 시작 전에 정의합니다.

변경 내용을 모두 적용하면 프로그램을 저장하고 실행합니다. 파이썬 셸에 사용
자명을 입력하라는 프롬프트가 나타납니다. 사용자명을 입력하고 엔터를 누릅니
다. 프로그램은 메시지를 입력하라고 요구합니다. 메시지를 입력하고 엔터를 누릅
니다. 메시지를 그만 입력하려면 exit를 입력합니다. 그림 7-8은 대화 프로그램의
실행 예입니다.

그림 7-8   혼자 하는 채팅도 재밌답니다.

 보너스 목표: Block Chat

사용자가 블록을 만들 수 있도록 대화 기능을 확장해 보세요. 예를 들어 사용자가
"wool"을 입력하면 양털 블록이 만들어지는 겁니다. 어떻게 해야 할까요? 사용자의 입력
을 판단하는 elif문을 if문에 추가하면 됩니다.

while-else문

if문처럼 while 루프도 else문을 사용하여 2차 조건을 적용할 수 있습니다.

else문은 while문의 조건이 False일 때 실행됩니다. 다만, else문은 while문의 몸체와 달리 한 번만 실행됩니다. 예를 들어 볼까요?

```
message = input("Please enter a message.")

while message != "exit":
    print(message)
    message = input("Please enter a message.")
else:
    print("User has left the chat.")
```

이 루프는 입력된 message가 "exit"와 같지 않는 한 계속 반복됩니다. message가 "exit"이면 루프는 반복을 멈추고 else문의 몸체가 실행되어 "User has left the chat."이 출력됩니다.

while문에 break문이 있을 때는 else문이 실행되지 않습니다. 다음 코드는 앞선 예와 비슷하지만 중첩된 if문과 break문이 포함되었습니다. 사용자가 exit 대신 abort를 입력하면 "User has left the chat." 메시지는 출력되지 않고 대화가 종료됩니다.

```
message = input("Please enter a message.")

while message != "exit":
    print(message)
    message = input("Please enter a message.")
    if message == "abort":
        break
else:
    print("User has left the chat.")
```

if문은 입력된 메시지가 abort인지 판단합니다. 이 조건이 True이면 break문이 실행되고 루프는 곧바로 종료됩니다. break문이 실행되면 else문은 실행되지 않고, "User has left the chat." 메시지도 출력되지 않습니다.

미션 #40: Hot? Cold?

이번 게임에서는 일종의 숨바꼭질 게임이랄 수 있는 핫앤콜드 게임을 만들겠습니다. 한 번도 해 본 적이 없다고요? 잠시 게임 방법을 설명하겠습니다. 한 사람이 어딘가에 숨고 다른 사람이 찾습니다. 술래가 가까이 다가오면 숨은 사람은 "Hot"을 외치고, 멀어지면 "Cold"를 외칩니다. 그리고 술래가 바로 옆으로 오면 "You're on fire!"를 외치고, 아예 다른 곳으로 가면 "Freezing!"을 외칩니다.

마인크래프트 게임에서는 아무데나 놓인 다이아몬드 블록을 찾아 그 위에 서 있는 것으로 대신하겠습니다. 그리고 플레이어 혼자서 게임을 진행해야 하므로 "Hot"이나 "Cold"는 파이썬이 외치는 것으로 하겠습니다. 게임은 플레이어가 다이아몬드 블록에 서 있으면 종료됩니다.

코드 7-2는 아무 데나 한 곳을 정해 블록을 놓는 프로그램입니다.

blockHunter.py

```
from mcpi.minecraft import Minecraft
import math
import time
import random
mc = Minecraft.create()

destX = random.randint(-127, 127)
destZ = random.randint(-127, 127)
❶ destY = mc.getHeight(destX, destZ)

block = 57
❷ mc.setBlock(destX, destY, destZ, block)
mc.postToChat("Block set")

while True:
    pos = mc.player.getPos()
❸   distance = math.sqrt((pos.x - destX) ** 2 + (pos.z - destZ) ** 2)

❹   if distance > 100:
        mc.postToChat("Freezing")
    elif distance > 50:
        mc.postToChat("Cold")
    elif distance > 25:
        mc.postToChat("Warm")
    elif distance > 12:
        mc.postToChat("Boiling")
```

```
    elif distance > 6:
        mc.postToChat("On fire!")
    elif distance == 0:
❺      mc.postToChat("Found it")
```

코드 7-2 핫앤콜드 게임의 시작 부분

블록을 아무 데나 놓을 때 지하는 배제해야 합니다. 어떻게 해야 할까요? 가장 높은 y축을 찾기 위해 getHeight() 함수❶를 사용하겠습니다. y축이 가장 높은 곳이 바로 땅 위이기 때문입니다. 이곳에 다이아몬드 블록을 놓습니다❷.

❸의 코드는 다이아몬드 블록까지 거리를 계산합니다. math 모듈에 제공되는 sqrt() 함수를 사용할 생각이니 import math문을 맨 위에 두어야겠죠? sqrt()는 어떤 수의 제곱근을 구하는 함수입니다.

코드 7-2에서는 이른바 피타고라스의 정리를 사용합니다. 피타고라스의 정리는 직각삼각형의 두 변으로 빗변의 길이를 계산할 수 있는 원리입니다. 여기서는 플레이어의 위치에서 다이아몬드의 위치까지 x축과 z축의 간격으로 최종 거리를 구할 수 있습니다.

프로그램에서 출력할 메시지는 플레이어와 다이아몬드 블록까지 거리에 따라 달라집니다. 거리를 나타내는 distance 변수를 if문에서 판단해야겠죠?❹ 프로그램은 플레이어가 아주 멀리 있을 때 "Freezing"을, 아주 가까이 있을 때 "On fire!"를 출력합니다.

IDLE에서 코드 7-2를 새 파일로 복사하여 whileLoops 폴더에 blockHunter.py로 저장합니다.

지금은 프로그램이 동작은 하지만 플레이어가 블록을 찾았다고 해서 종료되지는 않습니다. 프로그램을 종료하려면 플레이어와 블록의 거리가 0일 때 break문을 추가해야 합니다❺.

프로그램을 완성하면 저장하고 실행합니다. 아무 곳에나 블록이 생성되고 플레이어는 이 블록을 찾아다녀야 합니다. 프로그램은 플레이어가 블록을 찾거나 그 위에 서 있을 때 종료됩니다. 그림 7-9는 블록을 찾았을 때 모습입니다.

그림 7-9　블록을 찾았어요! 블록 위로 서 볼까요?

 보너스 목표: 시간은 소중한 것?

blockHunter.py 프로그램에서는 플레이어에게 어떤 제한을 두지 않았습니다. 블록을 찾을 때까지 걸린 시간을 출력하거나 아예 제한 시간을 두고 블록을 찾으라고 하면 어떨까요?

이 장에서 배운 내용

잘 헤쳐 나왔습니다! 이 장에서는 while 루프에 관해 많은 것을 다루었습니다. while 루프뿐만 아니라 while을 사용한 무한 루프도 만들었습니다. 루프 안에서 조건을 어떻게 두어야 하는지와 부울 연산자를 어떻게 사용해야 하는지도 살펴봤습니다. 그리고 루프를 사용하여 코드를 반복하면 번거로운 일을 상당히 덜어 낼 수 있었습니다. 8장에서는 한걸음 더 나아가 함수를 사용한 코드의 재사용에 관해 살펴보겠습니다.

8

슈퍼파워를 안기다

함수란 어떤 일을 수행하는 재사용 가능한 코드 집합을 가리킵니다. 마인크래프트에서 나무를 만드는 코드를 생각해 보겠습니다. 이 나무 만들기 코드를 필요한 곳마다 복사해서 붙여넣으며 프로그램을 만들 수도 있습니다. 하지만 이렇게 프로그램을 만드는 것은 비효율적입니다. 특히 나중에 코드를 변경해야 한다면 비효율의 극치를 맛볼 수도 있습니다.

일일이 복사하고 붙여넣지 않으려면 어떻게 해야 할까요? 이 나무 만들기 코드를 함수로 만들어 두면 됩니다. 이전 여러 장에서 함수를 많이 다뤘습니다. str(), input(), int() 등이 있었죠? 마인크래프트 파이썬 API가 제공하는 getBlocks()나 setPos() 등의 마인크래프트 함수도 사용해 봤습니다. 이 장에서는 함수를 직접 만들어 보겠습니다.

함수를 직접 만들어 사용해야 하는 이유는 다음과 같습니다.

재사용성[reusability] 함수는 시간을 줄입니다. 같은 코드를 다시 입력해야 하는 수고를 덜어 주기 때문에 프로그램을 더 빠르고 쉽게 만들 수 있습니다.

디버깅[debugging] 할 일을 코드 집합별로 구별할 수 있기 때문에 어떤 문제가 발생하면 문제의 진원지가 어디인지 쉽게 파악할 수 있고, 해결책도 쉽게 찾을 수 있습니다.

모듈성[modularity] 한 프로그램에서 서로 독립적으로 사용할 수 있는 함수들을 만들어 둔다면 다른 프로그램에서 이 함수들을 가져다 재사용하기가 쉬워집니다. 한마디로 코드의 공유 능력이 높아집니다.

확장성[scalability]★ 함수를 사용하면 프로그램의 크기나 프로그램이 처리하는 데이터의 양을 쉽게 늘릴 수도 있습니다.

★ 옮긴이
반대의 경우, 즉 상황에 맞게 크기를 줄일 수 있는 능력도 scalability로 부릅니다. 따라서 이 두 가지 경우의 수를 함께 표현하기 위해 다른 용어를 사용해야 하지만 여기서는 크기가 커지는 경우를 설명하고 있으므로 확장성이라는 용어로 표현했습니다.

함수를 직접 정의하기

함수를 코드에서 어떻게 사용해야 하는지 살펴보겠습니다. 다음 예에서는 두 행을 출력하는 greeting()이라는 함수를 만들었습니다.

```
def greeting():
    print("Hello")
    print("Nice to meet you")
```

def 키워드는 define을 줄인 표현인데, 지금부터 함수를 만들겠다고 파이썬에 알리는 역할을 합니다. 함수를 작성할 때는 def부터 먼저 입력하고 그 뒤로 함수의 모든 것을 작성해야 합니다. def 바로 다음에는 함수의 이름이 옵니다. 여기서는 greeting이 함수의 이름입니다. 괄호를 열고 닫은 바로 다음에는 반드시 콜론(:)을 입력해야 합니다. 콜론 다음에 이어지는 각 행은 함수의 몸체입니다. 함수가 호출되면 이 몸체의 코드가 실행됩니다.

NOTE 코드를 작성할 때는 들여쓰기를 일관되게 적용해야 합니다. 함수의 몸체가 시작하는 행에는 일반적으로 공백 문자 네 개를 적용합니다.

함수 안에는 문장을 몇 개나 담을 수 있을까요? 아무런 제한이 없습니다. 또한, if

문이나 각종 루프, 변수, 조건, 수학 연산자 등도 모두 사용할 수 있습니다. 함수의 끝에서는 적용했던 들여쓰기를 끝냅니다. 파이썬은 적용된 들여쓰기를 통해 어느 행까지가 함수에 속하고 어느 행부터 함수 밖 프로그램에 속하는지 판단합니다.

프로그램에는 함수를 몇 개나 만들 수 있을까요? 함수의 이름만 다르다면 얼마든지 만들 수 있습니다.

함수 호출하기

함수를 사용하거나 호출하려면 함수의 이름과 필요한 인수를 함께 입력해야 합니다. 이때 필요한 인수는 괄호로 묶습니다. 인수가 하나도 없는 함수는 그냥 이름과 빈 괄호만 입력하면 됩니다.

앞에서 정의된 greeting() 함수를 호출하려면 다음처럼 코드를 작성합니다.

```
greeting()
```

함수를 호출할 때는 횟수에 제한이 있을까요? 없습니다. 얼마든지 다음처럼 함수를 호출할 수 있습니다.

```
greeting()
greeting()
greeting()
```

프로그램을 실행하면 다음처럼 결과가 출력되겠죠?

```
Hello
Nice to meet you
Hello
Nice to meet you
Hello
Nice to meet you
```

함수는 호출해야 사용할 수 있습니다. 호출되지 않은 함수는 아무 일도 하지 않습니다. 함수를 만들어 놓고 호출하지 않는 실수를 많이 목격했습니다. 함수가 정의돼 있는 프로그램을 실행했는데, 프로그램이 아무 일도 하지 않는다면 함수를 정의만 해 놓고 호출하지 않았을 가능성이 큽니다.

어떤 함수 안에서 다른 함수를 호출할 수도 있습니다. 파이썬 내장 함수도 호출할 수 있고, 직접 만든 함수도 얼마든지 호출할 수 있습니다. 이와 관련된 예는 잠시 뒤에 소개하겠습니다.

인수를 받는 함수

함수의 괄호는 인수를 한데 묶기 위한 것입니다. 인수란 앞에서 설명한 대로 함수가 사용하는 값입니다. 이 값들은 함수가 실행될 때 함수의 몸체에 담긴 특정 변수에 지정됩니다. 그렇다고 모든 함수에 인수가 있어야 하는 것은 아닙니다. 예를 들어 greeting() 함수는 인수를 가지지 않습니다.

그런데, 누군가에게 그 사람의 이름을 직접 부르면서 인사하는 함수를 만들고 싶습니다. 어떻게 해야 할까요? 우선, 코드를 재사용하기 위해 이 과정을 함수 형태로 만들겠습니다.

```
def fancyGreeting(personName):
    print("Hello, " + personName)

fancyGreeting("Mario")
fancyGreeting("Steve")
```

여기서 함수는 각각 "Mario"와 "Steve"라는 인수로 두 번 호출되었습니다. 프로그램을 실행한 결과는 다음과 같습니다.

```
Hello, Mario
Hello, Steve
```

인수가 필요한 함수인데도 호출할 때 인수를 빼먹으면 오류가 발생합니다. 인수가 여럿일 때 일부를 빼먹어도 마찬가지로 오류가 발생합니다. 예를 들어, 인수 없이 fancyGreeting() 함수를 호출해 보겠습니다.

```
fancyGreeting()
```

출력되는 오류 메시지는 다음과 같습니다.

```
Traceback (most recent call last):
  File "<pyshell#2>", line 1, in <module>
    fancyGreeting()
```
❶ `TypeError: fancyGreeting() takes exactly 1 argument (0 given)`

이해하기 어려운 말만 출력되는 건 아닙니다. 마지막 행을 보면 코드에 무엇이 문제 인지❶ 어렵지 않게 알 수 있습니다. 마지막 행을 풀어 보면, fancyGreeting() 함수에 는 인수가 하나 있어야 하는데, 인수가 하나도 지정되지 않았기 때문에 오류가 발생 했다는 내용입니다.

인수가 여럿인 함수도 만들 수 있습니다. 가령, 다음 프로그램에는 어떤 사람에게 인사를 건네고 몇 초 기다렸다 다시 작별 인사를 하는 함수가 들었습니다. 함수의 인수로는 인사를 받을 사람의 이름과 기다릴 시간(초)이 있습니다.

```
import time
```
❶
```
def helloAndGoodbye(personName, secsToWait):
    print("Hello, " + personName)
    time.sleep(secsToWait)
    print("Goodbye, " + personName)
```
❷
```
helloAndGoodbye("Mario", 10)
helloAndGoodbye("Steve", 23)
```

인수는 쉼표로 구분됩니다❶. 함수가 호출되면 인수는 정의된 순서에 맞춰 전달 됩니다❷.

NOTE **인수**argument와 **파라미터**parameter는 엄밀히 말해 다릅니다. 하지만 일반적으로는 엄격하게 구분하 지 않고 통용됩니다. 파라미터는 함수에 필요한 인수의 종류를 정의할 때 통용되고, 인수는 함 수가 호출될 때 함수 자신에게로 넘어오는 값을 나타냅니다. 여기서는 두 용어를 **인수로** 통일 하여 표현하겠습니다.

미션 #4l: 식목일

이번 미션은 마인크래프트 세계에 숲을 만드는 겁니다. 숲은 나무가 많이 모인 것이므로, 우선 나무 하나를 만드는 함수부터 만들고, 이 함수를 여러 번 호출하여 숲을 만들겠습니다.

코드 8-1은 원하는 프로그램을 만들 뼈대입니다.

forest.py
```python
from mcpi.minecraft import Minecraft
mc = Minecraft.create()

❶ def growTree(x, y, z):
    # 지정된 좌표에 나무를 만듭니다.
    # 나무를 만드는 코드가 올 자리입니다.

pos = mc.player.getTilePos()
x = pos.x
y = pos.y
z = pos.z

❷ growTree(x + 1, y, z)
```
코드 8-1 함수를 사용하여 숲을 만드는 프로그램의 뼈대

이 코드에서 만든 growTree() 함수❶는 만들 나무의 위치 좌표를 인수로 받습니다. 이 좌표에 나무를 만드는 일은 여러분의 몫입니다. 일단 setBlock()과 setBlocks() 함수가 필요하겠죠?

코드 8-1을 IDLE에서 새 파일로 복사하고 functions라는 새 폴더에서 forest.py로 저장합니다.

나무 비슷한 블록이 제대로 만들어지면 다른 위치를 인수로 하여 함수를 여러 번 호출해야 합니다. 처음 한 번은 여러분을 위해 미리 작성해 두었습니다❷. 적어도 9개가 만들어지도록 프로그램을 실행합니다. 그림 8-1은 이렇게 해서 만들어진 나무들의 모습입니다.

그림 8-1   나무를 참 멋지게 심었죠?

 보너스 목표: 정글

random 모듈의 randint() 함수를 사용하여 나무 사이의 거리를 무작위로 만들어 보세요.

프로그램 리팩토링하기

한 프로그램에서 같은 코드 집합을 여러 군데 반복하여 작성해야 할 때가 꽤 많습니다. 그런데 이런 프로그램은 나중에 수정하는 일이, 더구나 몇 번씩 반복된 같은 코드를 일일이 수정하는 일이 여간 귀찮은 게 아닙니다. 이미 여러분 앞에 그런 프로그램이 수두룩하게 쌓였을지도 모르겠습니다. 좀 더 나은 방법은 없을까요?

일단 프로그램에 함수 개념을 적용하여 프로그램의 구조를 다시 만들 수 있습니다. 그러려면 반복되는 코드를 함수로 민들고 필요한 곳마다 이 함수로 대체해야 합니다. 그렇게 함수로 만들어 두고 프로그램 곳곳에서 재사용하면 코드가 차지하는 공간도 대폭 줄일 수 있고 프로그램을 유지 보수하는 일도 무척 쉬워집니다. 이렇게 기존 프로그램의 구조를 재편성하는 것을 **리팩토링**refactoring으로 부릅니다.

예를 들어, 다음은 세 사람에게 이름을 묻고 인사를 건네는 코드입니다.

```
name1 = input("Hello, what is your name?")
print("Pleased to meet you, " + name1)
name2 = input("Hello, what is your name?")
print("Pleased to meet you, " + name2)
name3 = input("Hello, what is your name?")
print("Pleased to meet you, " + name3)
```

여기서 코드는 같은 두 문장을 세 번 반복합니다. 그렇다면 질문이나 인사를 변경하려면 어떻게 해야 할까요? 세 명에게 인사를 건네는 지금과 같은 프로그램에서는 큰 문제가 되지 않을 수도 있습니다. 하지만 100명에게 인사하는 프로그램도 같은 방식으로 변경할 수 있을까요?

대안은 반복되는 코드를 함수로 만들고, 만든 함수를 세 번 호출하는 것입니다. 다음은 리팩토링한 코드입니다.

```
def helloFriend():
    name = input("Hello, what is your name?")
    print("Pleased to meet you, " + name)

helloFriend()
helloFriend()
helloFriend()
```

이제는 프로그램을 실행하면 사용자에게 입력을 요구하고 문자열을 출력합니다. 그리고 이 과정을 세 번 반복합니다. 다음은 입력과 출력의 예입니다.

```
Hello, what is your name? Craig
Pleased to meet you, Craig
Hello, what is your name? Still Craig
Pleased to meet you, Still Craig
Hello, what is your name? Craig again
Pleased to meet you, Craig again
```

이 두 번째 버전에서는 첫 번째와 같은 결과를 출력하지만, 보다시피 코드를 읽기도 쉽고 변경하기도 쉬워졌습니다.

미션 #42: 어쩌다 보니 리팩토링

가끔은 기껏 프로그램을 만들었다가 함수를 사용하는 게 훨씬 더 낫겠다며 후회를 할 때가 있습니다(저는 늘 그렇습니다). 따라서 함수를 포함하도록 코드를 리팩토링하는 일은 대단히 중요한 능력입니다.

이번 미션에서는 같은 문장을 몇 번씩 반복하는 대신 함수로 프로그램을 리팩토링해 보겠습니다.

코드 8-2는 플레이어 밑에 10초마다 수박 블록을 놓습니다. 함수를 사용하여 이 코드를 다시 작성하겠습니다. 현재 프로그램은 같은 코드 행들을 세 번이나 반복했습니다. 그림 8-2는 이 프로그램의 실행 예입니다.

melon
Function.py

```
from mcpi.minecraft import Minecraft
mc = Minecraft.create()

import time

pos = mc.player.getPos()
x = pos.x
y = pos.y
z = pos.z
mc.setBlock(x, y - 1, z, 103)
time.sleep(10)

pos = mc.player.getPos()
x = pos.x
y = pos.y - 1
z = pos.z
mc.setBlock(x, y, z, 103)
time.sleep(10)

pos = mc.player.getPos()
x = pos.x
y = pos.y - 1
z = pos.z
mc.setBlock(x, y, z, 103)
time.sleep(10)
```

코드 8-2 리팩토링이 필요한 코드

한눈에 봐도 깔끔한 코드는 아니죠? 일부 코드 행들이 반복되었는데, 함수의 정의에 따라 리팩토링으로 다듬어야 할 곳들입니다.

HINT 반복되는 코드가 어느 부분인지 표시해 두면 함수가 무슨 일을 해야 하는지 생각하기 수월해집니다.

그림 8-2   맛있는 수박이 세 개가 박혔어요!

함수를 여섯 번 호출하면 블록이 여섯 개가 생기겠죠? 그렇게 코드를 수정해 보세요. 새 파일을 만들고 functions 폴더에 melonFunction.py로 저장합니다. 코드 8-2를 복사하고 함수를 사용하여 코드를 리팩토링합니다. 새 함수의 이름은 makeMelon()이 어울리겠죠?

> **보너스 목표: 발밑에는 어떤 블록을?**
>
> makeMelon() 함수에 인수를 추가해 보세요. 필요한 인수는 블록의 종류, 기다리는 시간, 플레이어 밑의 거리입니다.

docstring으로 주석 달기

주석은 코드가 어떤 일을 하는지 간편하게 설명할 수 있는 방법입니다. 파이썬이 프로그램을 실행할 때는 주석에 담긴 모든 것을 무시합니다. 따라서 주석은 코드의 실행 과정이나 결과에 아무런 영향을 미치지 않습니다. 코드가 애초에 하기로 한 일이 무엇인지 이 코드를 들여다보는 다른 사람에게 설명하는 것이 주석의 존재 이유라 할 수 있습니다. 주석은 또한 코드를 작성한 사람 자신에게도 대단히 유용합니다.

함수는 다시 사용할 수 있어야 존재 가치가 있습니다. 따라서 함수의 목적을 설명하는 일은 참 중요합니다. 함수에 어떤 설명을 넣을 때는 **docstring**이라는 것을 사용합니다. docstring은 함수의 시작 부분에 그 함수가 어떤 일을 하는지 설명하는 여러 행의 주석을 가리키는 용어입니다.

다음 예에서 duplicateWord() 함수에는 자신이 어떤 일을 하는지 설명하는 docstring이 포함돼 있습니다.

```
def duplicateString(stringToDbl):
❶    """ 같은 행에 문자열을 두 번 출력합니다.
    stringToDbl 인수가 문자열입니다. """
    print(stringToDbl * 2)
```

docstring의 위치는 함수에서 첫 행입니다❶. docstring은 큰따옴표 세 개를 연달아 입력하여 시작과 끝을 나타냅니다. 그리고 원하는 대로 여러 행에 걸칠 수도 있습니다.

인수의 행 바꿈

인수가 많을 때 프로그래머가 쉽게 읽도록 파이썬은 인수를 여러 행으로 나눠 작성할 수 있는 기능을 제공합니다. 예를 들어 다음 프로그램의 함수 호출 코드를 보면, 쉽게 읽을 수 있도록 인수를 두 행으로 나눠 작성했습니다.

```
from mcpi.minecraft import Minecraft
mc = Minecraft.create()

pos = mc.player.getPos()
width = 10
height = 12
length = 13
block = 103
```

```
mc.setBlocks(pos.x, pos.y, pos.z,
             pos.x + width, pos.y + height, pos.z + length, block)
```

인수의 행 바꿈은 인수에 수학 연산자를 사용할 때 특히 유용합니다. 그리고 인수 자리에 놓일 변수의 이름이 길거나 인수의 개수 자체가 많을 때도 매우 유용합니다.

함수의 리턴 값

함수는 크게 두 종류로 나눌 수 있습니다. 어떤 값을 리턴하는 함수와 그러지 않는 함수입니다. 지금까지는 값을 리턴하지 않는 함수만 만들어 봤습니다. 이제 값을 리턴하는 함수도 만들어야겠죠?

함수에서 어떤 값을 리턴한다는 것은 대단히 유용한 기능입니다. 함수에서 데이터를 다뤄 프로그램에 그 결과를 제공할 수 있기 때문입니다. 예를 들어 볼까요? 쿠키를 판매한다고 가정해 보겠습니다. 충분한 이윤을 남기려면 쿠키 하나에 얼마씩 팔아야 하는지 계산하기 위해 쿠키를 만드느라 들어간 비용에 금화 두 닢을 더하고 여기에 10을 곱하겠습니다. 함수에서 값을 리턴할 수 있다면 지금 이 계산 결과를 파이썬 코드에서 재사용할 수 있을 겁니다.

함수에서 값을 리턴하려면 return이라는 키워드를 사용합니다. 다음은 쿠키 가격을 계산하는 코드입니다.

```
def calculateCookiePrice(cost):
    price = cost + 2
    price = price * 10
    return price
```

값을 리턴하려면 return 다음에 원하는 값을 입력합니다. 여기서는 price가 되겠죠? 값을 리턴하는 함수는 어떻게 사용할까요? 값이 필요한 자리에 함수를 호출하면 됩니다. 가령, priceOfCookie 변수에 값을 지정하려면 calculateCookiePrice() 함수를 호출합니다. 이때 인수 자리에는 cost에 지정될 값을 입력해야 합니다.

```
priceOfCookie = calculateCookiePrice(6)    # 값은 80이 됩니다.
```

값을 리턴하는 함수는 변수의 값을 지정하는 등 값이 필요한 어떤 곳에도 사용할 수 있습니다. 더구나 다른 함수의 인수 자리에도 사용할 수 있습니다.

값을 리턴하지 않는 함수는 변수의 값을 지정할 때 사용할 수 없습니다. 값을 리턴한다는 것이 어떻게 다른지 간단하게 살펴보겠습니다.

다음 함수는 값을 리턴하기 때문에 값이 있어야 하는 어떤 곳에도 사용할 수 있습니다. 가령, 변수를 지정한다든가 다른 함수를 호출할 때 인수로도 사용할 수 있습니다.

```
def numberOfChickens():
    return 5

coop = numberOfChickens()
print(numberOfChickens())
```

코드를 실행하여 결과를 확인해 보세요. 함수의 결과를 값처럼 사용할 수도 있고 다른 수식에 적용할 수도 있습니다. 다음은 리턴받은 값인 4를 더해 extraChickens 변수에 저장하는 코드입니다.

```
extraChickens = 4 + numberOfChickens()    # 값은 9가 됩니다.
```

하지만 다음은 return문이 없는 함수입니다. 다시 말해, 값이 있어야 하는 자리에 사용할 수 없는 함수입니다. 이런 함수는 호출만 할 수 있습니다.

```
def chickenNoise():
    print("Cluck")

chickenNoise()
```

이 코드를 텍스트 편집기에 입력하고 실행하면 "Cluck"이 출력됩니다. 하지만 이 함수를 다른 문장에는 사용할 수 없습니다. 리턴하는 값이 없기 때문입니다. 다음처럼 한번 해 볼까요? 함수를 사용하여 문자열을 연결하는 겁니다.

```
multipleNoises = chickenNoise() + ", Bork"
```

이 코드를 실행하면 다음과 같은 오류 메시지가 출력됩니다.

```
Traceback (most recent call last):
  File "<pyshell#3>", line 1, in <module>
    multipleNoises = chickenNoise + ", Bork"
TypeError: unsupported operand type(s) for +: 'function' and 'str'
```

오류의 의미는 이렇습니다. 이 함수는 값을 리턴하지 않기 때문에 문자열과 결합될 수 없습니다.

하지만 다음처럼 값을 리턴하도록 코드를 수정하면 어떻게 될까요?

```
def chickenNoise():
    return "Cluck"

multipleNoises = chickenNoise() + ", Bork"
print(multipleNoises)
```

코드가 실행되면 다음 결과가 출력됩니다.

```
Cluck, Bork
```

값을 리턴한다는 것이 어떤 의미인지 잘 알고 있어야 합니다. 값이 필요할 때는 return문을 사용해야 하고, 값을 리턴할 일이 없다면 return문을 사용하지 말아야 합니다. 함수를 능수능란하게 사용하게 되면 함수에서 값을 리턴해야 하는지 하지 말아야 하는지 결정하기가 쉬워질 겁니다.

미션 #43: 블록 ID 표시 장치

마인크래프트에는 블록이 정말 많습니다. 이 블록들의 ID를 일일이 기억하기란 거의 불가능에 가깝습니다. 저는 수박(103)과 공기(0) 블록만을 외우고 있죠. 그래서 그럴까요? 제가 짓는 집은 전부 수박투성이입니다.

어떻게 하면 암기를 더 쉽게 할 수 있을까요? 각종 블록의 값이 리턴되는 프로그램을 만들어 보면 되지 않을까요? 이번 프로그램에는 함수가 참 많이 들었습니다. 전부 블록 ID를 쉽게 암기하기 위한 것들입니다. 각 함수의 이름은 블록의 이름과 같으면 좋습니다. 그렇게 하면 리턴하는 값이 그 블록의 ID이므로 코드를 읽기도 쉽고 ID를 기억하기도 쉽겠죠? 코드 8-3에는 melon()이라는 함수가 구현되었습니다. 이 함수는 수박 블록의 값인 103을 리턴합니다.

blockIds.py

```
def melon():
    """ 수박 블록의 값을 리턴합니다. """
    return 103
```

코드 8-3 블록 ID를 쉽게 암기하도록 도와주는 프로그램의 시작 부분

IDLE에서 새 파일을 만들고 functions 폴더에 blockIds.py로 저장합니다. 코드 8-3을 이 파일로 복사하고 다음 블록들의 값을 리턴하는 함수를 추가합니다. 블록 ID는 361쪽 '블록 ID 치트 시트'를 참고하세요.

- 물
- 양털
- 용암
- TNT
- 꽃
- 다이아몬드

필요한 함수를 추가하고 나면 블록을 만드는 함수를 호출하여 테스트합니다. 여러분이 만든 함수는 블록의 값을 리턴하므로 리턴 값을 변수에 지정하여 setBlock() 함수의 인수로 전달할 수 있습니다. 다음 코드를 바탕으로 삼아 프로그램을 완성해 보세요.

```
from mcpi.minecraft import Minecraft
mc = Minecraft.create()

# 여기에 함수가 옵니다.

block = melon()
```

```
pos = mc.player.getTilePos()
mc.setBlock(pos.x, pos.y, pos.z, block)
```

그림 8-3은 완성된 프로그램을 테스트한 결과 화면의 예입니다. 여기서는 melon() 함수를 실행한 결과입니다. 주의할 점은 어떤 블록이든 그 값을 프로그램에 직접 하드코드했다(입력했다)는 겁니다. 프로그램은 플레이어의 현재 위치에 블록을 만듭니다.

그림 8-3 이제 블록의 종류를 일일이 기억할 필요가 없겠죠? 이게 다 편리한 함수 덕분입니다.

HINT 다이아몬드 블록이나 TNT 등 다른 블록을 놓으려면 우선 이 블록의 값을 리턴하는 함수부터 정의해야 합니다. 그리고 이 예에서 melon()을 호출한 것처럼 해당 함수를 코드에서 호출해야 겠죠?

💬 **보너스 목표: 더 많은 블록**
원하는 대로 다른 종류의 블록도 함수로 만들어 보세요.

함수에 if문과 while 루프 사용하기

6장과 7장에는 if문에 다른 if문을 두고 while문에 다른 while문을 두는 과정이 소개되었습니다. while문에 if문을 두고 if문에 while문을 두는 내용도 실렸습니다. 이 절에서는 함수 안에 if문을 어떻게 두는지 살펴보겠습니다. 함수 안에 if문을 두면 매우 유연한 함수를 만들 수 있습니다. 조건에 따라 특정 코드를 반복할 수 있기 때문입니다.

if문

함수 안에서 if문을 작성한다고 해서 if문의 문법이 달라지지는 않습니다. 파이썬이 이해할 수 있도록 if문의 들여쓰기만 주의하면 됩니다.

다음은 문자열로 표현된 숫자를 받아 정수로 리턴하는 코드입니다. 가령, 인수가 "four"이면 리턴 값은 4가 됩니다.

```
def wordToNumber(numToConvert):
    """ 단어로 표현된 숫자를 정수로 전환합니다. """
    if numToConvert == "one":
        numAsInt = 1
    elif numToConvert == "two":
        numAsInt = 2
    elif numToConvert == "three":
        numAsInt = 3
    elif numToConvert == "four":
        numAsInt = 4
    elif numToConver == "five":
        numAsInt = 5

    return numAsInt
```

다른 예를 하나 더 볼까요? 다음은 전에 만났던 사람인지 판단하여 상황에 맞는 적절한 인사를 건네는 함수입니다.

```
❶ def chooseGreeting(metBefore):
    """ 전에 만난 적이 있는지에 따라 적절한 인사말을 고릅니다.
    인수 metBefore는 부울 값이어야 합니다. """
    if metBefore:
```

```
❷          print("Nice to see you again")
     else:
❸          print("Nice to meet you")
```

```
chooseGreeting(True)
chooseGreeting(False)
```

chooseGreeting() 함수는 metBefore라는 부울 인수❶를 하나 받습니다. 함수 안의 if문에서 이 인수의 값에 따라 서로 다른 문자열을 출력합니다. 이 인수가 True일 때 출력은 "Nice to see you again"❷이고 False일 때는 "Nice to meet you"가 출력됩니다❸.

미션 #44: 양털 색상 도우미

앞에서 블록의 좌표나 종류를 지정하기 위해 setBlock()이나 setBlocks() 함수를 인수와 함께 사용했었습니다. 하지만 이들 함수에는 블록의 **상태**state를 지정할 수 있는 별도의 인수가 있습니다.

마인크래프트의 블록에는 모두 16개의 상태를 지정할 수 있습니다. 예를 들어 양털 블록은 상태마다 색상이 다릅니다. 그리고 TNT(블록 ID 46)는 기본 상태일 때 폭발하지 않습니다. 상태가 1이어야 폭발할 수 있습니다. 블록의 상태는 모두 16개이지만 상태마다 다른 동작을 보이지는 않습니다.

블록의 상태를 지정하려면 setBlock()이나 setBlocks() 함수에 별도의 인수를 사용해야 합니다. 다음은 분홍색 양털 블록을 만드는 코드입니다.

```
from mcpi.minecraft import Minecraft
mc = Minecraft.create()

block = 35
state = 6
# 분홍색 양털 블록을 하나 만듭니다.
mc.setBlock(10, 3, -4, block, state)

# 분홍색 양털 블록을 직육면체 형태로 만듭니다.
mc.setBlocks(11, 3, -4, 20, 6, -8, block, state)
```

양털(블록 ID 35)은 다채로운 색상 덕분에 마인크래프트에서 쓸모가 많습니다. 하지만 블록 상태를 일일이 기억하기가 쉽지 않습니다. 이럴 때 블록 상태를 알려 주는 프로그램이 있다면 참 좋겠죠?

지금부터는 양털 블록의 상태가 포함되는 프로그램을 만들겠습니다. 프로그램에는 색상을 문자열 인수로 받는 함수가 사용됩니다. 이 함수는 양털 블록의 색상에 해당하는 블록의 상태를 정수로 리턴합니다. 이 함수는 덩치가 좀 큽니다. 이런저런 코드를 많이 작성해야 한다는 뜻입니다. 일단, 사용자에게서 입력을 받고 블록을 만들고 색상을 지정하는 코드는 미리 작성되었습니다.

우선 양털 블록의 색상에 해당하는 블록 상태를 알아내야 합니다. 블록 ID는 00쪽 '블록 ID 일람표'를 참고하세요. 다음 코드를 밑바탕으로 프로그램을 완성해 보세요(분홍색의 블록 상태는 6입니다).

woolColors.py

```
def getWoolState(color):
    """ 색상을 문자열로 받아 해당하는 양털의 블록 상태를 리턴합니다. """
❶    if color == "pink":
        blockState = 6
    elif # 다른 색상을 판단할 elif문도 작성합니다.
    # 여기서 blockState를 리턴합니다.

❷ colorString = input("Enter a block color: ")
state = getWoolState(colorString)

❸ pos = mc.player.getTilePos()
mc.setBlock(pos.x, pos,y, pos.z, 35, state)
```

지금은 프로그램에 getWoolState() 함수의 시작 부분만 있습니다. 분홍색을 판단하는 if문만 있죠❶. 사용자에게서 블록의 색상을 입력받는 코드❷와 플레이어의 위치에 양털 블록을 만드는 코드❸가 보입니다.

getWoolState() 함수에 elif문을 사용하여 다른 양털 색상을 처리하는 코드도 추가해 보세요. 프로그램은 색상을 문자열로 받아 정수로 리턴해야 합니다. 가령, pink를 입력하면 6을 리턴해야 하는 거죠. 그렇다면 return문도 필요하겠네요? 주석을 잘 활용하여 코드를 완성해 보세요.

파일을 woolColors.py로 functions 폴더에 저장합니다.

프로그램을 더욱더 사용하기 편리하도록 만들려면 인수가 유효한 색상이 아닐 때 이를 알리는 메시지를 대화 창에 출력할 수도 있습니다. 그림 8-4는 파이썬 셸에서 pink를 입력해서 플레이어의 현재 위치에 분홍색 양털 블록이 만들어진 모습입니다.

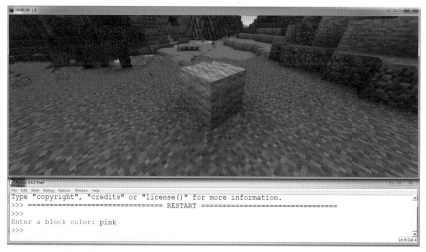

그림 8-4 원하는 색상만 입력하면 얼마든지 그 색상으로 양털 블록을 만들 수 있어요!

while 루프

if문처럼 루프도 함수 안으로 들어갈 수 있습니다. 적용해야 할 문법도 함수 밖에 있을 때와 동일합니다. 들여쓰기만 주의해서 작성하면 됩니다. 공백 문자를 네 개씩 적용하여 어디까지 루프인지를 분명하게 표현해야 합니다.

다음은 함수 안에 while 루프를 사용하여 toPrint 인수를 출력합니다. 루프의 반복 횟수는 repeats 인수에 의해 결정됩니다.

```
def printMultiple(toPrint, repeats):
    """ 변수 repeats에 지정된 값만큼 문자열을 반복 출력합니다. """
    count = 0
    while count < repeats:
        print(toPrint)
        count += 1
```

같은 함수 안에서 return문과 while 루프를 함께 사용할 수도 있습니다. 일반적으로는 루프 바깥에 return문을 둡니다. (루프 안에 return문을 두면 곧바로 루프가 중단되고 함수가 종료됩니다.) 예를 한 가시 들겠습니다.

```
def doubleUntilHundred(numberToDbl):
    """ 100보다 크지 않을 때까지 숫자를 두 배로 늘립니다.
    숫자가 두 배로 늘어난 횟수를 리턴합니다. """
    count = 0
    while numToDbl < 100:
        numberToDbl = numberToDbl * 2
        count += 1
❶   return count

print(doubleUntilHundred(2))
```

이 프로그램은 100보다 작은 동안만 숫자를 두 배로 늘립니다. 그리고 루프가 반복된 횟수를 리턴합니다❶.

루프 안에서도 함수를 호출할 수 있습니다. 이미 이전 장들에서 살펴봤었죠?

미션 #45: 여기저기 블록 천지

함수 안에서 루프를 사용할 때 루프의 반복 횟수를 파악하는 인수를 적용할 수 있습니다. setBlock() 함수를 사용할 때는 만들 블록의 종류를 루프 안에서 결정할 수 있습니다.

WARNING 이번 미션에서 만들 프로그램은 좀 파괴적입니다. 이미 만들어 둔 창조물들을 보존하려면 새로운 세계를 만들어 테스트하는 것이 좋습니다.

이번 미션에서는 아무 데나 블록을 만드는 함수를 만들겠습니다. 만들 블록의 수와 종류는 함수의 인수로 결정합니다.

코드 8-4는 아무 데나 수박 블록을 만드는 프로그램입니다.

blocks Everywhere.py
```
from mcpi.minecraft import Minecraft
mc = Minecraft.create()
import random
```

```
    def randomBlockLocations(blockType, repeats):
❶       count = 0
❷       # 여기에 루프를 추가합니다.
        x = random.randint( 127, 127)
        z = random.randint(-127, 127)
❸       y = mc.getHeight(x, z)
        mc.setBlock(x, y, z, blockType)
        count += 1
```

코드 8-4   이 함수는 아무 데나 블록을 만듭니다.

코드 8-4를 IDLE에서 새 파일로 복사하고 functions 폴더에 blocksEverywhere.py 로 저장합니다. ❷에서 while 루프를 함수 안에 추가합니다. count 변수❶는 루프 의 반복 횟수를 알려 줍니다. repeats 인수와 count 변수를 루프의 조건에서 비교 하면 루프의 반복 횟수를 지정할 수 있습니다. ❷ 자리에 오는 루프의 모든 행에 는 들여쓰기를 적용해야 합니다. 그래야 어디까지가 루프의 코드인지 알 수 있습 니다. getHeight() 함수는 블록이 놓인 위치가 땅 위가 되도록 합니다❸.

이제 마지막 단계입니다. 블록을 만들기 위해 함수를 세 번 호출합니다. 첫 번째 호출로는 블록 10개가 만들어집니다. 두 번째는 37개, 세 번째는 102개가 만들어 집니다. 블록의 종류는 원하는 대로 선택합니다.

프로그램을 저장하고 실행합니다. 프로그램은 게임 세계 곳곳에 무작위로 블록을 만듭니다. 그림 8-5는 프로그램을 실행한 결과 화면입니다.

그림 8-5   프로그램이 무작위로 만든 블록이 보입니다. 세계를 새로 만들어 테스트했기 때문에 기존에 만들었던 건물 등에는 아무런 영향을 미치지 않습니다.

전역 변수와 지역 변수

함수를 정의할 때 깊게 생각해야 하는 개념이 한 가지 있습니다. 바로 변수의 영역입니다. 변수의 **영역**^{scope}은 프로그램이 데이터에 접근하는 방식을 가리킵니다. 영역을 쉽게 이해할 수 있도록 다음 예를 살펴볼까요? 파티에 쓸 달걀의 개수를 늘리는 코드입니다.

```
❶ eggs = 12

def increaseEggs():
❷     eggs += 1
    print(eggs)

increaseEggs()
```

eggs라는 변수가 두 군데 보입니다. 하나는 함수 밖❶이고 또 하나는 함수 안❷입니다. 잘못된 게 보이지 않죠? 그런데 파이썬은 다음 오류 메시지를 출력합니다.

```
UnboundLocalError: local variable 'eggs' referenced before assignment
```

무엇이 문제일까요? eggs 변수는 함수 밖에서 정의되었는데 eggs에 1을 더하는 수식은 함수 안에 있습니다. 이럴 때 파이썬은 함수 안에서 함수 밖을 볼 수 없습니다. 파이썬 입장에서는 함수 안에 있는 변수와 함수 밖에 있는 변수는 전혀 다릅니다. 이름이 같다고 같은 변수가 아닌 겁니다. 파이썬은 왜 이렇게 변수를 다룰까요? 여러 함수에서 우연히 같은 이름으로 변수를 사용하더라도 예상하지 못한 버그를 막을 수 있기 때문입니다.

파이썬 코드에서는 두 가지 방식으로 변수를 다룰 수 있습니다. 하나는 **전역** 변수이고, 다른 하나는 **지역** 변수입니다. 전역 변수는 프로그램 전체에 영향을 미치고, 지역 변수는 특정 함수나 루프 안에서만 사용되는 변수입니다. 따라서 이름이 같은 변수라도 함수 밖에서와 안에서 동시에 사용할 수는 있습니다. 하지만 권장하는 방법은 아닙니다. 변수가 영향력을 미치는 곳이 다르다면 이름도 다르게 지정하는 것이 좋습니다.

전역global 변수는 함수 안이나 밖에서 똑같이 취급됩니다. 함수 안에 있는 변수를 변경하면 함수 밖에 있는 변수도 변경되며, 반대 또한 마찬가지입니다. 전역 변수를 만들려면 다음처럼 global 키워드를 사용합니다❶.

```
eggs = 12

def increaseEggs():
❶    global eggs
     eggs += 1
     print(eggs)

increaseEggs()
```

여기서 출력되는 eggs의 값은 13입니다.

이 변수를 **지역**local 변수로도 사용할 수 있지만, 그렇게 하면 결과가 달라집니다. 함수 안에 있는 변수와 밖에 있는 변수는 서로 다르게 취급됩니다. 함수 안에 있는 변수를 변경한다고 해서 함수 밖에 있는 변수가 변경되지는 않습니다. 반대도 마찬가지죠. 변수를 지역 변수로 사용하려면 다음 ❶처럼 합니다.

```
eggs = 12

def increaseEggs():
❶    eggs = 0
     eggs += 1
❷    print(eggs)

increaseEggs()
❸ print(eggs)
```

함수 안에 있는 eggs의 값은 1로 출력됩니다❷. 함수 밖에 있는 eggs 변수가 함수 안에 있는 eggs 변수에 영향을 미칠 수 없기 때문입니다. increaseEggs() 함수 안에 있는 eggs의 값은 1이고 전역 변수인 eggs의 값은 그대로 12입니다❸.

미션 #46: 움직이는 블록

블록이 알아서 척척 다른 곳으로 옮겨 다니면 참 좋겠죠? 1초마다 블록이 앞으로 이동하다 벽이나 나무 등 높은 물체에 막히면 방향을 바꿔 계속 전진하는 거죠. 하지만 구멍에 빠지면 더 이상 전진하지 못하고 그대로 있는 겁니다.

코드 8-5는 마법 블록을 만드는 프로그램입니다.

movingBlock.py

```python
from mcpi.minecraft import Minecraft
mc = Minecraft.create()

import time


def calculateMove():
    """ 블록 좌표의 x와 z 변수를 변경합니다.
    앞에 있는 블록의 높이가 블록 두 개보다 낮으면 앞으로 이동합니다.
    그렇지 않으면 왼쪽이나 뒤, 오른쪽으로 이동합니다. """
    # 여기에 전역 변수를 정의합니다.

    currentHeight = mc.getHeight(x, z) - 1

    forwardHeight = mc.getHeight(x + 1, z)
    rightHeight = mc.getHeight(x, z + 1)
    backwardHeight = mc.getHeight(x - 1, z)
    leftHeight = mc.getHeight(x, z - 1)

    if forwardHeight - currentHeight < 3:
        x += 1
    elif rightHeight - currentHeight < 3:
        z += 1
    elif leftHeight - currentHeight < 3:
        z -= 1
    elif backwardHeight - currentHeight < 3:
        x -= 1

    y = mc.getHeight(x, z)


pos = mc.player.getTilePos()
x = pos.x
z = pos.z
y = mc.getHeight(x, z)
```

❶

```
while True:
    # 블록의 이동을 계산합니다.
    calculateMove()

    # 블록을 놓습니다.
    mc.setBlock(x, y, z, 103)

    # 기다립니다.
    time.sleep(1)

    # 블록을 없앱니다.
    mc.setBlock(x, y, z, 0)
```

코드 8-5 안타깝지만 이 코드는 동작하지 않습니다. 곳곳에 전역 변수를 만들어야 합니다.

이 코드는 실행되지 않습니다. calculateMove() 함수 안에 있는 변수가 전역 변수
가 아니기 때문입니다.

코드를 완성하는 것은 여러분 몫입니다. 코드 8-5를 IDLE에 복사하고 fiunctions
폴더에 movingBlock.py로 저장합니다. 전역 변수는 ❶에서 정의해야 합니다.

전역 변수를 선언했으면 프로그램을 실행합니다. 블록이 알아서 척척 움직여야 합
니다. 그림 8-6은 블록이 벽에 부딪힐 때까지 올라갔다가 방향을 바꾼 예입니다.

> **●●● 보너스 목표: 똑똑한 수박 블록**
>
> **movingBlock.py** 프로그램을 실행하면 블록이 x축을 따라 전진하다 두 블록 사이에서
> 막히는 경우가 있습니다. 블록이 지나온 방향을 고려하지 않고 언제나 x축으로만 먼저 이
> 동하려고 하기 때문에 이런 현상이 벌어집니다. 블록이 지나온 마지막 방향을 저장하고
> **if**문에서 그 방향으로 먼저 이동하게끔 프로그램을 개선해 보세요.

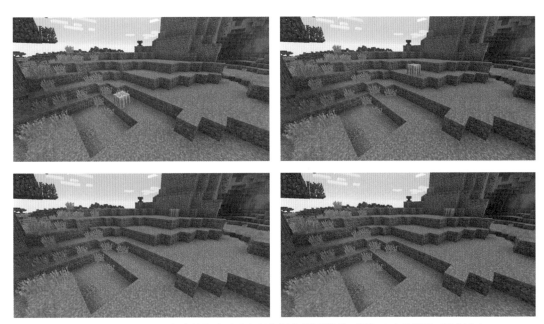

그림 8-6 　수박 블록이 전진하다 벽에 부딪혀 방향을 바꾸는 모습이 정말 재밌습니다.

이 장에서 배운 내용

대박! 이 장에서는 함수를 만들고 호출하는 방법을 다루었습니다. return문을 사용하여 함수에서 어떤 값을 넘겨주기도 했고, 루프와 if문을 함수 안에서 사용하기도 했습니다. 9장에서는 리스트를 소개하겠습니다. 리스트는 변수 하나에 여러 데이터를 손쉽게 저장할 수 있는 도구입니다.

리스트와 사전, 블록을 강타하다

우리는 여러 항목을 기억해야 할 때나 어떤 순서대로 일을 처리할 때 리스트를 사용합니다. 쇼핑 리스트, 단계별 따라 하기 등이 대표적인 예입니다. 파이썬에서 제공하는 리스트도 이와 비슷합니다. 데이터 모음을 저장할 때 바로 이 리스트를 사용할 수 있습니다. 리스트는 문자열, 수, 부울 등 여러 종류의 데이터를 저장할 수 있습니다.

일반적으로 변수는 값 하나만을 담을 수 있습니다. 그런데 리스트는 편리하게도 변수 하나에 여러 값을 담을 수 있습니다. 가령, 1부터 100까지 수라든가 친구 명단 등을 리스트로 담을 수 있죠. 다른 프로그래밍 언어에서는 리스트를 배열array이라는 이름으로 부르기도 합니다.

구체적으로 마인크래프트에서는 블록 ID나 좌표 등에 리스트를 사용할 수 있습니다. 리스트는 변수 하나에 여러 값을 저장하기 때문에 일반적인 변수에서는 찾아볼 수 없는 유연성을 제공합니다.

이 장에서는 마인크래프트 파이썬 API로 리스트를 다루는 방법이 소개됩니다. 이 과정에서 높이를 측정하는 미니 게임과 진행률 표시기, 플레이어 미끄럼 태우기 등이 프로그램이 등장합니다.

리스트 사용하기

파이썬에서 리스트를 만드는 방법은 매우 간단합니다. 필요한 값들을 대괄호로 묶으면 리스트가 정의됩니다. 이때 값이 아예 없는 리스트를 빈empty 리스트라고 합니다. 리스트에서 항목을 구분할 때는 쉼표를 사용합니다.

예를 들겠습니다. 국수 수프의 재료를 리스트로 만들 때는 다음처럼 할 수 있습니다.★

```
>>> noodleSoup = ["water", "soy sauce", "spring onions",
"noodles", "beef"]
```

noodleSoup 리스트는 항목을 몇 개 담고 있는데, 전부 문자열입니다. 빈 리스트는 다음처럼 만듭니다.

```
>>> emptyList = []
```

빈 리스트는 리스트만 먼저 만들어 놓고 나중에 값을 추가할 때 편리하게 사용할 수 있습니다.

리스트에 담을 수 있는 데이터 종류에는 제한이 없습니다. 더구나 여러 데이터 종류가 섞여도 무방합니다. 가령, 다음은 정수와 문자열을 담은 리스트입니다.

```
>>> wackyList = ["cardigan", 33, "goofballs"]
```

때로는 리스트가 너무 길어 사람이 읽기 힘들기도 합니다. 그럴 때는 리스트를 다음과 같이 여러 행에 걸쳐 만들면 프로그래머가 쉽게 읽을 수 있습니다. 리스트를 여러 행에 걸쳐 만들어도 파이썬 코드가 실행되는 데는 아무런 영향을 받지 않습니다. 예를 들어 볼까요? 다음은 앞에서 만든 noodleSoup 리스트와 똑같이 동작하는 리스트입니다.

```
>>> noodleSoup = ["water",
        "soy sauce",
        "spring onions"
        "noodles",
        "beef"]
```

다음 절에서는 리스트에 담긴 각 항목에 접근하는 방법과 항목 자체를 변경하는 방법을 소개하겠습니다.

리스트 항목에 접근하기

리스트의 값에 접근하려면 이 값이 리스트에서 차지한 위치를 가리켜야 하는데, 이를 인덱스라고 합니다. 국수 수프 예에서는 리스트의 첫 번째 항목에 다음처럼 접근할 수 있습니다.

```
>>> print(noodleSoup[0])
water
```

잊지 마세요. 리스트의 첫 번째 인덱스는 0입니다. 그렇다면 두 번째 인덱스는 1이고 세 번째는 2가 되겠죠? 다시 한 번 강조하지만 절대로 잊으면 안 됩니다. 그런데 왜 그럴까요? 컴퓨터가 리스트를 만들 때 0부터 사용하기 때문입니다.

0부터 수를 세는 것이 웃길 수도 있습니다. 하지만 여기에는 그럴 만한 이유가 있습니다. 초기 컴퓨터들은 처리 속도가 매우 느렸고 장착된 메모리도 여유롭지 못했습니다. 0부터 인덱스를 계산하는 것이 더 빠르고 더 효율적이었습니다. 요즘 컴퓨터들은 그때와 비교할 수 없을 만큼 빨라졌지만 0부터 수를 세는 관습은 그대로 남았습니다.

또 한 가지 주의할 내용이 있습니다. 리스트에 담긴 항목의 개수보다 더 큰 인덱스를 사용하려고 하면 안 됩니다. 다음은 5번 인덱스의 항목(6번째 항목)을 출력하라고 주문하는 코드입니다. 이 코드를 실행하면 오류 메시지가 출력됩니다.

```
>>> print(noodleSoup[5])
```

다음은 출력되는 오류 메시지를 발췌한 것입니다.

```
IndexError: list index out of range
```

IndexError는 접근하겠다는 인덱스에 데이터가 없다는 의미입니다. 리스트의 5번 인덱스에는 데이터가 없습니다. 리스트의 길이를 벗어났기 때문입니다. 없는 값을 리턴할 수는 없겠죠?

리스트 항목 변경하기

변수의 값을 바꿀 때처럼 리스트의 항목도 바꿀 수 있습니다. 리스트는 변경 가능 mutable하기 때문입니다. 리스트의 항목을 변경하려면 변경할 항목의 인덱스 위치를 사용하여 변수의 값을 변경할 때처럼 그 값을 지정합니다(등호 기호를 사용합니다).

국수 수프에서 beef 항목을 chicken으로 바꾸어 보겠습니다. beef는 리스트에서 5번째 항목이므로 인덱스 위치는 4입니다(인덱스는 0부터 시작합니다!). 다음처럼 하면 4번 항목을 chicken으로 쉽게 바꿀 수 있습니다.

```
>>> noodleSoup[4] = "chicken"
```

이제 본격적으로 리스트를 사용해 보겠습니다.

미션 #47: 세상 저 높은 곳에서 가장 낮은 곳까지

마인크래프트 세계를 탐험할 때는 지나온 여정을 되돌아보는 것도 참 재밌습니다. 가장 높은 산에서 가장 낮은 동굴까지 탐험은 마인크래프트에서 가장 매력적인 활동이 아닐까 생각합니다. 친구들과 함께라면 가장 높은 곳이나 가장 낮은 곳까지 누가 빨리 도달하는지 경기를 펼치는 것도 재밌습니다. 이번 미션에서는 가장 낮은 곳이나 가장 높은 곳의 y 좌표에 60초 이내에 도달하는 프로그램을 만들까 합니다.

프로그램은 지난 1분 동안 플레이어가 지나온 곳 중에서 가장 높은 장소와 가장 낮은 장소를 알려 줍니다. 코드 9-1은 이 프로그램의 밑바탕이 되는 코드입니다. 이 코드를 새 파일로 복사하고 highAndLow.py로 lists라는 새 폴더에 저장합니다.

highAndLow.py

```python
from mcpi.minecraft import Minecraft
mc = Minecraft.create()

import time

❶ heights = [100, 0]
count = 0

while count < 60:
    pos = mc.player.getTilePos()

    if pos.y < heights[0]:
❷      # 가장 낮은 곳을 y 변수에 지정합니다.
    elif pos.y > heights[1]:
❸      # 가장 높은 곳을 y 변수에 지정합니다.

    count += 1
    time.sleep(1)

❹ mc.postToChat("Lowest: ")     # 가장 낮은 높이를 출력합니다.
❺ mc.postToChat("Highest: ")    # 가장 높은 높이를 출력합니다.
```

코드 9-1   플레이어가 지나온 가장 낮은 곳과 가장 높은 곳을 알 수 있는 코드

프로그램은 플레이어가 지나온 가장 낮은 y 좌표와 가장 높은 y 좌표를 heights라는 리스트에 저장합니다 ❶. 리스트의 첫 번째 항목(0번 인덱스)에는 가장 낮은 좌표가 저장되고, 두 번째(1번 인덱스)에는 가장 높은 좌표가 저장됩니다. 단, 시작할 때는 '가장 낮은' 값을 가장 높게 지정하고 '가장 높은' 값을 가장 낮게 지정해야 합니다. 그래야 프로그램을 처음 실행할 때 플레이어의 현재 위치가 가장 낮은 곳이거나 가장 높은 곳이 되고, 이 값이 대화 창에 표시됩니다. 여기서는 가장 낮은 값으로 100을, 가장 높은 값으로 0을 지정했습니다.

while 루프는 60초 동안 1초마다 실행되어 heights의 값을 계속 업데이트합니다. if문은 플레이어의 현재 위치가 리스트에 저장된 가장 낮은 값보다 더 낮은지 판단합니다 ❷. elif문은 현재 위치가 리스트에 저장된 가장 높은 값보다 더 높은지 판단합니다 ❸.

코드를 완성하려면 가장 낮은 높이인 heights[0]를 pos.y에 지정해야 합니다 ❷. 값을 지정할 때는 변수에 지정하듯이 하면 되므로 heights[0] = pos.y처럼 코드를 작성할 수 있습니다. 가장 높은 높이인 heights[1]도 pos.y에 지정해야 합니다 ❸.

이제 마지막 내용입니다. 프로그램의 마지막 두 행에서 가장 낮은 값 ❹과 가장 높은 값 ❺을 출력해야 합니다. 그러기 위해서는 heights 리스트에서 가장 낮은 값과 가장 높은 값의 인덱스 위치에 접근해야 합니다. 또 강조하겠습니다. 0번 인덱스가 가장 낮은 높이이고 1번 인덱스가 가장 높은 높이입니다.

프로그램을 실행하고 게임 세계를 돌아다녀 보세요. 높은 곳과 낮은 곳을 두루두루 탐험해 보세요. 60초가 지나면 루프가 멈추면서 가장 높은 곳과 가장 낮은 곳의 높이가 출력됩니다. 프로그램을 몇 번 실행하여 최고 기록을 만들어 보세요.

그림 9-1은 프로그램을 실행한 예입니다.

그림 9-1   지나온 곳 중에서 가장 낮은 y 좌표는 15, 가장 높은 좌표는 102입니다.

 보너스 목표: 아니, 이런 버그가?

highAndLow.py에서는 가장 낮은 위치와 가장 높은 위치에 100과 0이라는 기본값을 지정했습니다. 이 두 값은 100보다 낮은 곳이나 0보다 높은 곳으로 이동하는 한 문제가 되지 않습니다. 하지만, 100보다 낮은 곳이나 0보다 높은 곳으로 이동하지 않으면 이 두 값은 변경되지 않습니다. 이런 동작을 예상하지 못한 겁니다. 어떻게 이 문제를 해결할 수 있을까요?

리스트 조작하기

리스트에는 리스트를 조작할 수 있는 일련의 함수가 내장돼 있습니다. 리스트에 항목을 삽입하고 삭제하는 등의 연산자가 대표적인 예입니다.

항목 추가하기

append() 함수를 사용하면 리스트의 끝에 항목을 추가할(덧붙일) 수 있습니다. 이 항목의 값은 인수로 지정하면 됩니다.

앞에서 살펴본 국수 수프 리스트에 채소를 추가해 보겠습니다. append() 함수가 필요하겠죠?

```
>>> noodleSoup.append("vegetables")
```

noodleSoup 리스트에 "vegetables"라는 문자열이 마지막 항목으로 저장되었습니다.

처음에 빈 리스트를 만들었다면 항목 덧붙이기가 아주 쓸모가 많습니다. 빈 리스트에 첫 번째 항목을 추가할 때 append() 함수를 사용합니다.

```
>>> food = []
>>> food.append("cake")
```

항목 삽입하기

리스트 중간에 항목을 삽입하는 동작도 가능합니다. insert() 함수는 이미 있는 두 항목 사이에 새 항목을 끼워 넣고 리스트의 인덱스를 재정비합니다.

insert() 함수의 인수는 둘입니다. 하나는 항목을 삽입할 인덱스 위치이고, 다른 하나는 이 항목의 값입니다.

★ 옮긴이
다음에서 두 행으로 표시된 코드는 지면상 두 행일 뿐 실제로는 한 행으로 입력해야 합니다.

예를 들겠습니다. 다음은 noodleSoup 리스트입니다.*

```
>>> noodleSoup = ["water", "soy sauce", "spring onions",
"noodles", "beef", "vegetables"]
```

세 번째 인덱스 위치에 "pepper"를 추가하겠습니다.

```
>>> noodleSoup.insert(3, "pepper")
```

리스트는 다음처럼 업데이트됩니다.

```
["water", "soy sauce", "spring onions", "pepper", "noodles",
"beef", "vegetables"]
```

항목을 삽입할 인덱스 위치를 리스트의 길이보다 크게 지정하면 항목은 리스트 맨 뒤에 추가됩니다. 예를 들어, 리스트의 항목이 7개인데 인덱스 위치를 10으로 지정하여 항목을 삽입하려고 하면, 이 항목은 리스트의 맨 뒤인 8번째 자리에 추가됩니다.

```
>>> noodleSoup.insert(10, "salt")
```

이 코드를 실행하면 리스트의 마지막 항목이 "salt"가 됩니다.

```
["water", "soy sauce", "spring onions", "pepper", "noodles",
"beef", "vegetables", "salt"]
```

salt의 인덱스 위치는 10이 아닙니다. 7입니다.

항목 삭제하기

리스트에서 어떤 항목을 삭제해야 할 때도 있습니다. 항목을 삭제할 때는 del이라는 키워드를 사용합니다. del 키워드는 리스트 이름 앞에 와야 하며, 삭제할 항목의 인덱스 위치를 대괄호로 묶어야 합니다.

가령, noodleSoup 리스트에서 "beef" 항목을 삭제하려면 다음처럼 입력합니다. "beef"의 인덱스 위치는 5입니다.

```
>>> del noodleSoup[5]
```

del 키워드와 index() 함수를 결합하여 사용할 수도 있습니다. 이 방법은 삭제하려는 항목만 알고 인덱스 위치를 모를 때 유용합니다.

```
>>> beefPosition = noodleSoup.index("beef")
>>> del noodleSoup[beefPosition]
```

항목을 삭제하면 리스트의 인덱스 위치에도 변화가 생깁니다. 다음 리스트는 인덱스 위치가 5였던 "beef"를 삭제한 결과입니다.

```
["water", "soy sauce", "spring onions", "pepper", "noodles",
"vegetables", "salt"]
```

"vegetables"의 인덱스 위치는 6에서 5로, "salt"의 인덱스 위치는 7에서 6으로 변경되었습니다. 단, 삭제된 항목 앞의 인덱스들은 변경되지 않겠죠? 항목을 삭제할 때는 이 점에 주의해야 합니다.

미션 #48: 진행률 표시기

이번 미션에서는 리스트 함수들을 사용하여 진행률 표시기를 만들어 보겠습니다. 인터넷에서 파일을 다운로드할 때나 롤플레잉 게임에서 다른 레벨로 올라가기까지 경험치 등이 쌓이는 모습에서 진행률 표시기를 볼 수 있습니다.

프로그램은 진행률 표시기를 사용하여 10초를 셉니다. 프로그램이 시작하면 진행률 표시기가 유리 블록으로 나타납니다. 1초가 지날 때마다 진행률 표시기의 유리 블록이 청금석 블록으로 바뀝니다. 그림 9-2는 진행률 표시기가 5단계까지 바뀐 모습입니다.

그림 9-2 진행률 표시기의 청금석 블록이 5개이므로 50% 완료되었다는 것을 알 수 있습니다.

IDLE을 열고 새 파일을 만듭니다. 이 파일을 progressBar.py로 lists 폴더에 저장합니다. 코드 9-2는 미완성 프로그램입니다. 이 코드를 텍스트 편집기에 복사합니다.

progressBar.py

```python
from mcpi.minecraft import Minecraft
mc = Minecraft.create()

import time

pos = mc.player.getTilePos()
x = pos.x + 1
y = pos.y
z = pos.z

# 유리 블록(ID 20) 10개를 빈 리스트에 추가합니다.
blocks = [ ]
barBlock = 22   # 청금석

count = 0
while count <= len(blocks):

    mc.setBlock(x, y, z, blocks[0])
    mc.setBlock(x, y + 1, z, blocks[1])
    mc.setBlock(x, y + 2, z, blocks[2])
    # 남은 블록에 setBlock()을 적용합니다.

    count += 1

    # 마지막 블록을 삭제합니다.
```

❶ blocks = [ ]

❷ # 남은 블록에 setBlock()을 적용합니다.

❸ # 마지막 블록을 삭제합니다.

❹   # 청금석 블록을 첫 번째 위치에 삽입합니다.

```
    time.sleep(2)
```

코드 9-2 아직은 미완성인 진행률 표시기 프로그램

다음 단계에 따라 프로그램을 완성합니다.

1. 유리 블록(ID 20) 10개를 빈 blocks 리스트에서 추가합니다 ❶.

2. setBlock() 함수를 사용하여 블록 10개 전부를 설정합니다 ❷. 처음 세 개는 미리 만들어 두었습니다.

3. 리스트의 마지막 블록(인덱스 위치 9번)을 삭제하는 문장을 작성합니다 ❸. 리스트에서 항목을 삭제할 때는 del 키워드를 사용합니다.

4. 새 청금석 블록을 리스트의 시작 위치에 삽입합니다 ❹. insert() 함수를 사용하여 barBlock 변수에 인덱스 위치 0번으로 새 청금석 블록을 삽입합니다.

주석의 도움을 받아 코드를 완성해 보세요.

보너스 목표: 다시 위, 아래, 위, 아래

지금은 progressBar.py로 구현한 진행률 표시기가 위로만 진행되다 꽉 차면 멈춥니다. 반대로, 위에서 아래로 진행하는 표시기를 만드는 것은 어떨까요?

리스트처럼 문자열 다루기

문자열을 리스트처럼 다룰 수 있습니다. 문자열 또한 데이터의 연속이기 때문입니다. 따라서 문자열에 담긴 각 문자에도 그 인덱스를 사용하면 접근할 수 있습니다. 다만, append나 insert 함수를 사용하여 어떤 인덱스 위치의 문자를 변경할 수 없습니다. 문자열은 변경 불가능immutable하기 때문입니다.

다음은 "Grape" 문자열에서 두 번째 글자를 출력하는 코드입니다.

```
>>> flavor = "Grape"
```

```
>>> print(flavor[1])
r
```

다음은 리스트처럼 문자열도 각 부분에 접근할 수 있음을 알 수 있는 예입니다.
여기서는 성과 이름의 첫 글자에 접근하여 함께 출력했습니다.

```
>>> firstName = "Lyra"
>>> lastName = "Jones"
>>> initials = firstName[0] + " " + lastName[0]
>>> print(initials)
L J
```

인덱스 위치를 사용하여 문자열의 일부로부터 "L J" 문자열을 새로 만들었습니다.
이를 가리켜 하위 **문자열**^{substring}이라고 부릅니다. 문자열에서도 인덱스는 항상 0부터 시작합니다.

튜플

튜플^{tuple}은 변경 불가능한 리스트의 하나입니다. 일반적인 리스트처럼 항목들의
연속이지만, 대괄로 대신 소괄호를 사용하며 쉼표로 항목들을 구분합니다.

예를 들어 볼까요? 후원을 충분히 받지 못한 올림픽 대표 선수가 있습니다. 이 선
수가 자신의 멀리뛰기 기록을 미터 단위로 측정했습니다.

```
>>> distance = (5.17, 5.20, 4.56, 53.64, 9.58, 6.41, 2.20)
```

이 선수의 기록이 하나뿐이라면 값이 하나인 튜플을 만들면 됩니다. 튜플을 만들
때는 값이 하나여도 반드시 쉼표를 붙여야 합니다.

```
>>> distance = (5.17,)
```

튜플을 정의할 때 괄호는 선택 사항입니다. 따라서 다음처럼 쉼표로만 항목들을
구분하여 튜플을 정의해도 됩니다.

```
>>> distance = 5.17, 5.20, 4.56, 53.64, 9.58, 6.41, 2.20
```

튜플의 값에 접근하려면 리스트에서처럼 대괄호를 사용해야 합니다. distance 튜플의 1번 인덱스 위치에 있는 값을 jump 변수에 지정하려면 다음처럼 합니다.

```
>>> jump = distance[1]
>>> print(jump)
5.20
```

그렇다면 튜플과 리스트는 어떻게 다를까요? 튜플은 변경 불가능이 가장 큰 특징입니다. 항목을 변경할 수 없다는 겁니다. 튜플의 끝에 항목을 덧붙일 수도 없고 삭제하거나 삽입할 수도 없습니다. 값의 업데이트도 불가능합니다. 그래서 튜플은 항목의 값을 변경할 일이 없는 프로그램에 사용합니다.

튜플로 변수 설정하기

튜플에는 유용한 특징이 한 가지 있습니다. 튜플을 사용하면 동시에 여러 변수를 설정할 수 있습니다. 여러 변수를 한데 묶어 설정하면 공간도 줄일 수 있고, 서로 관련된 변수끼리 모아 놓을 수도 있어 편리합니다.

일반적으로는 리스트처럼 변수 하나를 사용하여 튜플을 정의합니다.

```
measurements = 6, 30
```

하지만 여러 변수를 동시에 설정할 때 튜플은 빛을 발합니다. 문법도 복잡하지 않습니다. 변수들을 쉼표로 구분하고 지정할 값들도 차례차례 쉼표로 구분하면 됩니다. 늘어놓은 순서대로 변수에 하나씩 지정되는 거죠. 예를 들겠습니다.

여기서는 변수가 width와 height 두 개이고, 지정할 값이 각각 6과 30입니다.

```
width, height = 6, 30
```

이렇게 해서 변수가 두 개 생겼죠? 하나는 값이 6인 width이고, 다른 하나는 값이 30인 height입니다. 한 행만으로도 이런 결과를 만들었습니다!

미션 #49: 슬라이딩

튜플을 사용하여 변수를 설정하면 프로그램이 공간은 획기저으로 쉽게 줄일 수 있습니다. 또한, 서로 관련된 변수들을 한 자리에 모으는 데도 편리합니다. 일례로 이 책 곳곳에서 x, y, z 변수를 함께 정의합니다.

```
x = 10
y = 11
z = 12
```

이 방법 대신 튜플을 사용하면 다음처럼 한 행으로 처리할 수도 있습니다.

```
x, y, z = 10, 11, 12
```

이제 이 방법으로 새 프로그램을 만들어 보겠습니다. 이번 미션은 마치 스케이트를 타는 것처럼 플레이어가 움직이도록 하는 프로그램입니다. 프로그램의 기본 골격은 코드 9-3입니다. 여기에 몇 가지를 여러분이 직접 채워야 합니다.

sliding.py

```
from mcpi.minecraft import Minecraft
mc = Minecraft.create()

import random
import time
```

❶ `# 플레이어의 위치를 가져옵니다.`

❷ `# 튜플을 사용하여 x, y, z 변수를 한 행에서 설정합니다.`

```
while True:
```
❸
```
    x += random.uniform(-0.2, 0.2)
    # z를 임의의 플로트만큼 변경합니다.
```
❹
```
    z +=
    y = mc.getHeight(x, z)
```

```
mc.player.setPos(x, y, z)
time.sleep(0.1)
```

코드 9-3 플레이어가 슬라이딩을 하는 코드

코드 9-3을 새 파일로 복사하고 lists 폴더에 sliding.py로 저장합니다. 프로그램을 완성하려면 플레이어의 위치를 가져와 x, y, z 변수의 값을 설정해야 합니다. 이때 튜플이 필요하겠죠? 프로그램에는 uniform()이라는 함수도 필요합니다. 이 함수는 randint() 함수(78쪽 '난수와 놀기' 참고)와 비슷하지만 정수 대신 플로트를 리턴한다는 점이 다릅니다. uniform() 함수를 사용하여 ❹ 루프에서 z 변수의 값을 변경합니다. 이미 작성된 x 변수의 코드를 참고하세요 ❸.

그림 9-3은 플레이어가 게임 곳곳을 슬라이딩한 모습입니다.

그림 9-3 집으로 멋지게 백슬라이딩!

슬라이딩 블록

sliding.py 프로그램은 플레이어를 임의의 위치로 옮깁니다. 플레이어 대신 블록을 옮길 수 있도록 프로그램을 변경해 보세요.

튜플 리턴하기

일부 파이썬의 내장 함수는 튜플을 리턴합니다. 함수를 직접 정의할 때도 튜플을 리턴하도록 구성할 수 있습니다. 함수에서 튜플을 리턴하려면 rerturn 키워드 다음에 튜플을 둡니다. 예를 들어 날짜를 튜플 형식으로 전환하는 함수를 만들겠습니다. 날짜를 문자열 인수로 전달하면 함수는 이를 튜플 형식의 연도와 월, 일로 리턴합니다. 다음은 이 함수의 코드입니다.

```
def getDateTuple(dateString):
    year = int(dateString[0:4])
    month = int(dateString[5:7])
    day = int(dateString[8:10])
    return year, month, day
```

함수를 호출할 때는 날짜를 문자열 형식으로 제공합니다. 함수는 연도, 월, 일 순서의 튜플 형식을 리턴합니다.

```
>>> getDateTuple("1997-09-27")
(1997, 9, 27)
```

함수를 호출하면 리턴되는 튜플을 변수에 저장할 수 있습니다. 다음 코드는 튜플의 각 값을 변수에 따로따로 저장합니다.

```
year, month, day = getDateTuple("1997-09-27")
```

이렇게 하면 날짜 문자열을 변수로 전환할 수 있습니다. 소프트웨어 개발자들은 이런 비슷한 코드를 매일같이 사용합니다.

리스트의 유용한 특징

리스트로 할 수 있는 일은 많습니다. 이 절에서는 리스트의 길이를 파악하는 방법, 리스트에서 아무 항목이나 고르는 방법, 리스트에 어떤 값이 있는지 if문에서 판단하는 방법 등을 소개하겠습니다.

리스트의 길이

len() 함수는 파이썬에서 리스트의 길이를 빠르게 파악할 수 있는 간편한 도구입니다. 이 함수는 리스트에 담긴 항목들의 개수를 리턴합니다. 어떻게 동작하는지 살펴볼까요?

```
>>> noodleSoup = ["water", "soy sauce", "spring onions", "noodles",
"beef", "vegetables"]
>>> print(len(noodleSoup))
6
```

파이썬에서 리스트의 인덱스는 0부터 시작하지만 항목이 몇 개인지는 1부터 세서 알려줍니다. 여기서 리스트의 길이가 6이므로 인덱스는 5까지입니다.

미션 #50: 블록 강타!

마인크래프트 파이썬 API에는 검으로 블록을 내리칠 때 그 위치들의 리스트를 리턴하는 함수가 마련돼 있습니다. 이 리스트의 항목을 사용하여 내리친 블록의 좌표를 가져올 수 있습니다. 이 과정이 프로그램에서 얼마나 유용하게 사용될 수 있는지 이 책 곳곳에서 만나게 될 겁니다.

또한, 1분 동안 블록을 몇 개나 내리쳤는지 알 수 있는 재밌는 프로그램도 쉽게 만들 수 있습니다. 이번 미션에서 최고 기록을 놓고 친구와 겨룰 수 있는 프로그램을 만들어 보겠습니다. 여러분 생각대로 프로그램을 얼마든지 확장해도 됩니다.

그림 9-4는 동작 중인 프로그램의 모습입니다.

그림 9-4 60초 동안 197번이나 내리쳤어요!

작성해야 할 코드가 많지는 않은데, 기본 구조를 정리하자면 다음과 같습니다.

1. 마인크래프트 게임에 연결합니다.

2. 60초를 기다립니다.

3. 블록 내리치기 리스트를 가져옵니다.

4. 블록 내리치기의 길이를 표시합니다.

다음은 지금까지 본 적이 없는 코드입니다. 게임에서 블록 내리치기의 리스트를 가져오는 코드입니다.

```
blockHits = mc.events.pollBlockHits()
```

이 코드는 pollBlockHits() 함수를 사용하여 블록 내리치기의 리스트를 리턴한 다음, blockHits 변수에 저장합니다. blockHits 변수는 리스트와 다를 바 없으므로 인덱스 위치를 사용하여 데이터에 접근하고 길이도 구할 수 있습니다.

이 게임을 플레이할 때는 블록을 마우스 오른쪽 버튼으로 클릭해야 횟수를 계산할 수 있습니다. 왜 그럴까요? blockHits 함수는 검을 쥐고 마우스 오른쪽 버튼으로 클릭하는 블록을 기록하기 때문입니다. PC 버전의 마인크래프트에서는 검을 쥐고 마우스 오른쪽 버튼으로 클릭하는 모습이 마치 플레이어 자신을 방어하는 것처럼 보입니다. 그래도 어느 블록을 내리쳤는지 모두 기록됩니다. 그림 9-5는 프로그램의 동작 모습입니다. 검을 쥐고 마우스 오른쪽 버튼으로 클릭해야 한다는 점 잊지 마세요. 왼쪽 버튼으로 클릭하면 기록되지 않습니다. 오른쪽 버튼으로 클릭해도 블록이 아닌 곳을 클릭하면 소용이 없습니다. 단, 검의 종류는 철이든 금이든 다이아몬드든 상관없습니다.

그림 9-5 마우스 오른쪽 버튼으로 클릭할 때는 이렇게 검을 쥐고 클릭해야 합니다.

이 리스트의 결과를 출력하면 다음과 같습니다. 다만, 플레이어가 어느 곳을 내리치는지에 따라 값은 달라집니다.

```
[BlockEvent(BlockEvent.HIT, 76, -2, 144, 1, 452),
BlockEvent(BlockEvent.HIT, 79, -2, 145, 1, 452),
BlockEvent(BlockEvent.HIT, 80, -3, 147, 1, 452),
BlockEvent(BlockEvent.HIT, 76, -3, 149, 1, 452)]
```

이 리스트는 네 개의 블록을 기록합니다. 각 항목은 블록 내리치기의 좌표를 담습니다. 이 좌표에 접근하는 방법은 미션 #55(249쪽)에서 살펴보겠습니다.

프로그램을 어떻게 시작할까요? 코드 9-4에 뼈대를 만들어 두었습니다.

```python
# 마인크래프트 게임에 연결합니다
from mcpi.minecraft import Minecraft
mc = Minecraft.create()

import time

# 60초를 기다립니다.
time.sleep(60)

# 블록 내리치기의 리스트를 가져옵니다.
❶ blockHits =

# 블록 내리치기의 리스트 길이를 대화 창에 표시합니다.
❷ blockHitsLength =
mc.postToChat("Your score is " + str(blockHitsLength))
```

코드 9-4 검으로 내리치기 게임의 시작 프로그램

프로그램을 완성하려면 IDLE을 열고 새 파일을 만듭니다. 코드 9-4를 새 파일로 복사합니다. 이 파일을 swordHits.py로 lists 폴더에 저장합니다. pollBlockHits() 함수를 사용하여 blockHits 변수를 설정하고❶, blockHits 변수의 길이를 가져와 blockHitsLength 변수를 설정합니다❷.

무작위로 항목 고르기

이쯤 되면 무작위로 무언가를 만든다는 것이 얼마나 유용한지 충분히 경험했을 겁니다. 무작위는 프로그램의 실행을 예측할 수 없도록 하는 수단입니다.

블록 리스트에서 아무 블록이나 선택하는 등 리스트에서 아무 항목에나 접근해야 할 때가 있습니다.

random 모듈의 choice() 함수는 리스트의 항목에 무작위로 접근할 수 있는 일종의 '직행' 함수입니다. 이 함수는 리스트를 인수로 받아 그 안에 담긴 항목을 무작위로 하나 골라 리턴합니다.

코드 9-5를 살펴볼까요? colors 리스트에는 색상 몇 가지가 담겼습니다. 이 코드는 choice() 함수를 사용하여 아무 위치의 항목을 골라 출력합니다.

```
import random
colors = ["red", "green", "blue", "yellow", "orange", "purple"]
print(random.choice(colors))
```

코드 9-5 색상 리스트에서 무작위 색상을 하나 골라 출력합니다.

코드를 실행하면 프로그램은 리스트의 아무 항목이나 하나 골라 출력합니다.

미션 #51: 무작위 블록

마인크래프트에서 일정 구간의 수를 정의해 놓고 무작위로 블록 ID를 선택하면 문제가 될 수 있습니다. 일부 블록 ID에 해당하는 블록이 존재하지 않기 때문입니다. 이를 해결하려면 유효한 블록들만을 모아 리스트로 만들고 거기서 choice() 함수를 사용하여 무작위로 블록을 선택해야 합니다.

이번 미션은 블록 ID 리스트를 만들고 임의의 블록을 선택한 다음, 이 블록을 플레이어의 위치에 설정하는 겁니다. 일단 출발은 코드 9-5에서 시작합니다.

우선, 블록 ID 리스트를 만듭니다. 그리고 random.choice() 함수를 사용하여 리스트에서 블록을 선택합니다. 선택된 블록은 setBlock() 함수를 사용하여 특정 위치에 놓습니다.

프로그램을 randomBlock.py로 lists 폴더에 저장합니다.

원하는 대로 블록을 모아 리스트를 만듭니다. 여기서는 수박, 다이아몬드, 금을 비롯하여 5개를 정했습니다. 그림 9-6은 프로그램의 실행 결과입니다.

그림 9-6 프로그램에서 무작위로 골라 준 블록은 바로 금입니다.

리스트 복사하기

프로그래밍 언어에서 리스트 복사는 꽤 까다로운 과정입니다. 리스트 변수에는 어떤 값이 지정되는 것이 아니라 그 값이 컴퓨터 메모리에서 차지하는 위치, 즉 주소를 알 수 있는 **참조**reference가 담기기 때문입니다. 이 참조를 통해 어떤 값에 접근할수 있는 거죠. 물론 이 과정은 컴퓨터가 알아서 처리합니다. 우리가 반드시 알아야 하는 것은 아닐 수도 있습니다. 하지만 어떤 과정을 거쳐 어떻게 동작하는지 알고 있다면 더 똑똑한 프로그래머가 될 수 있습니다! 리스트의 메모리 주소를 알기 위해서는 id() 함수를 사용합니다.

```
>>> cake = ["Eggs",
            "Butter",
            "Sugar",
            "Milk",
            "Flour"]
>>> print(id(cake))
```

예를 들어 볼까요? 이 코드를 실행하면 3067456428이 출력됩니다. 3067456428은 cake가 저장되는 메모리 위치입니다. 여러분의 경우는 이와 다릅니다. 다른 메모리 위치에 저장되기 때문입니다.

이 과정을 완벽하게 이해할 필요는 없습니다. 다만, 리스트를 다른 변수로 복사하면 어떤 '대가'가 있다는 것만큼은 이해하고 있어야 합니다. 복사되는 새 리스트에는 기존 값이 그대로 복사되지 않고 기존 값의 메모리 위치가 복사됩니다. 다시 말해, 어느 쪽 리스트에서든 값을 변경하면 다른 리스트에도 영향을 미치게 됩니다.

예를 들겠습니다. 다음은 cake라는 리스트를 chocolateCake라는 새 리스트로 복사하는 프로그램입니다. "Chocolate"을 chocolateCake 리스트에 추가해 볼까요?

```
>>> cake = ["Eggs",
            "Butter",
            "Sugar",
            "Milk",
            "Flour"]

>>> # 이 리스트를 두 번째 변수에 저장합니다.
>>> chocolateCake = cake
>>> chocolateCake.append("Chocolate")
```

이상해 보일 수도 있지만, "Chocolate"은 cake 리스트에도 추가됩니다. 물론 그러려는 의도는 없었는데 말이죠. 실제로 리스트를 출력하면 실수를 적나라하게 확인할 수 있습니다.

```
>>> print(cake)
['Eggs', 'Butter', 'Sugar', 'Milk', 'Flour', 'Chocolate']
>>> print(chocolateCake)
['Eggs', 'Butter', 'Sugar', 'Milk', 'Flour', 'Chocolate']
```

왜 이런 결과가 나올까요? 이 두 변수에는 리스트의 항목 자체가 아니라 리스트의 메모리 위치가 담겼기 때문입니다.

이런 문제는 **리스트 슬라이스**^{list slice}를 사용하면 간단하게 극복할 수 있습니다. 슬라이스 치즈를 생각해 볼까요? 치즈 덩어리를 얇게 자른 것이 슬라이스죠? 슬라이스 치즈처럼 리스트도 얇게 자를 수 있습니다. 이렇게 자른 조각을 리스트 슬라이스라고 합니다. 리스트 슬라이스를 사용하면 원래 리스트에서 특정 항목만을 가져올 수 있습니다. 여기서는 리스트의 항목 전체를 가져와야 하므로 다음처럼 코드를 작성합니다.

```
>>> chocolateCake = cake[:]
```

이제 chocolateCake 변수에는 cake 리스트의 값들이 전부 담깁니다. 단, 값들이 존재하는 메모리 주소는 다릅니다.

케이크 재료를 남은 원래 리스트는 리스트 슬라이스를 사용하면 다음처럼 수정될 수 있습니다.

```
>>> cake = ["Eggs",
            "Butter",
            "Sugar",
            "Milk",
            "Flour"]

>>> # 이 리스트를 두 번째 변수에 저장합니다.
❶ >>> chocolateCake = cake[:]
>>> chocolateCake.append("Chocolate")
```

이제 cake의 항목들이 chocolateCake에 복사되었습니다 ❶.

다음은 리스트를 출력한 결과입니다.

```
>>> print(cake)
['Eggs', 'Butter', 'Sugar', 'Milk', 'Flour']
>>> print(chocolateCake)
['Eggs', 'Butter', 'Sugar', 'Milk', 'Flour', 'Chocolate']
```

두 리스트의 값이 달라졌죠? chocolateCake에만 "Chocolate"이 존재합니다.

항목과 if문

리스트에 어떤 값이 있는지 알아낼 때는 in 연산자를 사용합니다. in 연산자는 확인하려는 값과 리스트 사이에 들어갑니다. 값이 리스트에 있으면 True를, 그렇지 않으면 False를 리턴합니다.

다음은 cake 리스트에 "Eggs" 값이 있는지 알아내는 예입니다.

```
>>> cake = ["Eggs", "Butter", "Sugar", "Milk", "Flour"]
>>> print("Eggs" in cake)
```

"Eggs"는 리스트에 있으므로 True 값이 출력됩니다.

in 연산자를 if문에 사용해 볼까요? 다음은 앞의 예를 확장하여 if문에서 어떤 항목이 있는지 판단하고 그에 따라 적절한 메시지를 출력하는 예입니다. cake 리스트에 "Ham"이 있는지 판단하여 있을 때와 없을 때를 구별하여 해당 메시지를 출력합니다.

```
>>> cake = ["Eggs", "Butter", "Sugar", "Milk", "Flour"]
>>> if "Ham" in cake:
>>>     print("That cake sounds disgusting.")
>>> else:
>>>     print("Good. Ham in a cake is a terrible mistake.")
```

in 연산자와 not 연산자를 결합하여 반대의 결과를 만들 수도 있습니다. 어떤 항목이 리스트에 있을 때 True를 리턴하지 않고 거꾸로 False를 리턴하는 겁니다. 코드의 모습은 다음과 같습니다. (if문과 else문의 코드가 서로 바뀌었습니다!)

```
>>> cake = ["Eggs", "Butter", "Sugar", "Milk", "Flour"]
>>> if "Ham" not in cake:
>>>     print("Good. Ham in a cake is a terrible mistake.")
>>> else:
>>>     print("That cake sounds disgusting")
```

프로그램에서는 어떤 방법이든 원하는 대로 사용하면 됩니다. 어느 방법이 더 어울리는지 판단해 보세요!

미션 #52: 야간 투시검

동굴을 탐험하는데 횃불이 충분치 않을 때는 어떻게 해야 할까요? 아예 횃불이 없고 돌아갈 길이 멀 때도 있습니다. 그럴 때면 어둠 속에서 여기저기 부딪히고 넘어지기 마련입니다. 뭔가 쓸 만한 것은 하나도 얻지 못했는데 말이죠. 하지만 이제는 파이썬의 도움을 받을 수 있습니다! 검을 가지고 다이아몬드를 찾을 수 있는 방법, 파이썬으로 해결할 수 있습니다.

pollBlockHits() 함수는 내리친 블록이 다이아몬드 광석인지 판단합니다. 빛이 없는 동굴을 탐험할 때나 어둠 속에서 다이아몬드 광석을 찾을 때 정말 편리한 함수죠. 이 함수를 사용하여 프로그램을 만들어 보겠습니다. 코드 9-6이 출발점입니다. 이 코드를 새 파일로 복사하고 lists 폴더에 nightVisionSword.py로 저장합니다.

---

nightVisionSword.py

```python
from mcpi.minecraft import Minecraft
mc = Minecraft.create()

import time

blocks = []

while True:
    hits = mc.events.pollBlockHits()
    if len(hits) > 0:
        hit = hits[0]
❶       hitX, hitY, hitZ = hit.pos.x, hit.pos.y, hit.pos.z
        block = mc.getBlock(hitX, hitY, hitZ)
        blocks.append(block)

❷       # 여기에 if문을 추가합니다.

    time.sleep(0.2)
```

코드 9-6   어둠 속에서도 다이아몬드를 쉽게 찾을 수 있어요.

hit.pos.x, hit.pos.y, hit.pos.z가 어떻게 사용됐는지 주의 깊게 살펴보세요❶. 내리친 블록의 좌표는 튜플로 저장됩니다. 점 표기법(.)을 사용하면 이 좌표에 접근할 수 있습니다. 여기서는 hit라는 변수 이름을 사용하여 리스트를 나타냈습니다. 따라서 접근할 좌표는 hit.pos.x, hit.pos.y, hit.pos.z가 됩니다.

미완성 코드 부분은 많지 않습니다. 다이아몬드를 찾았는지 판단하는 코드만 추가하면 됩니다. 다이아몬드 광석(블록 ID 56)이 blocks 리스트에 있는지 판단하여 다이아몬드 광석이 있을 때는 "You found some diamond ore!"를 출력하는 if문❷을 추가합니다. if문에 break문을 두어 다이아몬드 광석이 있을 때 루프가 종료되도록 합니다.

그림 9-7은 프로그램의 실행 화면입니다.

You found some diamond ore!

그림 9-7　어둡지만 다이아몬드 광석을 찾았습니다. 오, 예!

여러분의 기억력이 좋아 동굴에 횃불을 잊지 않고 가지고 간다 해도 이 코드는 쓸데가 많습니다. 게임으로 한번 만들어 볼까요? 지하에 빛이 없는 방을 만들고 벽에 다이아몬드 광석을 하나 심어 놓는 겁니다. 이 다이아몬드 광석 블록을 찾는데 시간이 얼마나 걸리는지 재는 프로그램을 만들어 보세요. 검을 가지고 마우스 오른쪽 버튼으로 클릭해야 한다는 사실, 잊지 마세요. pollBlockHits() 함수를 사용할 수 있는 방법은 그것뿐입니다.

> **보너스 목표: 다이아몬드 게임**
>
> nightVisionSword.py 프로그램을 제대로 된 미니 게임으로 만들어 보면 어떨까요? 자동으로 방을 만들고 거기에 무작위로 다이아몬드 블록을 하나 놓는 겁니다. 다이아몬드 블록을 찾는 데 얼마나 걸릴까요?

사전

★ 옮긴이

근이 옮치히어 시용할 이
유가 없는데도 딕셔너리로
쓰고 말하는 경우가 많습
니다. 음차한 용어는 관련
책에서도 업무 협장에서도
무분별하게 사용되고 있
습니다. 저 또한 딕셔너리
로 표현한 적이 있습니다.
array기 배열이고 function
이 함수이듯, 여기서는 사
전이라는 표현을 사용하겠
습니다.

사전^{dictionary}*은 리스트의 한 형태입니다. 다만, 접근 방법이 여느 리스트와 다릅니다. 사전은 항목을 구분할 목적으로 인덱스 대신 프로그래머에 의해 정의된 키 집합을 사용합니다.

예를 들겠습니다. raceTimes 사전은 경주 참가자 명단과 그 기록을 저장합니다.

```
raceTimes = {'Katy': 26,
             'Alex': 30,
             'Richard': 19}
```

사전의 값은 고유 키로 구분합니다. 여기서 키는 참가자의 이름입니다. 'Katy' 키는 26이라는 값에 연결되었습니다.

사전도 리스트처럼 '변경 가능'합니다. 내용물을 바꿀 수 있다는 겁니다.

사전 정의하기

사전을 정의할 때는 중괄호로 키-값 쌍을 묶습니다. 가령, 사람을 설명할 때 'name'이나 'favoriteAnimal' 등의 키를 사용하여 다음처럼 여러 정보를 저장할 수 있습니다.

```
person = {'name': 'David',
          'age': 42,
          'favoriteAnimal': 'Snake',
          'favoritePlace': 'Inside a cardboard box'}
```

여기서 모든 키는 문자열입니다. 키는 콜론(:)으로 값과 쌍을 이룹니다. 가령, 'age'는 키이고, 42는 이 키에 연결된 값입니다. 항목 자체는 쉼표로 구분합니다.

지금까지 예로 든 사전을 눈여겨보면 사전의 각 항목이 무엇을 나타내는지 프로그래머가 이해하기 쉬운 구조로 돼 있다는 것을 알 수 있습니다. 가령, 'name'은 이름을 담는 키이지 숫자나 다른 정보를 담지는 않는다는 겁니다.

사전의 키로 사용할 수 있는 정보의 종류로는 정수도 있고 플로트도 있습니다. 사전에 정수나 플로트를 키로 사용하면 엄격하게 조건을 판단하지 않아도 일치하는 키를 골라낼 수 있어 대단히 유용합니다.

다음은 열차 시간표를 사전으로 만드는 예입니다. 열차 시간(플로트)은 키로, 행선지는 값으로 저장됩니다.

```
trainTimes = {1.00: 'Castle Town',
              2.30: 'Sheep Farm',
              3.15: 'Lake City',
              3.45: 'Castle Town',
              3.55: 'Storage Land'
              }
```

사전이 저장하는 데이터는 쌍으로 취급되는 두 종류이므로 열차 시간표 같은 상황에 어울립니다. 열차의 행선지를 사전 대신 리스트로 처리한다면 행선지 도착 시간을 함께 다루기가 어려워질 겁니다. 리스트에서는 0, 1, 2, 3, 등의 인덱스 위치만을 사용할 수 있기 때문입니다.

항목에 접근하기

사전에 담긴 항목의 값에 접근할 때는 인덱스 대신 대괄호와 키를 사용합니다. 키는 일반적으로 문자열이거나 정수입니다. 키가 문자열인 사전을 만들 때는 따옴표로 키를 묶어야 합니다.

예를 들겠습니다. 앞에서 만든 person 사전에서 'name' 키의 값에 접근하려면 다음처럼 합니다.

```
person = {'name': 'David',
          'age': 42,
          'favoriteAnimal': 'Snake',
          'favoritePlace': 'Inside a cardboard box'}

agentName = person['name']
```

agentName 변수에는 'David'라는 값이 담기게 됩니다. 'name' 키의 값에 접근했기 때문입니다. 마찬가지로 이 사람의 나이에 접근하려면 'age' 키를 사용합니다.

```
agentAge = person['age']
```

이렇게 하면 42라는 값이 **agentAge** 변수에 저장됩니다.

trainTimes 예에서는 플로트인 키 값(열차 시간)을 사용하여 사전의 값(행선지)에 접근할 수 있습니다.

```
trainTimes = [1.00: 'Castle Town',
              2.30: 'Sheep Farm',
              3.15: 'Lake City',
              3.45: 'Castle Town',
              3.55: 'Storage Land'
              }

myTrain = trainTimes[3.15]
```

trainTimes 사전에서 3.15 키에 접근하면 **myTrain** 변수는 'Lake City'로 지정됩니다.

미션 #53: 관광 가이드

사전을 사용하면 어떤 데이터 종류도 값으로 저장할 수 있습니다. 리스트나 튜플도 저장할 수 있죠. 예를 들어 x, y, z 값을 튜플로 저장할 수 있습니다. 다음은 그 예입니다.

```
places = {'Living room': (76, 1, -61), 'Bedroom': (61, 9, -61)}
```

places 사전은 두 항목을 저장합니다. 키는 위치의 이름(예: living room이나 bedroom)이고, 값은 좌표의 튜플입니다. 다음 코드로 특정 위치의 좌표에 접근할 수 있습니다.

```
location = places['Living room']
x, y, z = location[0], location[1], location[2]
```

이번 미션은 사전을 사용하여 게임 내 여러 위치를 저장하고 각 위치의 이름을 지정하면, 그곳으로 텔레포트하는 프로그램을 만드는 겁니다. 이를 위해서는 좌표 튜플에 접근하고 x, y, z를 지정해야 합니다. 주석을 통해 할 일을 간단하게 설명했습니다.

코드 9-7을 IDLE 텍스트 편집기에 복사하고 lists 폴더에 sightseeingGuide.py로 저장합니다.

sightseeing Guide.py

```
from mcpi.minecraft import Minecraft
mc = Minecraft.create()

# 사전에 위치를 추가합니다.
places = {}

choice = ""
while choice != "exit":
❶    choice = input("Enter a location ('exit' to close): ")
❷    if choice in places:
         # 키를 사용하여 항목의 값을 저장합니다(choice).
         location =
         # 튜플에 저장된 값을 x, y, z 변수에 저장합니다.
         x, y, z =
         mc.player.setTilePos(x, y, z)
```

코드 9-7 깔끔한 텔레포트 코드

이동하려는 위치의 이름을 입력할 수 있는 문장을 집어넣었습니다. 이 입력은 choice 변수에 저장됩니다 ❶. if문에서는 choice의 값이 사전에 있는지 판단합니다 ❷. 마지막 행은 x, y, z 변수를 사용하여 플레이어를 사전에 저장된 위치로 텔레포트합니다.

프로그램이 실행되면 이동하려는 위치의 이름을 입력합니다. 그림 9-8은 다른 곳으로 텔레포트한 모습입니다.

그림 9-8 거실(위)에서 침실(아래)로 고고씽~

항목 변경하기와 추가하기

사전에서 항목을 변경하는 일은 어렵지 않습니다. 대괄호와 키를 사용하여 항목에 접근하고 여느 변수에 하는 것처럼(등호 기호 사용) 지정도 할 수 있습니다. 같은 방법으로 새 항목을 추가할 수도 있습니다.

person 사전에서 age 항목의 값을 42에서 43으로 바꿔 볼까요?

```
person['age'] = 43
```

다음은 location이라는 새 항목을 'USS Discovery'라는 값으로 추가합니다.

```
person['location'] = 'USS Discovery'
```

이 코드를 실행하면 사전에는 location이라는 새 키가 'USS Discovery'라는 값으로 생깁니다.

항목 삭제하기

사전에서 항목을 지워야 할 때도 있겠죠? 사전에서도 리스트에서처럼 del 키워드를 사용하여 항목을 삭제할 수 있습니다. 예를 들어 person 사전에서 favoriteAnimal 항목을 삭제하려면 다음처럼 할 수 있습니다.

```
del person['favoriteAnimal']
```

리스트에서 항목을 삭제하는 것과 마찬가지죠?

미션 #54: 블록 내리치기 점수

미션 #50(227쪽)의 프로그램에서는 60초 동안 플레이어가 검으로 블록을 내리친 횟수를 세었습니다. 이 프로그램을 여러 사람이 같이 할 수 있는 게임으로 만들면 더 재밌을 겁니다.

게임에 점수판을 추가하려면 사전이 필요합니다. 사전은 플레이어의 이름과 점수를 저장하는 목적으로 사용됩니다. 물론 이 사전을 사용하여 각 점수를 출력합니다.

자, 시작해 볼까요? swordHits.py를 열고 lists 폴더에 swordHitsScore.py로 저장합니다. 기존 코드를 코드 9-8처럼 업데이트합니다. 코드 9-8에서는 플레이어에게 이름을 물어 보고 점수를 출력합니다. (여기에는 swordHits.py에서 채워 넣어야 하는 코드도 포함됐습니다.) 이전 미션의 코드는 흐리게 표시했습니다. (루프를 작성할 때는 들여쓰기에 주의해야 합니다.)

```
# 마인크래프트 게임에 연결합니다.
from mcpi.minecraft import Minecraft
mc = Minecraft.create()

import time

name = ""
scoreboard = {}

while True:
    # 플레이어의 이름을 가져옵니다.
    name = input("What is your name? ")
    # 이름이 존재하면 루프를 중단합니다.
    if name == "exit":
        break
    mc.postToChat("Go!")

    # 60초를 기다립니다.
    time.sleep(60)

    # 블록 내리치기의 리스트를 가져옵니다.
    blockHits = mc.events.pollBlockHits()

    # 리스트의 길이를 표시합니다.
    blockHitsLength = len(blockHits)
    mc.postToChat("Your score is " + str(blockHitsLength))

❶  # 플레이어를 점수판에 추가합니다.

    # 점수판을 표시합니다.
    print(scoreboard)
```

코드 9-8   코드가 완성되면 점수판이 추가됩니다.

프로그램을 완성하려면 플레이어의 이름과 점수를 저장해야 합니다. ❶에 scoreboard라는 새 사전을 추가하고 플레이어의 이름은 name 변수에 저장합니다.

그림 9-9는 점수판의 모습입니다.

그림 9-9 친구들과 게임을 즐겨 볼까요? Jim이 274점을 기록했네요!

NOTE scoreboard 사전이 출력되는 형식은 읽기가 불편합니다. 미션 #59(260쪽)에서 해결 방법을 연습할 겁니다.

보너스 목표: 최고 점수

지금은 swordHitsScore.py 게임을 두어 번 해 보면(같은 사용자명을 입력하여) 프로그램이 최근 점수만을 기록한다는 사실을 알 수 있습니다. if문을 사용하여 최고 점수를 기록했는지 판단하도록 개선해 볼까요? 다음 코드는 힌트입니다. scoreboard 사전에 플레이어의 이름이 있는지 판단하는 코드입니다.

```
if name in scoreboard:
```

이 장에서 배운 내용

참 대단한 과정을 지나왔어요! 이 장에서는 리스트, 튜플, 사전에 관해 많은 것을 다뤘습니다. 이를 통해 변수 하나에 여러 데이터를 저장할 수 있었습니다.

미션을 수행하면서 여러 재밌는 프로그램을 만들었고, 그 과정에서 리스트, 사전, 튜플을 사용했습니다. 리스트로는 진행률 표시기를 만들었고, 튜플을 사용해서는 x, y, z 변수를 더 빠르게 지정하는 방법을 터득했습니다. 마지막으로, 위치 이름을 입력하여 텔레포트할 수 있도록 좌표를 지정해 준 것은 사전이었습니다.

10장에서는 새로운 루프인 for를 사용하여 리스트를 한층 더 깊게 파고들 것입니다. 그리고 항목을 복제하는 등 멋진 프로그램도 만들겠습니다.

CHAPTER

10

for 루프, 마인크래프트에
마술을 부리다

for 루프를 다룰 때가 되었습니다. for 루프는 정말 유용합니다. 9장에서 배운 리스트에도 사용할 수 있기 때문입니다. 리스트에 for 루프를 사용하면 리스트를 완벽하게 다룰 수 있어 프로그래밍 능력이 배가될 것입니다.

이 장에 소개된 미션을 완수하는 과정에서 for 루프를 사용하여 계단, 기둥, 피라미드, 노후된 벽 등을 만들게 됩니다. 중첩된 for 루프와 리스트를 사용하여 픽셀 아트를 만들고 새로운 구조물을 단 몇 초만에 세울 수 있게 됩니다. 이처럼 for 루프는 마인크래프트에서 정말 강력한 도구입니다.

단순 for 루프

for 루프는 리스트의 항목마다 리스트가 끝날 때까지 일정 코드를 반복 적용합니다. 이런 점에서 while 루프나 if문의 조건과 다릅니다.

for문에서 사용하는 리스트는 어떤 데이터 종류를 몇 개든 담을 수 있습니다. for 루프는 순서대로, 즉 인덱스에 따라 코드를 반복합니다. 예를 들어, noodleSoup 리스트의 모든 항목에 다음 코드를 반복할 수 있습니다.

```
noodleSoup = ["water", "soy sauce", "spring onions", "pepper",
"noodles", "beef", "vegetables"]

for ingredient in noodleSoup:
    print(ingredient)
```

루프를 알리는 것은 for 연산자입니다.

for 연산자 다음에는 변수가 나옵니다. 여기서 ingredient는 루프에서 현재 사용되고 있는 항목을 나타냅니다. ingredient의 값은 루프가 반복될 때마다 리스트 앞에서부터 순서대로 항목 하나하나가 됩니다. 루프가 처음 시작될 때 ingredient의 값은 인덱스 위치가 0(여기서는 "water")인 항목이 되고, 두 번째 루프에서는 인덱스가 1("soy sauce")인 항목이 됩니다. 세 번째 루프에서는 인덱스 2("spring onions")가 되는 식이죠.

in 연산자와 리스트 이름은 지금 리스트를 사용하고 있다는 표시입니다. 여기서 리스트의 이름은 noodleSoup입니다.

루프는 리스트에 담긴 항목의 개수만큼 반복되고 마지막 항목에 도달하면 종료됩니다. 다음은 이 루프의 결과입니다.

```
water
soy sauce
spring onions
pepper
noodles
beef
vegetables
```

리스트의 모든 항목이 출력되었습니다! 이제 본격적으로 for 루프를 다뤄 볼까요?

미션 #55: 마법의 지팡이

마인크래프트의 모든 도구는 저마다 목적을 가지고 있습니다. 삽은 흙을 파내기 위한 도구이고, 곡괭이는 돌 블록을 부숩니다. 도끼는 나무를 베고, 검은 적대적인 몹을 공격하는 도구죠. 보통은 이들 도구의 원래 목적을 바꿀 수는 없습니다. 검은 적을 공격하기 위한 도구라는 사실을 받아들여야 하는 겁니다. 하지만 파이썬과 함께하면 도구들의 동작 방식을 바꿀 수 있습니다. 이번 프로그램에서는 검을 마법의 지팡이로 만들어 보겠습니다.

지난 9장에서 pollBlockHits() 함수를 다뤘습니다. 이 함수는 검으로 내리친 블록의 좌표 리스트를 리턴합니다. for 루프를 사용하면 리스트에서 각 좌표에 접근할 수 있습니다. 이를 활용하여 지난 60초 동안 내리친 모든 블록을 수박으로 바꾸겠습니다. 프로그램을 실행하면 그림 10-1처럼 되겠죠?

그림 10-1　아브라카다브라! 내리친 블록이 전부 수박이 됐어요!

코드 10-1은 프로그램의 밑바탕이 되는 코드입니다. 이 코드를 forLoops라는 새 폴더에 magicWand.py로 저장합니다.

magicWand.py
```
from mcpi.minecraft import Minecraft
mc = Minecraft.create()
```

```
import time

time.sleep(60)
```

❶ `hits = mc.events.pollBlockHits()`
`block = 103`

❷ `for`
❸ `x, y, z = hit.pos.x, hit.pos.y, hit.pos.z`
❹ `# 수박 블록을 좌표에 놓습니다.`

코드 10-1 미법의 지팡이 초기 코드

내리친 블록의 리스트를 가져오려면 pollBlockHits() 함수를 호출하여 hits 변수에 결과를 저장합니다 ❶.

내리친 블록의 위치를 가져와 그 좌표를 x, y, z 변수에 저장하는 코드 ❸도 보입니다. 여기에 튜플을 사용하여 세 변수를 한 행으로 지정했습니다. 튜플에 대해서는 222쪽 '튜플'을 참고하세요.

지금은 이 행이 동작하지 않습니다. hit 변수가 존재하지 않기 때문입니다. ❷에서 for 루프를 만들고 for 루프의 변수를 hit로 사용하면 되겠죠? for 루프는 hits 리스트에서 반복되어야 합니다. 시작은 다음과 같습니다.

```
for hit in hits:
```

for 루프 안에서 x, y, z의 값을 가져오는 코드는 들여쓰기를 해야 합니다 ❸. for 루프의 마지막 행에는 setBlock() 함수를 추가하여 수박 블록을 x, y, z 좌표에 놓습니다 ❹.

완성된 프로그램을 실행하면 60초 동안 돌아다니며 검으로 가능한 한 많은 블록을 내리칩니다. 60초가 지나면 그동안 내리친 블록 전부가 수박으로 바뀝니다.

> **보너스 목표: 당신은 마법사**
> magicWand.py 프로그램을 변경하여 플레이어를 다른 곳으로 텔레포트해 보세요. 처음 내리친 곳으로 위치가 설정되고 다시 내리치면 텔레포트되는 겁니다.

range() 함수

range() 함수는 정수 리스트를 만듭니다. 숫자로 구성된 리스트를 만들면 for 루프를 상당히 빠르고 간편하게 반복할 수 있습니다. 다음 코드를 예로 들어 볼까요?

```
aRange = range(0, 5)
```

이렇게 하면 다음처럼 항목을 따로 만드는 것보다 훨씬 더 빠르게 리스트를 만들 수 있습니다.

```
aRange = [0, 1, 2, 3, 4]
```

주의할 점이 있습니다. range() 함수의 두 번째 인수는 5인데, 실제 리스트의 마지막 항목은 4입니다. 이는 range() 함수가 두 번째 인수보다 작은 값까지만 만들기 때문입니다.

따라서 range() 함수를 사용하여 1부터 15까지 리스트를 만들어 모든 항목을 출력하는 코드는 다음과 같습니다.

```
for item in range(1, 16):
    print(item)
```

모든 항목의 값을 두 배로 출력하려면 다음처럼 코드를 작성하면 되겠죠?

```
for item in range(1, 16):
    print(item * 2)
```

지난 7장에서 살펴본 대로 while 루프를 사용해도 같은 결과를 만들 수 있습니다. 다음은 for 루프 대신 while 루프를 사용하여 1에서 15까지 출력하는 코드입니다.

```
count = 1
while count < 16:
    print(count)
    count += 1
```

for 루프가 훨씬 더 간단하고 쉽죠? 프로그램이 커지고 복잡해지면 for 루프가 while 루프보다 더 어울리는 경우가 많습니다.

미션 #56: 마법의 계단

마인크래프트에서 파이썬으로 프로그래밍하면 얻을 수 있는 최대 장점은 코드 몇 행만으로도 무언가를 빠르게 만들 수 있다는 것 아닐까요? 벽을 세울 때도 손품을 많이 팔지 않고 코드 몇 행이면 순식간에 끝납니다. 그리고 한 번 코드를 작성해 놓으면 두고두고 다시 사용할 수도 있습니다. 시간과 노력이 크게 절감되는 겁니다.

계단을 만드는 일도 시간이 많이 걸립니다. 파이썬 코드로 계단을 쉽게 만들 수는 없을까요? 이번 미션에서는 for 루프를 사용하여 계단을 쉽고 빠르게 만들겠습니다.

코드 10-2는 while 루프를 사용하여 계단을 만듭니다. 이 코드를 forLoops 폴더에 stairs.py로 저장합니다.

stairs.py
```
from mcpi.minecraft import Minecraft
mc = Minecraft.create()

pos = mc.player.getTilePos()
x, y, z = pos.x, pos.y, pos.z

stairBlock = 53

step = 0
while step < 10:
    mc.setblock(x + step, y + step, z, stairBlock)
    step += 1
```

코드 10-2 **while 루프를 사용하여 계단을 만드는 프로그램**

지금은 while 루프를 사용했지만 사실 for 루프가 더 어울립니다. for 루프는 while 루프와 달리 count나 step 등의 변수를 필요로 하지 않습니다. 그 대신 range() 함수를 사용하여 루프를 반복합니다.

이제 while 루프 대신 for 루프를 사용하여 프로그램을 완성해 볼까요?

그림 10-2는 프로그램의 실행 결과입니다.

보너스 목표: 위? 아래!

지금은 stairs.py 프로그램이 한쪽 방향으로만 계단을 만듭니다. 다른 방향으로도 계단을 만들어 보세요. 힌트: setBlock() 함수에서 선택 사항인 블록 상태 인수를 사용하고 x나 z 변수에 추가하거나 이 변수를 빼야 합니다.

그림 10-2　이 마법의 계단은 어느 쪽으로 향할까요?

range() 가지고 놀기

지금까지 range() 함수의 이모저모를 살펴봤습니다. 원하는 리스트를 만들기 위해 인수를 어떻게 지정해야 하는지도 알아봤죠. 그런데 인수를 하나만 지정하면 어떻게 될까요? 다음 코드를 IDLE에 입력하고 결과를 확인해 보세요.

```
>>> aRange = range(5)
>>> list(aRange)
[0, 1, 2, 3, 4]
```

range() 함수에 인수를 하나만 지정하면 시작을 0으로 잡아 리스트를 만들어 줍니다. 물론 지정된 인수보다 하나 적은 값까지만 만들어지겠죠. 여기서는 첫 번째 인수가 0이고 두 번째 인수가 5인 것처럼 리스트가 만들어집니다. list() 함수는 리스트를 출력하는 데 사용됩니다. 이 방법이 아니면 리스트의 내용물을 확인할 수가 없습니다. 결과에서 알 수 있듯 list(aRange)는 0부터 시작하는 리스트([0, 1, 2, 3, 4])입니다. 0부터 리스트를 만들려면 이 방법이 가장 빠르겠죠?

정리하자면, range() 함수에 인수를 두 개 지정하면 첫 번째 인수에서 시작하여 두 번째 인수보다 하나 적은 수까지 리스트가 만들어집니다. 인수를 하나만 지정하면 0부터 시작하여 지정된 인수보다 하나 적은 수까지 리스트가 만들어집니다.

```
>>> aRange = range(2, 5)
>>> list(aRange)
[2, 3, 4]
```

이 코드를 실행하면 [2, 3, 4] 리스트가 만들어지겠죠?

range() 함수에 인수를 세 개 지정하면 어떻게 될까요? 세 번째 인수가 있기는 한 걸까요? 일반적으로는 range() 함수로 만든 리스트는 끝으로 갈수록 1씩 커집니다. 그런데 세 번째 인수를 지정하면 이 인수만큼 커지는 항목을 만들 수 있습니다. 세 번째 인수는 일종의 보폭인 셈입니다. 가령, '보폭'을 2로 지정하면 리스트의 항목은 끝으로 갈수록 2씩 커집니다. '보폭'이 3이면 3씩 커지겠죠?

예를 들겠습니다. 다음 리스트는 이전 값보다 다음 값이 2가 큽니다.

```
>>> aRange = range(3, 10, 2)
>>> list(aRange)
[3, 5, 7, 9]
```

2씩 커지는 항목들을 확인할 수 있죠?

다음처럼 '보폭'을 음수로 지정할 수도 있습니다.

```
>>> newRange = range(100, 0, -2)
>>> list(newRange)
[100, 98, 96, 94, 92, 90, 88, 86, 84, 82, 80, 78, 76, 74, 72, 70,
68, 66, 64, 62, 60, 58, 56, 54, 52, 50, 48, 46, 44, 42, 40, 38,
36, 34, 32, 30, 28, 26, 24, 22, 20, 18, 16, 14, 12, 10, 8, 6, 4,
2]
```

'보폭'이 –2이므로 2씩 줄어드는 항목이 만들어졌습니다.

그 밖의 리스트 함수들

리스트에 사용할 수 있는 함수들을 몇 가지 더 살펴보겠습니다.

reversed() 함수는 리스트를 인수로 받아 거꾸로 된 리스트를 리턴합니다. 원래 리스트에서 마지막 항목이 새 리스트에서는 첫 번째가 되는 식입니다. 앞에서 예로 들었던 리스트를 거꾸로 만들어 볼까요?

```
>>> backwardsList = reversed(aRange)
>>> list(backwardsList)
[9, 7, 5, 3]
```

우리의 의도대로 리스트의 항목들이 거꾸로 늘어섰습니다. 이런 리스트 조작은 for 루프에서 유용합니다.

다음은 1에서 100까지 항목이 100개인 리스트입니다. range() 함수로 만들었습니다. 그리고 이 리스트를 거꾸로 뒤집고 for 루프를 사용하여 100에서 1까지 카운트다운을 흉내 내었습니다.

```
countDown = range(1, 101)
countDown = reversed(countDown)
for item in countDown:
    print(item)
```

실행하여 결과를 확인해 보세요!

```
100
99
98
97
96
---중간 생략--
3
2
1
```

굳이 변수를 따로 사용하지 않고도 리스트를 뒤집어 출력할 수도 있습니다. 다음처럼 하면 되겠죠?

```
for item in reversed(range(0, 101)):
    print(item)
```

이 프로그램은 작성한 코드가 줄어들었으면서도 같은 결과를 출력합니다. 이런 식으로 코드를 작성하는 것이 여러모로 좋습니다.

미션 #57: 기둥

마인크래프트에서 궁전을 만들 수 있다면 정말 멋있겠죠? 궁전은 웅장해야 하니까 우리가 만들 궁전에도 높고 위풍당당한 기둥이 있어야 합니다. 설마 직접 클릭해서 만들려고 생각했나요? 여기서는 루프를 사용하겠습니다.

우리는 기둥을 만드는 함수를 만들고 이 함수를 호출할 겁니다. 코드 10-3에는 기둥을 만드는 함수가 미리 만들어져 있습니다. 이 코드를 pillars.py라는 새 파일로 복사하고 forLoops 폴더에 저장합니다.*

pillars.py

```
from mcpi.minecraft import Minecraft
mc = Minecraft.create()

def setPillar(x, y, z, height):
    """ 기둥을 만듭니다. 인수들은 기둥의 위치와 높이를 지정합니다. """
    stairBlock = 156
    block = 155

    # 기둥의 윗단
    mc.setBlocks(x - 1, y + height, z - 1, x + 1, y + height,
    z + 1, block, 1)
    mc.setBlock(x - 1, y + height - 1, z, stairBlock, 12)
    mc.setBlock(x + 1, y + height - 1, z, stairBlock, 13)
    mc.setBlock(x, y + height - 1, z + 1, stairBlock, 15)
    mc.setBlock(x, y + height - 1, z - 1, stairBlock, 14)

    # 기둥의 기단
    mc.setBlocks(x - 1, y, z - 1, x + 1, y, z + 1, block, 1)
    mc.setBlock(x - 1, y + 1, z, stairBlock, 0)
    mc.setBlock(x + 1, y + 1, z, stairBlock, 1)
```

```
        mc.setBlock(x, y + 1, z + 1, stairBlock, 3)
        mc.setBlock(x, y + 1, z - 1, stairBlock, 2)

        # 기둥의 중심 부분
        mc.setBlocks(x, y, z, x, y + height, z, block, 2)

pos = mc.player.getTilePos()
x, y, z = pos.x + 2, pos.y, pos.z
```
❶ # 여기에 for 루프를 추가합니다.
❷ # 여기에서 함수를 호출합니다.

코드 10-3　**기둥을 만드는 함수**

setPillar() 함수는 인수를 네 가지나 받아 기둥을 만듭니다. 기둥의 x, y, z 좌표와 높이입니다.

for 루프 ❶를 추가하고 setPillar() 함수 ❷를 호출합니다. 5블록씩 떨어져 있는 모두 20개의 기둥을 만들 겁니다. 만들 기둥의 개수와 기둥 사이의 간격을 결정하기 위해 range() 함수에 세 인수를 지정합니다. for 루프의 변수에 저장된 값을 setPillar() 함수 호출 시 x나 z 변수에 추가합니다. 이렇게 하면 기둥을 일정 간격으로 늘어세울 수 있습니다.

그림 10-3은 기둥을 세운 모습입니다.

그림 10-3　**위풍당당한 기둥들**

미션 #58: 피라미드

계속해서 for 루프로 웅장한 구조물을 만들어 보겠습니다. 이번에는 피라미드가 어떨까요? 피라미드는 여러 단으로 구성되는데, 바닥에 있는 단이 가장 넓고, 꼭 내기에 있는 단이 가장 좁습니다. 그리고 각 단은 정사각형입니다. 여기서는 난이 하나 올라갈 때마다 2블록씩 좁게 만들겠습니다. 예를 들어 기단의 너비가 7블록이면 바로 윗단은 5블록, 그 윗단은 3블록이 되는 겁니다. 그렇다면 가장 위는 1블록이 되겠네요.

코드 10-4는 피라미드를 만듭니다. 이 코드를 pyramid.py라는 새 파일로 복사하고 forLoops 폴더에 저장합니다.*

pyramid.py
```
from mcpi.minecraft import Minecraft
mc = Minecraft.create()

block = 24   # 사암
❶ height = 10
❷ levels = range(height)

pos = mc.player.getTilePos()
❸ x, y, z = pos.x + height, pos.y, pos.z

❹ for level in levels:
❺     mc.setBlocks(x - level, y, z - level, x + level, y, z + level,
       block)
       y += 1
```

코드 10-4 뒤집힌 피라미드

그런데 사소한 버그가 한 가지 있습니다. 해결은 여러분의 몫입니다! 여기서는 피라미드의 높이를 height 변수에 저장했고❶, height 변수의 값은 원하는 대로 변경할 수 있습니다. levels 변수는 range() 함수를 사용하여 피라미드의 각 단에 해당하는 항목들로 리스트를 만듭니다❷. height 변수는 x, y, z 변수를 지정할 때 플레이어의 x 좌표에 더해집니다❸. 이렇게 하지 않으면 피라미드가 만들어지고 플레이어가 그 안에 갇히게 되죠.

for 루프는 levels 리스트의 각 level에 반복 적용됩니다❹. 피라미드의 각 단을 만드는 코드는 level 변수를 사용하여 정사각형 블록 단의 너비를 정합니다❺. 피라미드 단의 너비와 길이는 항상 level 변수 크기의 두 배가 됩니다.

버그는 무엇일까요? 프로그램을 실행해 보면 버그가 무엇인지 확실해집니다. 피라미드가 뒤집혔습니다!

어떻게 하면 뒤집힌 피라미드를 바로 세울 수 있을까요? levels 변수에 reversed() 함수를 사용하여 점점 줄어드는 리스트를 만들면 됩니다. 다른 방법도 있습니다. range() 함수에 음수 인수를 적용해도 됩니다.

그림 10-4는 피라미드가 완성된 모습입니다.

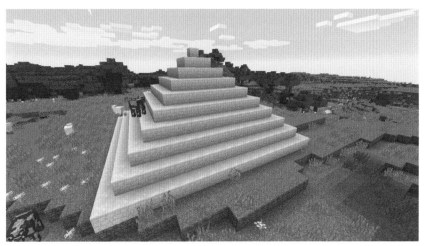

그림 10-4　웅장한 피라미드

사전 반복 처리하기

사전을 반복할 때도 for 루프를 사용할 수 있습니다. 사전에 for 루프를 사용할 때는 리스트에서와 같은 문법을 적용합니다. 단, 반복은 사전의 키를 기준으로 진행됩니다.

예를 들어, 다음은 for 루프가 반복할 때마다 그 변수를 출력하는 코드입니다. 여기서는 사전의 각 키를 출력합니다.

```
inventory = {'gems': 5, 'potions': 2, 'boxes': 1}

for key in inventory:
    print(key)
```

코드를 실행하면 다음처럼 출력됩니다.

```
gems
potions
boxes
```

키에 연결된 값은 어떻게 출력할까요? 사전 이름 뒤에 키를 대괄호로 묶으면 됩니다. 다음은 각 키에 연결된 값을 출력하는 코드입니다.

```
inventory = {'gems': 5, 'potions': 2, 'boxes': 1}

for key in inventory:
    print(key + " " + str(inventory[key]))
```

출력 결과는 다음과 같습니다.

```
gems 5
potions 2
boxes 1
```

이렇게 하면 사전 자체보다 읽기가 수월해집니다. 루프를 사용하여 사전의 값을 출력하면 값이 표시되는 방식을 더욱 세밀하게 제어할 수 있습니다.

미션 #59: 점수판

미션 #54(243쪽)의 swordHitsScore.py 게임에서는 1분 동안 플레이어가 내리친 블록의 개수를 기록했습니다. 점수는 플레이어의 이름과 함께 사전 형식으로 저장되었죠. 프로그램은 괜찮았지만 출력되는 점수판은 읽기가 조금 불편했습니다. 그저 사전의 값들만을 출력하는 데 급급했죠?

이제 그 프로그램을 개선해 볼까요? 이번 미션에서는 swordHitsScore.py를 수정하여 scoreboard 사전을 읽기 쉬운 형식으로 출력하겠습니다. 그러려면 for 루프가 필요하겠죠?

lists 폴더에 있는 swordHitsScore.py를 열고 scoreBoard.py로 forLoops 폴더에 저장합니다. 프로그램에서 다음 행을 찾아 삭제합니다.

```
print(scoreboard)
```

이 행 대신 for 루프를 작성합니다. for 루프는 플레이어의 이름과 점수를 출력합니다. 출력할 값들은 scoreboard 사전에 저장됩니다. 플레이어의 이름이 키이고, 점수는 키의 값입니다.

그림 10-5는 업데이트된 출력 결과입니다.

그림 10-5 이제 결과가 읽기 쉬워졌죠?

for-else 루프

for 루프에 else문도 사용할 수 있습니다. for 루프에 else문을 넣으면 for 루프의 진행이 끝나고 else문이 실행됩니다. 바꿔 말하면 for 루프가 진행되는 동안에는 else 문이 실행되지 않습니다.

예를 들겠습니다. 다음은 샌드위치 재료를 출력하는 코드입니다. 재료가 모두 출력되면 else문이 실행됩니다.

```python
sandwich = ["Bread", "Butter", "Tuna", "Lettuce", "Mayonnaise",
"Bread"]

for ingredient in sandwich:
    print(ingredient)
else:
    print("This is the end of the sandwich.")
```

코드를 실행한 결과는 다음과 같습니다.

```
Bread
Butter
Tuna
Lettuce
Mayonnaise
Bread
This is the end of the sandwich.
```

실행 결과를 보고 있으면 다음처럼 코드를 작성해도 되지 않을까라는 생각이 듭니다.

```python
for ingredient in sandwich:
    print(ingredient)
print("This is the end of the sandwich.")
```

그렇습니다. 위의 코드도 같은 결과를 출력합니다. 그렇다면 else문을 왜 사용하는 걸까요? for 루프에 break문을 사용하면 else문이 다르게 동작합니다. 다음 절에서 확인해 보겠습니다.

for-else 루프에서 빠져나오기

for 루프에서 break문을 사용하여 빠져나오면 else문이 실행되지 않습니다.

다음은 break문을 if문 안에 둔 예입니다. 루프는 현재 항목이 "Mayonnaise"일 때 종료됩니다.

```
sandwich = ["Bread", "Butter", "Tuna", "Lettuce", "Mayonnaise",
"Bread"]

for ingredient in sandwich:
    if ingredient == "Mayonnaise":
        print("I don't like mayonnaise on my sandwich.")
        break
    else:
        print(ingredient)
else:
    print("This is the end of the sandwich.")
```

어떤 결과가 출력될까요? 무턱대고 코드부터 실행하지 말고 결과를 한번 생각해 보세요. 코드를 실행하면 결과가 예상한 대로 출력되겠죠?

미션 #60: 다이아몬드를 캐내라

친구들과 마인크래프트를 함께 즐기다 보면 다이아몬드 블록을 만드는 파이썬 프로그램을 사용한다고 눈총 받을 때가 많습니다. 하지만 갑옷이나 각종 도구에 다이아몬드가 필요합니다. 다이아몬드 성을 만들 때도 필요하죠. 그런데 다이아몬드를 찾는 일이 어렵지는 않지만 매번 그럴 수 있는 것도 아닙니다.

시간을 벌어 볼까요? 발밑에 다이아몬드 광석이 있는지 확인하는 프로그램을 만들어 보겠습니다. 이번 프로그램은 플레이어의 현재 위치를 가져와 for 루프를 사용하여 한 번에 한 블록씩 플레이어 발밑에 다이아몬드 광석이 있는지 확인합니다. 다이아몬드가 발견되면 얼마나 깊은 곳에 있는지 알려 주고, 다이아몬드 광석이 없다면 없다는 메시지를 출력합니다.

새 프로그램을 만들고 diamondSurvey.py로 forLoops 폴더에 저장합니다.

for 루프를 사용하여 루프가 반복될 때마다 y 변수의 값을 -1씩 변경합니다. 루프를 모두 50번 반복하여 50블록 깊이까지 확인합니다. 루프가 반복될 때마다 if문을 사용하여 현재 위치의 블록이 다이아몬드 광석(블록 ID 56)인지 판단합니다. 다이아몬드 광석일 때는 얼마나 깊은 곳에 다이아몬드 광석이 있는지 알려 주는 메시지를 대화 창으로 출력하고 루프를 종료합니다. 다이아몬드 광석이 없을 때는 else문을 사용하여 플레이어 밑으로 다이아몬드 광석이 없다는 메시지를 대화 창으로 출력합니다.

그림 10-6은 프로그램의 진행 모습입니다.

그림 10-6   4블록 아래에 다이아몬드 광석이 있는 것 같아요! 한번 파 볼까요?

 보너스 목표: 다이아몬드 대신 금

diamondSurvey.py 프로그램을 변경하여 철이나 금 등 다른 광석도 찾아보세요.

중첩된 for 루프와 다차원 리스트

어떤 이유에서든 리스트를 여럿 사용하는 프로그램도 많습니다. 경우에 따라 리스트 안에 다른 리스트가 들어가기도 합니다. 이를 **다차원 리스트**multidimensional list라고 합니다. 이 절에서는 2차원 리스트와 3차원 리스트를 사용하여 구조물을 만들어 보겠습니다.

2차원적 사고

지금까지 다룬 리스트를 구체적으로는 **1차원**one-dimensional 리스트라고 합니다. 리스트의 각 위치에는 하나의 항목만이 담기기 때문입니다.

가령, oneDimensionalRainbowList라는 다음 리스트는 각 위치에 하나의 항목만이 담긴다는 것을 분명하게 보이기 위해 형태만 세로로 표시했을 뿐 지금까지 다룬 여느 리스트와 다를 바 없습니다.

```
oneDimensionalRainbowList = [0,
                             1,
                             2,
                             3,
                             4,
                             5]
```

리스트의 항목은 0에서 5까지 모두 6개입니다. 이 리스트는 항목마다 값을 하나씩 가지고 있으므로 1차원입니다.

코드 10-5는 이 리스트를 양털 블록으로 만들어 표시합니다. 프로그램 파일인 rainbowStack1.py는 이 책의 리소스 페이지인 https://www.nostarch.com/programwithminecraft/에서 다운로드할 수 있습니다. 하지만 직접 입력하는 것이 여러모로 더 좋습니다.

rainbowStack1.py
```
from mcpi.minecraft import Minecraft
mc = Minecraft.create()

❶ oneDimensionalRainbowList = [0, 1, 2, 3, 4, 5]
```

```
pos = mc.player.getTilePos()
x = pos.x
y = pos.y
z = pos.z
```
❷ ```
for color in oneDimensionalRainbowList:
    mc.setBlock(x, y, z, 35, color)
    y += 1
```

코드 10-5  무지개 블록 만들기

이 프로그램은 블록 색상의 리스트❶를 만들고, for 루프를 사용하여 리스트의 각 색상을 기준으로 다채로운 양털 블록을 쌓습니다❷.

프로그램을 실행하면 그림 10-7처럼 양털 블록이 한 줄로 6개가 쌓입니다. x, y, z 변수는 늘 사용하던 그대로인데, 하나하나를 차원<sup>dimension</sup>으로 생각할 수 있습니다. 다시 말해, 이 프로그램은 y차원으로 6개의 블록을 쌓는 겁니다. 마지막 코드 행에서 y 변수 대신 x 변수를 사용하면 어떻게 될까요? 그림 10-8이 그 결과입니다.

그림 10-7  rainbowStack1.py로 만든 무지개 블록
```

그림 10-8 **y 변수를 x 변수로 바꾸면 무지개 블록이 이렇게 만들어져요.**

리스트가 1차원이기 때문에 한 번에 한 차원에 해당하는 한 변수의 값만 변경할 수 있습니다. 다시 말해, y 변수나 x 변수, z 변수의 값만을 변경할 수 있지 모두를 한꺼번에 변경할 수는 없습니다.

그렇다면, 이제 2차원을 생각해야 할 때입니다. 1차원 리스트로는 각 위치에서 하나의 값만 가질 수 있지만, 2차원 리스트는 여러 값을 가질 수 있습니다. 다음처럼 원래 리스트에 리스트를 더 추가하면 됩니다.

```
❶ twoDimensionalRainbowList = [[0, 0, 0],
❷                              [1, 1, 1],
❸                              [2, 2, 2],
                               [3, 3, 3],
                               [4, 4, 4],
❹                              [5, 5, 5]]
```

자세히 들여다보면 첫 행에서 대괄호를 열고 또 다른 온전한 리스트들이 쉼표로 구분되어 늘어서 있다는 것을 알 수 있습니다 ❶. 같은 숫자가 반복되는 이 리스트들은 **중첩된 리스트**라고 부르며, **바깥 리스트**라고 하는 전체 리스트 안에 담겼습니다.

인덱스 위치가 1인 곳에는 세 개의 1로 구성된 리스트가 있습니다 ❷. 인덱스 위치가 2인 곳에도 리스트가 또 있죠? 이 리스트는 세 개의 2로 구성되었습니다 ❸. 마지막 인덱스 위치까지 이런 리스트들이 늘어서 있습니다. 특히 대괄호를 닫은 코드 행에 주의해야 합니다 ❹. 전체 코드가 하는 일은 무엇일까요? 6개 항목이 모두 리스트인 2차원 리스트가 만들어졌습니다.

마인크래프트에서 직접 2차원 리스트를 사용해 보면 여러모로 좋겠죠? 본격적으로 예를 들겠습니다. rainbowStack1.py를 수정하여 2차원 리스트를 사용할 텐데, 새 프로그램의 이름은 rainbowRows.py입니다.

rainbowRows.py

```
from mcpi.minecraft import Minecraft
mc = Minecraft.create()

twoDimensionalRainbowList = [[0, 0, 0],
                            [1, 1, 1],
                            [2, 2, 2],
                            [3, 3, 3],
                            [4, 4, 4],
                            [5, 5, 5]]

pos = mc.player.getTilePos()
x = pos.x
y = pos.y
z = pos.z
```
❶ `startingX = x`

❷ `for row in twoDimensionalRainbowList:`
❸   `for color in row:`
❹   `mc.setBlock(x, y, z, 35, color)`
❺   `x += 1`
❻   `y += 1`
❼   `x = startingX`

코드를 살펴보기 전에 rainbowRows.py의 실행 결과인 그림 10-9부터 볼까요? y차원으로 6블록 높이만큼, x차원으로 3블록 너비만큼 블록들이 만들어졌습니다.

그림 10-9 　**2차원 리스트로 무지개 벽을 만들 수 있어요.**

지금 2차원을 다루고 있죠? 따라서 twoDimensionalRainbowList 리스트의 값들을 출력하기 위한 for 루프를 두 개 사용해야 합니다. 첫 번째 for 루프는 바깥 리스트 ❷의 항목들을 반복합니다. 두 번째 루프 ❸는 다른 루프 안에 있기 때문에 **중첩된 루프**가 되었는데, 중첩된 리스트의 항목들을 반복합니다.

가령, 바깥 루프가 처음 반복되면 twoDimensionalRainbowList 리스트의 인덱스 위치 0에 저장된 항목을 가져와 row라는 변수에 저장합니다 ❷. 따라서 row의 값은 [0, 0, 0]이 됩니다. [0, 0, 0]이 리스트에서 첫 번째 항목이기 때문입니다.

두 번째 루프는 row 리스트의 각 항목을 color 변수에 저장합니다 ❸. 여기서 각 항목은 0이 됩니다. 프로그램은 color 변수를 사용하여 각 양털 블록의 색상을 결정합니다 ❹. 한 층에 세 블록씩 놓이면 중첩된 루프는 종료되고 바깥 루프가 다시 시작됩니다. 바깥 루프는 인덱스 위치 1로 이동하고 row 변수에 해당 값을 저장합니다. 따라서 row 변수는 [1, 1, 1]이 됩니다. 중첩된 루프는 twoDimensionalRainbowList 리스트의 끝에 도달할 때까지 반복되며 블록을 다시 설정합니다.

2차원을 처리할 때는 두 좌표 변수를 동시에 변경할 수 있습니다. 예를 들어, 여기서는 블록이 한 층 한 층 쌓이게 하기 위해 바깥쪽 for 루프의 마지막에서 두 번째 행에 있는 y 변수를 1씩 늘렸습니다 ❻. 그리고 한 층에 블록을 빠짐없이 놓기 위해 중첩된 for 루프 안에 있는 x 변수도 1씩 늘렸죠 ❺. 이제 바깥쪽 for 루프가 반복할 때마다 ❼ x 변수를 원래 값(startingX 변수에 저장된 값)으로 리셋해야 합니다. x 변수를 리셋하면 각 층의 첫 번째 블록이 바로 아래층의 첫 번째 블록 위에 놓이게 되므로 전체저으로 어긋나가 않고 열을 맞출 수 있습니다.

2D 리스트의 값에 접근하기

1차원 리스트에서는 값을 지정할 때나 가져올 때(접근할 때) 대괄호와 인덱스 위치를 사용합니다. 가령, 다음 코드는 플레이어의 점수를 기록하는 scores 리스트를 만듭니다. 그리고 인덱스 위치 2의 항목을 6에서 7로 변경합니다.

```
scores = [1, 5, 6, 1]
scores[2] = 7
```

2차원 리스트에서 값을 사용하거나 변경할 때도 1차원일 때와 별반 다르지 않습니다. 대괄호와 인덱스 위치를 사용하는 것은 같죠. 하지만 동시에 두 리스트를 다뤄야 하므로 대괄호나 인덱스 위치도 두 개를 한 벌로 사용해야 합니다. 어떻게 하는지 구체적으로 살펴보겠습니다.

다음은 앞에서 만든 리스트입니다.

```
twoDimensionalRainbowList = [[0, 0, 0],
                             [1, 1, 1],
                             [2, 2, 2],
                             [3, 3, 3],
                             [4, 4, 4],
                             [5, 5, 5]]
```

첫 번째 리스트(인덱스 위치 0)의 두 번째 항목(인덱스 위치 1)을 7로 변경하려면 다음처럼 코드를 작성합니다.

```
twoDimensionalRainbowList[0][1] = 7
```

다뤄야 하는 리스트가 두 개이고 한 리스트는 다른 리스트 안에 중첩되었으므로 대괄호도 두 개를 한 벌로 사용해야 합니다. 첫 번째 대괄호는

twoDimensionalRainbowList 리스트의 인덱스 위치 0, 즉 중첩된 리스트 중 첫 번째를 골라냅니다. 두 번째 대괄호는 중첩된 리스트(여기서는 0번 위치인 [0, 0, 0])에서 접근하려는 인덱스 위치를 나타냅니다. 여기서는 1이죠. 이 인덱스 위치의 값을 7로 변경했으므로 최종 결과는 [0, 7, 0]이 됩니다.

이 코드를 rainbowRows.py 프로그램(268쪽)에 추가하고 프로그램을 다시 실행합니다. 그림 10-10은 실행 결과입니다. 1층의 두 번째 블록이 변경되었습니다. 중첩된 첫 번째 리스트에서 0이었던 값을 7로 변경했으니 당연하겠죠?

2차원 리스트에서 어떤 항목의 값을 가져오려면 대괄호 한 벌을 사용해야 합니다. 가령, 6층(인덱스 5) 첫 번째 위치(인덱스 0)의 값을 출력하려면 다음처럼 코드를 작성합니다.

```
print(twoDimensionalRainbowList[5][0])
```

이 코드를 실행하면 5가 출력됩니다.

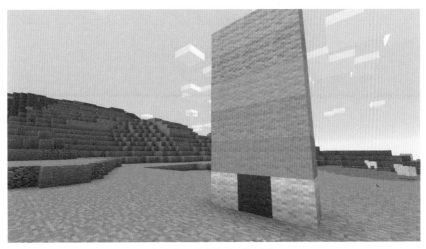

그림 10-10 중첩된 리스트에서 값 하나를 변경한 새로운 결과

미션 #61: 픽셀 아트

컴퓨터에서 이미지를 구성하는 기본 점 하나를 픽셀^{pixel}이라고 합니다. 컴퓨터는 이 픽셀을 가로 세로로 쌓아 텍스트나 이미지, 동영상 등 모든 것을 화면에 나타냅니다. 여러분 컴퓨터에 저장된 수많은 사진과 그림들도 그 기본 단위는 이 픽셀입니다.

픽셀 아트는 마인크래프트에서 꽤 인기가 높습니다. 플레이어는 마인크래프트에서 다양한 색상의 블록을 사용하여 이런저런 구조물을 만들죠. 그중에서도 2D 비디오 게임의 캐릭터 그림이 인기가 높습니다. 픽셀 아트를 일일이 손으로 만들 수도 있습니다. 하지만 픽셀 아트를 만들어 주는 파이썬 프로그램을 사용할 수 있다면 훨씬 더 편리하겠죠?

이번 프로그램에서는 2차원 리스트와 중첩 루프를 사용하여 픽셀 아트를 만들겠습니다. 코드 10-6은 이 프로그램의 밑바탕입니다. 이 코드를 pixelArt.py라는 새 프로그램으로 만들어 forLoops 폴더에 저장합니다.

pixelArt.py

```
from mcpi.minecraft import Minecraft
mc = Minecraft.create()

pos = mc.player.getTilePos()
x, y, z = pos.x, pos.y, pos.z

❶ blocks = [[35, 35, 35, 35, 35, 35, 35, 35],
           [35, 35, 35, 35, 35, 35, 35, 35],
           [35, 35, 35, 35, 35, 35, 35, 35],
           [35, 35, 35, 35, 35, 35, 35, 35]]

❷ for row in reversed(blocks):
      for block in row:
          mc.setBlock(x, y, z, block)
          x += 1
      y += 1
      x = pos.x
```

코드 10-6 웃는 얼굴(smiley face)을 그려 주는 2차원 리스트

이 프로그램은 blocks라는 2차원 리스트를 만듭니다. 이 리스트는 블록 ID를 가지고 ❶, 두 개의 루프를 사용하여 마인크래프트에서 블록을 설정합니다 ❷.

reversed() 함수를 첫 번째 for 루프에 사용하여 ❷ 리스트의 첫 번째 행이 구조물의 꼭대기로 올라가고 리스트의 마지막 행이 바닥으로 내려가도록 했습니다. 이렇게 하지 않으면 blocks 리스트의 순서대로 블록을 만들었을 때 이미지가 거꾸로 됩니다.

지금은 모든 블록이 흰 양털 블록이며 그림으로 나타나지 않습니다. 프로그램을 완성하려면 그림 10-11처럼 웃는 얼굴이 나타나도록 2차원 blocks 리스트를 다시 작성해야 합니다.

그림 10-11 **블록으로 만든 웃는 얼굴**

그림 10-11처럼 블록을 만들기 위해 리스트의 값들을 변경하세요. 일부 값은 양털 블록(블록 ID 35)에서 청금석 블록(블록 ID 22)으로 변경해야 합니다. 가령 첫 행은 다음처럼 변경해야 합니다.

```
blocks = [[35, 35, 22, 22, 22, 22, 35, 35],
```

blocks 리스트에 행을 몇 개 더 추가하여 이미지의 높이를 그림대로 맞춰야 합니다.

보너스 목표: 내 마음대로 그리기

pixelArt.py에서 2차원 리스트의 값을 변경하여 다른 그림을 그려 보세요. 이때 리스트의 길이를 늘이거나 줄여도 됩니다. 먼저 종이에 밑그림을 그려 보고, 그 그림을 2차원 리스트로 바꿔 보세요. 이제 원하는 대로 마인크래프트에서 그림을 그릴 수 있겠죠?

루프로 2차원 리스트 만들기

난수를 사용하는 프로그램은 실행할 때마다 다르게 동작합니다. 난수는 재미를 배가하는 방법 중 한 가지라 할 수 있습니다. 2차원 리스트의 값을 난수로 만들면 실행될 때마다 다양한 결과를 만들 수 있겠죠? 프로그램이 실행될 때마다 다른 색상이 출력되거나 다른 블록이 만들어지는 겁니다.

다음은 난수를 만들고 이를 2차원 리스트에 저장하는 프로그램의 뼈대입니다.

```
import random
❶ randomNumbers = []
for outer in range(10):
❷     randomNumbers.append([])
    for inner in range(10):
❸         number = random.randint(1, 4)
        randomNumbers[outer].append(number)
print(randomNumbers)
```

프로그램은 randomNumbers라는 빈 리스트로 시작합니다❶. 바깥쪽 for 루프가 반복될 때마다 randomNumbers 리스트에 새로운 빈 리스트가 붙습니다❷. 안쪽 루프에서는 1에서 5 사이의 난수가 만들어져 저장됩니다❸. 안쪽 루프가 10번 반복되며 안쪽 리스트에 10개의 항목이 만들어집니다.

프로그램의 출력 결과는 읽기 좋게 행을 분리하면 다음과 같아집니다. 10개의 안쪽 리스트와 각 10개의 항목이 만들어지죠.

```
[[3, 1, 4, 1, 4, 1, 2, 3, 2, 2],
 [1, 3, 4, 2, 4, 3, 4, 1, 3, 2],
 [4, 2, 4, 1, 4, 3, 2, 3, 4, 4],
 [1, 4, 3, 4, 3, 4, 3, 3, 4, 4],
 [3, 1, 4, 2, 3, 3, 3, 1, 4, 2],
```

```
[4, 1, 4, 2, 3, 2, 4, 3, 3, 1],
[2, 4, 2, 1, 2, 1, 4, 2, 4, 3],
[3, 1, 3, 4, 1, 4, 2, 2, 4, 1],
[4, 3, 1, 2, 4, 2, 2, 3, 1, 2],
[3, 1, 3, 3, 1, 3, 1, 4, 1, 2]]
```

이런 난수를 마인크래프트의 2차원 구조물에 응용하면 손으로는 구현하기 힘든 멋진 효과를 단번에 만들 수 있습니다.

미션 #62: 오랜 풍파를 견뎌 낸 벽

마인크래프트에서 벽을 만들 때 밋밋하게 한 종류의 블록만을 사용하지 않고 조약돌 블록 몇 개를 이끼 낀 돌 블록으로 바꿔 보세요. 별 특징 없는 벽이 군데군데 깨진 벽으로 바뀔 수도 있고, 오랜 풍파에도 꿋꿋하게 버틴 멋있는 벽이 될 수도 있습니다. 이런 벽을 일일이 손으로 만들면 재밌을지는 모르겠지만, 말 그대로 군데둔데 부서진 효과를 내기가 쉽지는 않겠죠? 바로 이런 효과를 내기 위해 파이썬 프로그램에 난수를 응용하는 겁니다.

풍파를 견뎌 낸 벽을 파이썬으로 만들기 위해서 프로그램을 두 단계로 나누어 생각하겠습니다.

1. 2차원 리스트를 만들고 이 리스트에 블록 값을 저장합니다.
2. 이 2차원 리스트를 마인크래프트 세계에 출력합니다.

우선 시작은 코드 10-7입니다. 이 코드는 블록의 값을 무작위로 선택하여 이를 리스트로 만들고, 플레이어의 현재 위치를 가져옵니다. 이 코드를 brokenWall.py로 복사하고 forLoops 폴더에 저장합니다.

brokenWall.py

```python
from mcpi.minecraft import Minecraft
mc = Minecraft.create()

import random


❶ def brokenBlock():
    brokenBlocks = [48, 67, 4, 4, 4, 4]
    block = random.choice(brokenBlocks)
```

```
    return block

pos = mc.player.getTilePos()
x, y, z = pos.x, pos.y, pos.z

brokenWall = []
height, width = 5, 10

# 부서진 블록들의 리스트를 만듭니다.

# 블록을 설정합니다.
```

코드 10-7 군데군데 부서진 벽을 만드는 프로그램

brokenBlock() 함수는 벽을 만드는 데 사용할 임의의 블록 값을 리턴합니다 ❶. width와 height 변수는 벽의 너비와 높이를 설정합니다.

프로그램을 완성하려면 블록 값으로 구성된 2차원 리스트를 만들어야 합니다. 그리고 이 값들을 사용하여 벽을 만들어야겠죠?

시작은 빈 brokenWall 리스트입니다. for 루프 안에 중첩된 또 하나의 for 루프에서 brokenBlock() 함수로 임의의 블록 값을 만듭니다. 이렇게 만들어진 블록 값을 리스트로 저장하고, 이 리스트를 brokenWall 리스트에 저장합니다. 이제 다른 루프를 중첩하여 블록을 마인크래프트에 만듭니다.

프로그램이 완성되면 벽을 만들고 싶은 곳으로 이동하고 프로그램을 실행합니다. 이 프로그램을 적절하게 응용하면 성을 꾸밀 수도 있고, 귀신이 나올 것 같은 잔해 등도 만들 수 있습니다. 여러 곳에 벽을 만들어 어느 벽이 가장 그럴듯한지 살펴보세요. 그림 10-12는 프로그램을 실행하여 벽을 만든 모습입니다.

그림 10-12 군데군데 부서진 곳이 있는 벽. 귀신이 나올 것 같지 않나요?

 보너스 목표: 화려한 벽 만들기

brokenBlock() 함수의 brokenBlocks 리스트에서 블록의 값을 변경하여 다른 종류의 벽도 만들어 보세요. 블록 값을 양털 블록의 색상으로 아무렇게나 변경하면 어떤 벽이 만들어질까요?

3차원적 사고

두말하면 잔소리이지만 마인크래프트는 3차원 게임입니다. 여러분도 지금까지 이 책 곳곳에서 3차원을 경험했습니다. 자주 사용했던 x, y, z 변수가 바로 3차원을 나타내는 것이었죠.

리스트를 다른 리스트에 넣어 2차원 리스트를 만드는 방법은 픽셀 아트나 풍파를 견뎌 낸 벽 프로그램에서 충분히 살펴보았습니다. 2차원 리스트에 다른 리스트를 하나 더 넣으면 3차원 리스트가 됩니다. 새로운 차원이 생겼으니 새로운 구조물을 만들 수 있겠죠?

3차원 리스트는 대단히 유용합니다. 3차원 구조물, 가령 건물이나 조각상 등을 아주 쉽게 복제할 수 있기 때문입니다.

코드 10-8의 3차원 리스트에는 네 개의 리스트가 중첩되어 있습니다. 핵심은 바로 중첩된 리스트의 각 인덱스 안에 다른 리스트가 있다는 사실입니다! 기본적으로 이 중첩된 리스트의 각 항목은 2차원 리스트입니다. 읽기가 편하도록 빈 주석을 중간 중간에 넣었습니다.

```
cube = [[[57, 57, 57, 57],
        [57, 0, 0, 57],
        [57, 0, 0, 57],
        [57, 57, 57, 57]],
        #
        [[57, 0, 0, 57],
        [0, 0, 0, 0],
        [0, 0, 0, 0],
        [57, 0, 0, 57]],
        #
        [[57, 0, 0, 57],
        [0, 0, 0, 0],
        [0, 0, 0, 0],
        [57, 0, 0, 57]],
        #
        [[57, 57, 57, 57],
        [57, 0, 0, 57],
        [57, 0, 0, 57],
        [57, 57, 57, 57]]]
```

코드 10-8 **중첩된 리스트가 포함된 3차원 리스트**

복잡해 보이기는 하지만 이 코드를 사용하면 멋진 구조물을 만들 수 있습니다. 다음 절에서 직접 만들어 볼까요?

3차원 리스트 출력하기

3차원 리스트는 웅장한 마인크래프트 건축물 등 3차원 물체의 데이터를 완벽하게 저장할 수 있습니다. 3차원 물체를 저장하고 이를 다시 마인크래프트로 올바르게 출력하는 과정은 매우 중요합니다. 3차원 리스트는 리스트 안에 다른 리스트가 있고 다시 이 리스트 안에 또 다른 리스트가 있는 구조이므로, 3차원 리스트의 모든 데이터에 접근하려면 for 루프 안에 다른 for 루프를 두고, 다시 이 for 루프 안에 또 다른 for 루프를 두어야 합니다. 다시 말해, 세 개의 중첩된 for 루프를 사용해야 합니다.

코드 10-9는 코드 10-8의 3차원 리스트가 밑바탕이며, 프로그램의 이름은 cube.py입니다. 이 프로그램은 중첩된 for 루프를 세 개 사용하여 3차원 리스트의 모든 값을 출력합니다. 마인크래프트 세계에 정육면체 구조물을 만드는 겁니다.

cube.py

```python
from mcpi.minecraft import Minecraft
mc = Minecraft.create()

pos = mc.player.getTilePos()
x = pos.x
y = pos.y
z = pos.z
cube = [[[57, 57, 57, 57], [57, 0, 0, 57], [57, 0, 0, 57], [57, 57, 57, 57]],
        [[57, 0, 0, 57], [0, 0, 0, 0], [0, 0, 0, 0], [57, 0, 0, 57]],
        [[57, 0, 0, 57], [0, 0, 0, 0], [0, 0, 0, 0], [57, 0, 0, 57]],
        [[57, 57, 57, 57], [57, 0, 0, 57], [57, 0, 0, 57], [57, 57, 57, 57]]]

     startingX = x
❶    startingY = y
❷    for depth in cube:
         for height in reversed(depth):
             for block in height:
                 mc.setBlock(x, y, z, block)
                 x += 1
             y += 1
             x = startingX
❸        z += 1
❹        y = startingY
```

코드 10-9 3차원 다이아몬드 정육면체 만들기[*]

그림 10-13은 프로그램의 실행 결과입니다.

cube.py의 코드는 무지개 벽을 만들었던 rainbowRows.py 프로그램(268쪽)의 2차원 코드와 매우 비슷합니다. cube.py가 for 루프를 세 번 사용하여 3차원을 다룬다는 점만 다릅니다. 하나 늘어난 for 루프는 구조물의 깊이 ❷에 해당하는 차원을 담당합니다. 따라서 구조물은 너비와 높이, 깊이를 가집니다.

바깥 루프인 for depth in cube가 실행될 때마다 두 개의 중첩된 루프, 즉 for height in reversed(depth)와 for block in height가 사용되어 2차원 리스트가 만들어집니다. 중첩된 이 두 개의 루프는 rainbowRows.py 프로그램의 코드와 비슷합니다. 벽을 만드는 루프였죠?

그림 10-13　cube.py 프로그램이 만든 정육면체

정육면체가 어떻게 만들어지는지 바깥 루프의 단계별 실행 결과를 살펴볼까요? 바깥 루프가 처음 실행되면 cube 리스트의 인덱스 위치 0에 있는 블록들이 출력됩니다. 이를 코드로 나타내면 다음과 같습니다.

```
[[57, 57, 57, 57],
 [57, 0, 0, 57],
 [57, 0, 0, 57],
 [57, 57, 57, 57]]
```

그림 10-14는 1단계까지만 실행한 모습입니다.

그림 10-14　cube 리스트의 인덱스 위치가 0인 첫 번째 2차원 루프가 실행된 결과

2차원 리스트가 만들어질 때마다 z 변수❸의 값은 1씩 늘어나면서 z축을 따라 한 블록씩 멀어집니다. z는 정육면체의 깊이를 나타내죠. 우리가 벽을 만들려는 것은 아니니 이 z가 필요합니다. 그리고 ❹에 있는 y 변수의 값을 원래 값❶으로 리셋해야 합니다. 그래야 바깥 루프가 반복될 때마다 정육면체 바닥의 블록들이 정사각형 모양으로 가지런해집니다. y 변수를 리셋하지 않으면 어떻게 될까요? 블록들의 y 좌표가 자꾸만 커져 형이상학적인 계단 같은 구조물이 만들어집니다!

그림 10-15 y 변수를 리셋하면 이런 일이 안 일어납니다.

바깥 루프가 두 번째 반복되면 cube 리스트의 인덱스 위치 1에 있는 다음 블록들이 출력됩니다.

```
[[57, 0, 0, 57],
```

```
 [0, 0, 0, 0],
 [0, 0, 0, 0],
 [57, 0, 0, 57]]
```

그림 10-16처럼 정육면체의 남은 조각이 만들어집니다. z 변수가 1 늘어나고❸, y 변수는 다시 원래 값으로 리셋됩니다❹.

그림 10-16 cube 리스트의 인덱스 위치가 1인 두 번째 2차원 루프의 결과

루프가 다시 반복되면 다음처럼 cube 리스트의 인덱스 위치 2인 2차원 리스트가 출력됩니다.

```
[[57, 0, 0, 57],
 [0, 0, 0, 0],
 [0, 0, 0, 0],
 [57, 0, 0, 57]]
```

그림 10-17은 코드가 실행된 모습입니다. 다시 z는 1 늘어나고 y 변수는 리셋됩니다.

루프가 네 번째이자 마지막으로 반복되면 cube의 인덱스 위치 3인 리스트가 출력됩니다.

```
[[57, 57, 57, 57],
 [57, 0, 0, 57],
 [57, 0, 0, 57],
 [57, 57, 57, 57]]
```

그림 10-18은 정육면체 구조물의 완성된 모습입니다.

그림 10-17   cube의 인덱스 위치 2인 세 번째 2차원 루프의 결과

그림 10-18   cube의 마지막 인덱스 위치인 마지막 2차원 루프의 결과

블록의 종류를 바꿔 가며 더 큰 정육면체를 만들어 보세요. 정육면체가 아닌 다른 모양을 만들어도 됩니다. 다음 절에서는 3차원 리스트의 값에 접근하는 방법을 소개하겠습니다.

3차원 리스트의 값에 접근하기

3차원 리스트에 담긴 값들도 1차원 리스트나 2차원 리스트에서처럼 변경할 수 있습니다. 대괄호와 인덱스 위치가 필요하죠.

3차원 다이아몬드 정육면체 리스트를 예로 들어 볼까요?

```
cube = [[[57, 57, 57, 57],
         [57, 0, 0, 57],
         [57, 0, 0, 57],
         [57, 57, 57, 57]],
         #
         [[57, 0, 0, 57],
         [0, 0, 0, 0],
         [0, 0, 0, 0],
         [57, 0, 0, 57]],
         #
         [[57, 0, 0, 57],
         [0, 0, 0, 0],
         [0, 0, 0, 0],
         [57, 0, 0, 57]],
         #
         [[57, 57, 57, 57],
         [57, 0, 0, 57],
         [57, 0, 0, 57],
         [57, 57, 57, 57]]]
```

정육면체 앞면에서 왼쪽 바닥에 있는 블록을 금으로 바꾸고 싶습니다.

우선, 정육면체의 앞면이 담긴 리스트에서 해당 인덱스에 접근해야 합니다. 이 인덱스는 0입니다. 따라서 필요한 수식의 첫 부분은 다음과 같습니다.

```
cube[0]
```

이 수식의 값을 출력하면 다음 결과를 얻을 수 있습니다(읽기 편하도록 형식만 다듬었습니다).

```
[[57, 57, 57, 57],
 [57, 0, 0, 57],
 [57, 0, 0, 57],
 [57, 57, 57, 57]]
```

이 2차원 리스트는 정육면체의 앞면을 나타냅니다. 이제 바닥 행에 접근해야겠죠? 바닥 행의 인덱스 위치는 3입니다. 따라서 [3]을 원래 수식에 추가하겠습니다.

```
cube[0][3]
```

이 위치에 저장된 리스트를 출력하면 다음 결과를 얻을 수 있습니다.

```
[57, 57, 57, 57]
```

마지막으로 바닥에서 가장 왼쪽에 있는 블록에 접근하겠습니다. 이 위치의 인덱스는 3입니다. 따라서 왼쪽 바닥의 블록을 금으로 변경하기 위한 최종 수식은 다음과 같습니다.

```
cube[0][3][3] = 41
```

이 행을 추가하여 cube.py 프로그램을 실행하면 그림 10-19에서처럼 금 블록이 하나 떡하니 자리를 잡고 있겠죠?

그림 10-19　구석 한 곳이 금 블록으로 바뀐 새 정육면체

미션 #63: 구조물 복제하기

파이썬 프로그램을 사용하여 마인크래프트에서 구조물을 만들면 시간을 크게 줄일 수 있지만 여기에서 멈추고 싶은 생각은 없겠죠? 벽에 걸린 액자라든가 방안

에 놓인 가구 등 세부 인테리어를 꾸미는 노력까지도 줄였으면 하는 바람도 있습니다. 혹은 어떤 물체를 여러 개 복제하고 싶은데 손으로 일일이 만들자니 시간이 많이 걸린다는 부담도 큽니다. 블록 하나하나를 일일이 놓는 일은 대단히 고됩니다. 더구나 엉뚱한 곳에 블록을 놓아 부수고 다시 만들고를 몇 번이나 반복해야 하는지 모릅니다. 여기 확실한 해결책이 있습니다. 바로 구조물을 복제하는 프로그램을 만드는 겁니다!

완성된 프로그램은 두 가지 일을 해야 합니다. 일정 게임 영역을 통째로 복제하고, 복제된 영역의 3차원 리스트를 사용하여 원래 구조물을 그대로 다시 만드는 겁니다.

일단 코드 10-10을 프로그램의 기본 뼈대로 사용하겠습니다. 이 코드를 duplicateArea.py라는 새 파일로 복사하여 forLoops 폴더에 저장합니다.*

---

duplicateArea.py

```
from mcpi.minecraft import Minecraft
mc = Minecraft.create()


❶ def sortPair(val1, val2):
      if val1 > val2:
          return val2, val1
      else:
          return val1, val2

❷ def copyStructure(x1, y1, z1, x2, y2, z2):
      # x, y, z의 값을 가장 높은 경우에서 가장 낮은 경우로 정렬합니다.
      x1, x2 = sortPair(x1, x2)
      y1, y2 = sortPair(y1, y2)
      z1, z2 = sortPair(z1, z2)

      width = x2 - x1
      height = y2 - y1
      length = z2 - z1

      structure = []

      print("Please wait...")

❸     # 구조물을 복제합니다.

      return structure
```

```
❹ def buildStructure(x, y, z, structure):
    xStart = x
    yStart = y

❺    # 구조물을 만듭니다.

    # 첫 번째 모퉁이의 위치를 가져옵니다.
❻ input("Move to the first corner and press enter in this window")
  pos = mc.player.getTilePos()
  x1, y1, z1 = pos.x, pos.y, pos.z

    # 두 번째 모퉁이의 위치를 가져옵니다.
❼ input("Move to the opposite corner and press enter in this window")
  pos = mc.player.getTilePos()
  x2, y2, z2 = pos.x, pos.y, pos.z

    # 구조물을 복제합니다.
❽ structure = copyStructure(x1, y1, z1, x2, y2, z2)

    # 복제 위치를 설정합니다
❾ input("Move to the position you want to create the structure
  and press ENTER in this window")
  pos = mc.player.getTilePos()
  x, y, z = pos.x, pos.y, pos.z
  buildStructure(x, y, z, structure)
```

코드 10-10 **프로그램이 완성되면 건물이 복제됩니다.**

프로그램을 몇 부분으로 나눠 살펴보겠습니다. 우선, sortPair() 함수❶는 한 쌍의 값을 정렬하여 튜플로 리턴합니다. 정렬은 첫 번째 인덱스 위치의 가장 낮은 값을 앞에 두고 두 번째 인덱스 위치의 가장 높은 값을 뒤에 두는 식으로 이뤄집니다. 가령 sortPair()의 인수가 9와 3이라면, (3, 9)라는 튜플이 리턴됩니다. 3이 9보다 작기 때문입니다. 이 함수를 사용하여 x, y, z 값의 쌍들을 정렬합니다. 그래야 width와 length, depth가 항상 양수가 됩니다.

copyStructure() 함수❷는 구조물을 복제합니다. 하지만 아직은 미완성이죠 ❸. buildStructure() 함수❹도 구조물을 만드는데 미완성이기는 마찬가지입니다 ❺. 두 함수의 완성은 여러분의 몫입니다.

여기서는 복제하려는 구조물의 좌표와 복제물을 만들려는 곳의 위치를 가져오기 위해 산뜻한 방법을 적용했습니다. 프로그램에서는 input() 함수를 사용하여 플레이어에게 구조물의 한쪽 모퉁이로 이동하고 엔터를 누르라고 주문합니다 ❻. input() 함수는 플레이어가 이동할 때까지 코드의 실행을 중지합니다. 원하는 곳에서 엔터를 누르면 플레이어이 위치가 getTilePos() 함수를 통해 저장됩니다. 이 과정이 맞은편 모퉁이에서 한 번 더 수행됩니다 ❼. copyStructure() 함수가 이 두 좌표를 사용하여 구조물을 복사합니다 ❽. (복제할 구조물이 커질수록 프로그램의 실행 시간이 길어집니다.) 이제 구조물을 복제할 곳으로 이동하여 다시 엔터를 누릅니다 ❾. 플레이어의 이 위치가 buildStructure() 함수의 인수로 전달됩니다.

프로그램을 완성하려면 copyStructure()와 buildStructure() 함수를 마무리해야겠죠? copyStructure() 함수에 중첩된 루프를 세 개 추가하여 인수로 받은 좌표들 사이의 모든 블록을 3차원 리스트에 복사합니다 ❸. 이 3차원 리스트의 블록 값을 출력하기 위한 세 개의 중첩된 for 루프를 buildStructure() 함수에 추가합니다 ❺. buildStructure() 함수는 앞에서 지정된 좌표를 인수로 사용해야 합니다.

프로그램에서 구조물의 x, y, z 위치를 올바로 처리하는지 확인해야 합니다. for 루프를 사용하여 x, y, z 위치를 변경해 보세요.

duplicateArea.py가 긴 프로그램이기는 하지만 다른 곳에 써먹을 데도 많으므로 노력을 쏟을 가치는 충분합니다. 이번 미션을 성공하면 마인크래프트 세계의 어떤 도시 전체를 복제할 수도 있겠죠? duplicateArea.py 프로그램을 실행하여 그림 10-20에 보이는 멋있는 절벽을 복제해 볼까요?

그림 10-20   참 멋있는 절벽이죠? 큰맘 먹고 복제해 보겠습니다.

duplicateArea.py 프로그램을 사용하여 복제품을 만들려면, 우선 복사하려는 구조물 밖에서 한쪽 모퉁이가 가까이에 있어야 합니다(건물을 복사할 때는 건물 밖으로 나가야 합니다). 그리고 IDLE에서 엔터를 누릅니다. 그림 10-21은 한쪽 모퉁이에 서 있는 모습입니다.

그림 10-21 구조물의 한쪽 모퉁이로 이동하고 엔터를 눌렀습니다.

이제 구조물의 반대쪽 모퉁이, 그러니까 대각선 방향으로 있는 모퉁이로 올라가 엔터를 누릅니다. 그림 10-22는 하늘로 올라가 절벽을 돌아 반대쪽 모퉁이 근처로 이동한 모습입니다.

그림 10-22 이제 반대쪽 모퉁이로 올라와 다시 엔터를 눌렀습니다.

구조물이 복사되는 동안 잠시 기다리라는 메시지가 표시됩니다. 복사가 끝나면 새 구조물을 어느 곳에 만들지 알려 달라는 메시지가 출력됩니다(그림 10-23).

그림 10-23 **구조물이 복사될 때까지 잠시 기다렸다 새로운 곳으로 이동하고 엔터를 눌렀습니다. 어떻게 됐을까요?**

새 구조물을 만들 적당한 곳에서 엔터를 누릅니다. 두둥! 똑같은 구조물이 눈앞에 나타납니다. 그림 10-24는 복제한 절벽의 모습입니다.

그림 10-24 **절벽 클론**

이 장에서 배운 내용

이 장에서도 많은 내용을 다뤘습니다. 리스트에 for 루프를 적용하는 방법과 range() 함수를 사용하는 방법을 살펴봤고, 리스트를 거꾸로 만들거나 사전을 루프로 다루고 루프에서 빠져나오는 방법 등 리스트와 for 루프의 이모저모를 들여다보았습니다. 이 과정에서 2차원 및 3차원 리스트, 중첩된 루프 등도 다뤘습니다. 이들 모두 마인크래프트 세계에서 무언가를 멋지게 만드는 데 정말 필요한 지식이었죠?

계단과 피라미드를 만들고 픽셀 아트를 만들거나 구조물을 복제하는 등 이제 마인크래프트를 이전보다 강력하게 제어할 수 있게 되었습니다. 이 장에 소개된 프로그램들은 개인적으로도 애착이 많이 가는 것들입니다. 또한, 여러분을 수준이 한결 높아진 프로젝트로 안내할 것입니다.

9장과 이 장에서는 서로 관련성이 높은 리스트와 for 루프에 초점을 맞추었습니다. 11장에서는 파일과 모듈을 다루겠습니다. 파일과 모듈은 함수와 밀접한 관계가 있습니다. 그리고 미션을 통해 구조물을 파일에서 불러오거나 파일로 쓰는 방법도 살펴보겠습니다.

11

파일과 모듈, 건축물을 간직하다

파일은 컴퓨터로 어떤 일을 처리할 때 핵심적인 역할을 담당합니다. 우리는 파일에 데이터를 저장하고 파일에서 데이터를 불러옵니다. 지금까지 살펴본 프로그램들은 데이터를 변수에만 저장했습니다. 구체적으로는 프로그램 코드에 직접 입력(하드코딩)하거나 사용자에게서 입력을 받는 방식이었죠. 물론 이런 방법으로도 데이터를 멋지게 활용할 수 있지만, 프로그램이 한 번 실행되는 동안에만 현재 마인크래프트 세계로 불러올 수 있다는 제한을 피할 수 없습니다. 만일 데이터를 저장하고 다시 꺼내 올 수 있다면 미리 저장한 창조물들을 어떤 마인크래프트 세계에도 불러올 수 있겠죠?

이 장에는 파일로부터 입력을 받고 파일로 데이터를 저장하는 방법이 펼쳐집니다. 이 과정에서 여러 파이썬 내장 함수를 사용하게 되고, 마인크래프트 창조물들을 저장하기 위한 두 개의 파이썬 모듈^{module}, 즉 pickle과 shelve를 어떻게 사용하는지도 배우게 될 겁니다.

모듈은 파이썬 활용 능력을 한 단계 높여 주는 도구입니다. 모듈을 사용하면 화면에 그림을 그릴 수도 있고, 웹사이트를 운영할 수도 있습니다. 또한 모듈에는 여러 공통 자업에 필요한 함수가 제공됩니다. 여러분이 직접 해결책을 찾지 않아도 되는 거죠.

그리고 새 모듈을 설치할 때 유용하게 사용할 수 있는 프로그램인 pip에 관해서도 배울 수 있습니다. 마인크래프트에 연결되어 플레이어의 위치를 표시하는 웹사이트도 Flask라는 모듈을 사용하여 만들게 됩니다.

파일 사용하기

파일을 다루지 않고 컴퓨터를 사용할 수는 없겠죠. 단순히 텍스트만을 입력하든 파이썬 코드를 작성하고 저장하든 전부 파일을 다루고 있는 겁니다. 글자들, 그림, 동영상, 음악 등 컴퓨터에 존재하는 모든 것이 파일입니다! 이 책 또한 텍스트 파일로 저장되어 존재합니다. 물론 다른 형식으로도 존재합니다. 파이썬의 파일 처리 기능은 배우기도 쉬울 뿐더러 마인크래프트에 활용하기에도 대단히 편리합니다. 이제부터 파일을 만들거나 저장하고, 파일에서 정보를 읽는 과정이 펼쳐집니다. 우선, 기본부터 시작한다는 차원에서 파이썬으로 텍스트 파일을 읽고 쓰는 방법에 대해 살펴보겠습니다.

파일 열기

파일을 다루는 첫 단계는 바로 파일 열기입니다. 파이썬에서 파일을 열려면 open() 함수를 사용합니다. open() 함수의 인수는 파일의 위치와 그 권한입니다. 파일의 위치^{location}는 파일이 컴퓨터에 저장된 곳을 나타냅니다. open() 함수에는 문자열 형식으로 전달합니다. 파일의 권한^{permission}은 파이썬이 파일을 읽거나 수정할 수 있는지를 제어합니다.

파이썬에서 secretFile.txt라는 파일을 열려면(또는 만들려면) 다음처럼 "secretFile.txt"를 인수로 사용합니다.

```
secretFile = open("secretFile.txt", "w")
```

두 번째 인수인 "w"는 무엇일까요? 바로 권한을 나타내는 인수입니다. 프로그램이 파일을 다뤄도 된다고 허용하는 거죠. 여기서는 secretFile.txt 파일에 데이터를 써도 된다는 의미입니다.

프로그램이 open() 함수를 파일명과 함께 호출하면 파이썬은 우선 지정된 이름으로 이 파일이 존재하는지부터 살핍니다. 파일이 존재하면 파일의 내용을 사용할 수 있고, 존재하지 않는다면 지정된 이름으로 새 파일이 만들어집니다.

파일명에 디렉터리(폴더와 디렉터리는 같은 개념입니다)를 지정하지 않으면 파이썬은 프로그램이 있는 곳에서 파일을 찾습니다. 만일 파일이 다른 디렉터리에 존재한다면 해당 위치를 인수로 알려야 합니다. 예를 들어 secretFile.txt가 secrets 디렉터리에 있다면, 첫 번째 인수는 다음처럼 바뀌어야 하죠.

```
secretFile = open("/secrets/secretFile.txt", "w")
```

인수 자리에 디렉터리를 지정했는데 실제로 그런 디렉터리 자체가 없거나 지정된 디렉터리에 파일이 없을 때는 오류 메시지가 출력됩니다. 권한 인수에 사용할 수 있는 옵션에는 모두 네 가지가 있습니다.

w 쓰기 전용write only**:** 쓰기 전용 권한은 프로그램에서 새 데이터를 파일에 쓸 수 있거나 기존 내용을 덮어쓸 수 있지만, 파일의 내용을 읽을 수 없다는 의미입니다. 첫 번째 인수로 지정한 이름의 파일이 존재하지 않을 때는 같은 이름으로 새 파일이 만들어집니다.

r 읽기 전용read only**:** 읽기 전용 권한은 프로그램에서 파일의 내용을 읽을 수는 있지만, 기존 내용을 수정할 수 없다는 의미입니다. 따라서 새 파일을 만들 때는 이 권한을 사용할 수 없습니다.

r+ 읽기 및 쓰기read and write**:** 읽기 및 쓰기 권한은 프로그램에서 파일의 내용을 읽고 변경할 수 있다는 의미입니다. 따라서 파일의 기존 내용을 얼마든지 덮어쓸 수 있습니다. 하지만 지정된 파일이 존재하지 않는다고 해서 같은 이름으로 새 파일이 만들어지는 것은 아닙니다. 지정된 파일이 없다는 오류 메시지가 출력될 뿐입니다.

a 덧붙이기append**:** 덧붙이기 권한은 프로그램에서 파일의 끝에 새 데이터를 쓸

수 있다는 의미입니다. 따라서 파일의 기존 내용은 그대로 남습니다. 다만, 기존 내용을 읽을 수는 없습니다. 새 파일을 만들 때 이 권한을 사용할 수도 있습니다

어떤 상황에서 파일을 다루느냐에 따라 사용할 권한이 달라집니다. 예를 들어 볼까요? 마인크래프트에서 다이아몬드 광산을 발견하고 몇 가지 지시 사항을 마련했습니다. 나중에라도 혹시 이 지시 사항이 변경되지 않게 하려면 읽기 전용 권한을 적용하여 파일을 만들어야 합니다. 한편, 다른 사람이 지시 사항을 추가할 수 있도록 하면서도 기존 지시 사항을 확인하지 못하게 하려면 덧붙이기 권한이 필요합니다. 또한 친구와 함께 탐험 일지를 작성할 때 여러분이 작성한 비밀 장소의 보물에 관해서는 읽지 못하게 하면서도 새로운 일지는 추가할 수 있도록 하는 경우에도 덧붙이기 권한을 적용할 수 있습니다.

이제, 열린 파일에 데이터를 어떻게 쓰는지 살펴보겠습니다. 그리고 작성한 데이터를 나중에 사용하기 위해 파일을 닫는 법도 소개하겠습니다.

파일에 쓰기와 저장하기

프로그램이 열어 둔 파일에 데이터를 쓰려면 write() 함수를 사용합니다. 어떤 데이터든 파일에 쓰려면 반드시 이 함수가 필요합니다. 파일에 쓰려는 데이터는 write() 함수에 인수로 전달합니다.

예를 들어, 파일 하나를 열고 이 파일에 단순 문자열을 써 보겠습니다.

```
secretFile = open("secretFile.txt", "w")
secretFile.write("This is a secret file. Shhh! Don't tell anyone.")
❶ secretFile.close()
```

우선, open() 함수로 파일을 열어야 합니다. 파일을 열었다면 점 표기법(.)을 적용하여 write() 함수를 호출합니다. 이때 write() 함수에는 secretFile.txt에 쓸 문자열을 인수로 전달해야 합니다. 마지막으로 같은 점 표기법을 적용하여 close() 함수를 호출해야 합니다 ❶. close() 함수는 파일을 저장하고 닫는 역할을 합니다. 파일을 쓴 다음에는 항상 close() 함수를 호출해야 합니다. 그러지 않으면 데이터가 파일로 저장되지 않습니다.

프로그램을 실행하고 secretFile.txt를 텍스트 편집기에서 열어 보면 비밀 메시지가 저장되었는지 알 수 있습니다. 이번에는 다른 문자열을 파일에 쓰고 프로그램을 다시 실행해 보세요. 어떻게 될까요? 이전 메시지가 새 메시지로 바뀌었을 겁니다. 또 문자열을 바꿔 파일에 쓰고 프로그램을 다시 실행해 보세요. 단, 이번에는 "w" 대신 "a"를 지정합니다. 어떻게 될까요? 예상한 대로 결과를 확인할 수 있나요?

파일 읽기

read() 함수는 프로그램에서 연 파일의 내용 전체를 읽습니다. 파일의 내용을 읽으면 프로그램에서 직접 사용하거나 이렇게 저렇게 변경한 뒤 다시 파일로 저장할 수도 있고, 쉽게 확인할 수 있도록 화면으로 출력할 수도 있습니다. 어떤 이유에서 든 파일을 읽을 때는 read() 함수를 사용합니다.

파일을 읽을 때는 우선 파일부터 열고 원하는 일을 마치면 반드시 닫아야 한다는 사실을 잊지 말아야 합니다. 열고 일하고 닫는 일종의 '3종 세트'에 익숙해져야 예기치 않은 오류를 원천적으로 차단할 수 있습니다.

이제 실습을 해 보겠습니다. 파일을 열고 파일의 내용을 출력해 보겠습니다. showSecretFile.py는 read() 함수와 print() 함수를 사용하여 파일의 내용을 출력하는 프로그램입니다.

showSecretFile.py

```
secretFile = open("secretFile.txt", "r")

❶ print(secretFile.read())
secretFile.close()
```

일단 파일부터 열어야겠죠? 파일을 읽을 수 있도록 "r" 권한을 인수로 전달하겠습니다. "r+" 권한을 인수로 전달해도 되지만, 여기서는 파일을 쓰지 않으므로 "r"이 최선입니다. secretFile.txt의 내용을 출력하려면 secretFile.read()를 출력문(print문)에 전달합니다 ❶. 마지막으로, 파일에 데이터를 쓰지는 않았지만 close() 함수로 파일을 닫는 것이 여러모로 좋습니다.

프로그램을 실행하여 어떤 결과가 비롯되는지 살펴볼까요? secretFile.txt의 내용이 화면으로 출력됩니다. 이제 텍스트 에디터에서 파일을 열지 않아도 파일의 내용을 확인할 수 있습니다!

파일의 행 읽기

텍스트가 많은 문시가 있는데, 그중에서 일부만 확인하려면 어떻게 해아 할까요? 이런 상황에서는 readline() 함수를 사용합니다. 파일의 전체 내용을 읽는 read() 함수와 달리 readline() 함수는 한 번에 한 행씩만 파일을 읽습니다.

readline() 함수를 연습해 보겠습니다. 우선, secretFile.txt 파일에 아주 많이 텍스트를 추가합니다. 텍스트 편집기를 사용해도 되고 파이썬 함수를 사용해도 됩니다. 단, 파이썬 함수를 사용하여 파일을 쓸 때는 문자열이 끝날 때마다 다음 행으로 넘어가기 전에 \n을 붙여야 합니다. 가령, "Cool\nDance\nParty"라고 파일에 써야 파이썬은 다음처럼 한 행에는 "Cool"을, 다음 행에는 "Dance"를, 마지막 행에는 "Party"를 써 줍니다.

```
Cool
Dance
Party
```

secretFile.txt에 텍스트를 추가하면 다음 코드를 파이썬 파일에 쓰고 showSecret Lines.py로 files라는 새 폴더에 저장합니다.

showSecretLines.py
```
secretFile = open("secretFile.txt", "r")

print(secretFile.readline())
print(secretFile.readline())
print(secretFile.readline())

secretFile.close()
```

다시 한 번 강조합니다. secretFile.txt를 열어야 이 파일을 readline() 함수로 읽을 수 있습니다. showSecretLines.py 프로그램에서 파일의 데이터를 읽어야 하므로 전달할 인수는 r(또는 r+)입니다. secretFile.txt 파일의 세 행을 출력하는 print문 세 개가 작성되었습니다. 마지막으로 파일을 닫습니다. close() 함수가 보이네요!

print문에 readline() 함수가 보입니다. readline() 함수가 사용될 때마다 자동으로 파일에서 다음 행을 읽습니다. readline()은 텍스트 파일의 처음부터 일부 행을 출력할 때 매우 유용한 함수입니다.

NOTE readline() 함수는 파일을 문자열의 리스트로 변환합니다. 리스트의 각 항목이 파일의 한 행을 나타내는 거죠. 텍스트 문서의 중간쯤에 있는 행을 출력하려면 루프를 사용하여 리스트의 특정 문자열을 찾아 출력해야 합니다.

미션 #64: 할 일 관리

너무 바빠 마인크래프트를 충분히 즐길 수 없을 때도 있겠죠. 그럴 때는 잠깐이라도 짬을 내서 복잡한 구조물을 조금씩 만들고는 합니다. 문을 열거나 다른 곳으로 텔레포트하는 프로그램을 추가하면서 구조물들이 더욱더 복잡해지고 마인크래프트를 종료하기까지 더 많은 시간이 걸리기도 합니다. 며칠째 프로젝트에 매달리다 막상 오늘 할 일이 무엇인지, 다음 할 일은 무엇인지 막막할 때가 있습니다. 여러분도 자주 경험하는 일일 겁니다. 자, 그럼 이런 상황에 도움이 되는 프로그램을 만들어 볼까요?

이번 미션에서 만들 프로그램은 바로 할 일 관리입니다. 할 일을 리스트로 만들어 마인크래프트 대화 창에 출력하는 프로그램이죠. 이 프로그램을 사용하여 마인크래프트의 게임 내 목표를 관리하고 다음 플레이를 위해 목표 수행의 완성도를 기록하는 겁니다.

할 일 리스트는 프로그램 두 개를 따로 만들어 구현하겠습니다. 하나는 리스트를 만드는 프로그램이고, 또 하나는 리스트를 출력하는 프로그램입니다. 리스트를 만드는 프로그램부터 시작해 볼까요?

1부: 할 일 리스트 작성하기

우선, 할 일 리스트에 항목을 만들 프로그램이 필요합니다. 코드 11-1을 토대로 프로그램을 만들어 보겠습니다. while 루프와 input() 함수를 사용하여 할 일 리스트에 항목을 추가합니다. 이 코드를 IDLE에 복사하고 inputToDoList.py로 files 폴더에 저장합니다.

```
inputToDoList.py  ❶  toDoFile =

              ❷  toDoList = ""

              ❸  toDoItem = input("Enter a to-do list item: ")

              ❹  while toDoItem != "exit":
              ❺      toDoList = toDoList + toDoItem + "\n"
                     toDoItem = input("Enter a to-do list item: ")

              ❻  # 할 일 리스트를 파일에 씁니다
              ❼  # 파일을 닫습니다.
```

코드 11-1 할 일 리스트에 항목을 작성하는 프로그램의 시작

프로그램은 toDoList라는 빈 문자열 리스트를 만듭니다❷. 이 리스트에 할 일 항목이 담기게 됩니다. 여러분이 입력하는 할 일 항목은 input() 함수로 처리되어 할일 리스트에 담깁니다❸. while 루프는 이 입력이 "exit"와 같은지 판단하여❹ 같지 않을 때 할 일 리스트에 새 항목으로 추가합니다. 이때 행 끝에 "\n"을 붙입니다❺. "exit"가 입력되면 어떻게 될까요? while 루프의 반복이 종료되고 더 이상은 할 일 리스트에 항목을 추가할 수 없게 됩니다.

프로그램을 완성하는 것은 여러분의 몫입니다. 우선, 파일을 여는 코드를 작성하고 toDoList를 파일로 씁니다. 물론 파일을 쓴 다음에는 반드시 닫아야 합니다. 파일을 열 때는 프로그램 시작 부분에 open() 함수를 사용합니다❶. 적용할 인수는 w이며, 파일의 이름은 toDoList.txt입니다. 프로그램은 이 파일이 디렉터리에 존재하지 않는다면 새로 만들어 줍니다.

프로그램 마지막 부분에서 할 일 리스트의 항목들을 파일로 씁니다. write() 함수를 사용하여 toDoList 변수를 toDoFile에 쓰면 되겠죠?❻. 쓴 파일은 잊지 말고 close() 함수로 닫아야 합니다❼.

그림 11-1은 할 일 리스트를 작성한 모습입니다. 항목을 전부 입력한 뒤에는 exit를 입력합니다.

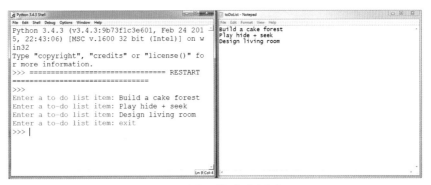

그림 11-1　케이크 숲 만들기나 숨바꼭질하기 등 할 일 입력하기

2부: 할 일 리스트 출력하기

할 일 리스트를 파일에 쓰는 프로그램이 완성되었다면, 이 리스트를 마인크래프트 대화 창에 한 번에 한 행씩 출력해야겠죠? 코드 11-2를 밑바탕으로 프로그램을 완성해 볼까요? 코드를 새 파일로 복사하고 files 폴더에 outputToDoList.py로 저장합니다.

outputToDoList.py

```
from mcpi.minecraft import Minecraft
mc = Minecraft.create()

❶ toDoList =

for line in toDoList:
❷     # "line"을 대화 창에 출력합니다.
```

코드 11-2　할 일 리스트를 마인크래프트 대화 창에 출력하는 프로그램

코드 11-2에서는 for 루프를 사용하여 toDoList.txt 파일의 각 행을 한 번에 한 행씩 마인크래프트 대화 창으로 출력합니다. 지금은 미완성 프로그램이며 완성은 여러분의 몫입니다. inputToDoList.py로 만든 toDoList.txt 파일을 열기 위해 open() 함수를 추가합니다 ❶. 파일의 권한은 '읽기'여야겠죠? 파일을 열고 나면, line 변수에 저장된 문자열을 마인크래프트 대화 창으로 출력한 코드를 for 루프 안에 추가합니다 ❷. 이때 필요한 함수가 readline()과 postToChat()입니다.

그림 11-2는 마인크래프트 대화 창으로 할 일 리스트를 출력한 모습입니다.

그림 11-2 이제 무엇을 해야 할지 한눈에 알 수 있어요.

모듈 사용하기

모듈^{module}은 프로그램마다 직접 작성하지 않고 파이썬으로 가져와 사용할 수 있는 함수들의 집합입니다. 일반적으로 모듈은 구체적인 목적을 가지고 있습니다. 가령, 과학적인 계산을 한다든가 게임을 만든다든가 등이 대표적인 목적입니다. 파이썬에서 사용할 수 있는 모듈은 상당히 많습니다. 이 책에서 사용하는 모듈의 개수만 세어 봐도 적잖이 놀랄 정도입니다. 이런 모듈 중의 하나가 바로 마인크래프트 파이썬 API입니다. from mcpi.minecraft import Minecraft라는 코드를 작성할 때마다 모듈을 사용하겠다고 파이썬에 알린 겁니다. 마인크래프트 파이썬 API 모듈은 파이썬 프로그램과 마인크래프트 사이에서 다리 역할을 합니다. 이 모듈에 포함된 수많은 함수를 누군가가 미리 만들어 놓았기 때문에 우리는 프로그램마다 따로 만들지 않고 원하는 대로 가져다 사용할 수 있는 겁니다.

파이썬이 기본으로 제공하는 모듈도 상당히 많습니다. 이 책에서도 지금까지 많은 것을 다루었습니다. 파이썬이 기본으로 제공하는 모듈을 가리켜 **파이썬 표준 라이브러리**^{Python standard library}라고 부릅니다. 물론, 표준 라이브러리 이외의 모듈도 파이썬에 설치할 수 있습니다. 이 과정은 320쪽 'pip로 새 모듈 설치하기' 절에서 상세히 언급하겠습니다.

이 절에서는 모듈을 사용하기 위한 프로그램 설정 방법을 전부 소개하겠습니다. 한 가지 예가 파일의 데이터 처리(저장과 로드)를 다루기 위한 고급 기술을 제공하는 pickle 모듈입니다. 그저 데이터를 읽고 쓰는 동작과 차원이 다르다고 할 수 있죠. 자, 본격적으로 pickle 모듈을 살펴볼까요?

pickle 모듈

복잡한 데이터를 파일에 쓸 때 유용하게 사용할 수 있는 모듈이 pickle입니다. 앞에서 우리는 사전과 다차원 리스트에 표준 함수를 사용하여 데이터를 저장하고 꺼냈습니다. pickle 모듈을 사용하면 이 과정을 좀 더 쉽게 진행할 수 있으며, 복잡한 데이터를 저장하기 위한 자체 해결 방법을 만들고 디버깅할 때도 시간을 대폭 줄일 수 있습니다.

물론 단순한 데이터에도 pickle 모듈을 사용할 수 있습니다. 일례로, 숫자를 문자열로 변환하지 않고 직접 저장할 수 있습니다. pickle 모듈을 사용하지 않는다면 표준 파일 입출력 시 숫자와 문자열의 상호 변환은 필수 과정입니다.

다시 말해 pickle 모듈을 사용하면, 변수의 값을 파일에 저장한 뒤 따로 처리하지 않아도 다른 프로그램에서 이 값을 직접 읽을 수 있습니다. 또한 값을 저장할 때 이 값이 문자열이든 정수이든 부울이든 데이터 종류가 변하지는 않습니다.

이제, pickle을 사용하여 모듈을 어떻게 가져오는지 예를 들어 설명하겠습니다. 마인크래프트 건물 전체에 버금가는 복잡한 데이터라도 pickle로 한결 쉽고 가볍게 다룰 수 있을 겁니다.

pickle 가져오기

모듈이 제공하는 함수를 사용하려면 해당 모듈부터 import 키워드로 가져오기를 수행해야 합니다. 사실, 앞에서 import 키워드를 사용하여 여러 모듈을 사용해 봤습니다. 우리가 사용한 모듈에 time도 있었고, 마인크래프트 파이썬 API도 있었죠?

프로그램으로 모듈을 가져오면 본격적으로 그 모듈에 제공되는 함수들을 사용할 수 있습니다. 이때 점 표기법을 적용합니다. 모듈의 이름 + 점(.) + 함수의 이름, 이런 식이었죠. pickle 모듈을 가져와 이 모듈에 제공되는 몇몇 함수를 사용해 볼까요?

---

❶ `import pickle`

`locations = {'John': 'Forest', 'Phillipa': 'Mountains', 'Pete': 'City'}`

❷ `secretFile= open("secretFile.txt", "wb")`
❸ `pickle.dump(locations, secretFile)`

---

❶에서는 pickle 모듈을 가져옵니다. secretFile.txt를 여는데 권한이 좀 특별합니다. "wb"입니다❷. pickle로 파일을 열 때는 파일 권한에 b를 붙여야 합니다. "wb"는 pickle 모듈이 요구하는 특별한 형식을 사용하여 데이터를 파일에 씁니다.

dump() 함수는 파일에 데이터를 씁니다❸. pickle 모듈의 dump() 함수는 변수를 파일에 저장합니다. 인수는 두 개가 필요한데, 하나는 파일에 담길 데이터이고 또 하나는 데이터가 담길 파일입니다. 여기서는 locations라는 사전에 비밀 요원의 위치를 저장하고, 이 사전을 secretFile이라는 파일로 덤프합니다(쏟아 냅니다). dump() 함수의 소속은 pickle 모듈이므로 점 표기법을 적용하여 pickle.dump()처럼 작성합니다. dump()는 파이썬의 표준 함수와 달리 파일을 파일에 자동으로 저장합니다. 그러니까 파일을 닫으려고 close() 함수를 사용할 이유가 없습니다.

pickle 모듈은 또한 저장된 데이터를 읽는 함수도 제공합니다. pickle의 load() 함수가 그 주인공입니다. load() 함수는 로드하려는 파일을 인수로 받아 그 내용을 리턴합니다. 다음은 앞에서 저장한 locations 사전을 로드하는 예입니다. 이 코드를 프로그램에 추가합니다.

`import pickle`

❶ `secretFile= open("secretFile.txt", "rb")`
`locations = pickle.load(secretFile)`

우선, "rb" 권한을 적용하여 파일을 엽니다. "rb"는 pickle이 사용하는 특별한 읽기용 데이터 형식입니다. 이제 사전을 로드합니다.

사전이 로드된 뒤에는 늘 하던 대로 사전을 다루면 됩니다. 가령, 어떤 키의 값에
접근할 수도 있습니다. 다음 코드를 pickle.load() 함수 다음에 추가합니다.

```
print(locations['Phillipa'])
```

이 코드는 'Mountains'를 출력합니다. 'Phillipa' 키의 값이죠. 사전이 pickle로 프로
그램에 로드될 때 변하지 않았기 때문에 이 값이 출력되는 겁니다. 다시 말해, 사
전이라는 형식이 변하지 않았기 때문에 그 키와 값에 접근할 수 있고 출력도 할
수 있습니다. 리스트나 변수도 이런 식으로 접근할 수 있습니다.

from절로 함수 하나만 가져오기

모듈을 가져오기한다는 것은 그 모듈에 제공되는 함수 전부에 접근할 수 있다는
의미입니다. 하지만 경우에 따라서는 함수 하나만 필요할 때가 있습니다. 함수 하
나만 가져오려면 모듈을 가져올 때 from절을 사용합니다. from절을 사용하면 함
수를 호출할 때 '모듈의 이름 + 점 + 함수의 이름' 방식을 사용하지 않아도 됩니다.
그러니까 module.function()이 아니라 function()만 사용하면 된다는 겁니다.

pickle 모듈의 dump() 함수만 필요하다고 생각해 볼까요? 앞에서 작성한 코드를
다음처럼 변경할 수 있습니다.

```
❶ from pickle import dump

locations = {'John': 'Forest', 'Phillipa': 'Mountains', 'Pete': 'City'}

secretFile= open("secretFile", "wb")
❷ dump(locations, secretFile)
```

첫 행에서는 from절을 사용하여 pickle 모듈의 dump() 함수만 가져왔습니다 ❶. 마
지막 행에서 이 dump() 함수를 호출하죠 ❷. 코드에서 알 수 있듯, 점 표기법은 적
용하지 않고 모듈의 이름 없이 함수의 이름만을 사용하여 호출했습니다.

from을 적용하여 둘 이상의 함수도 가져올 수 있습니다. 가져올 함수들을 쉼표로
구분만 하면 됩니다. 예를 들어, pickle 모듈에서 dump()와 load() 함수를 가져오려

면 다음처럼 할 수 있습니다.

```
❶ from pickle import dump, load
  locations = {'John': 'Forest', 'Phillipa': 'Mountains', 'Pete': 'City'}

  secretFile= open("secretFile", "wb")
❷ dump(locations, secretFile)

❸ locations = load(secretFile)
  print(locations['Phillipa'])
```

첫 행에서는 from절에 쉼표를 적용하여 dump()와 load() 함수를 가져왔습니다 ❶. 다시 말해, 이 두 함수는 점 표기법을 따르지 않고 함수의 이름만으로 사용할 수 있습니다. ❷와 ❸이 그 예입니다.

*로 모든 함수 가져오기

모듈의 함수 전부를 가져오면 점 표기법을 적용하지 않고 함수의 이름만으로도 호출할 수 있습니다. 다음처럼 import문 끝에 애스터리스크(*)를 붙이면 됩니다.

```
❶ from pickle import *
  locations = {'John': 'Forest', 'Phillipa': 'Mountains', 'Pete': 'City'}

  secretFile= open("secretFile", "wb")
❷ dump(locations, secretFile)

❸ locations = load(secretFile)
  print(locations['Phillipa'])
```

코드에서는 *를 사용하여 모듈의 모든 함수를 가져왔기 때문에 ❶ dump()나 load()를 호출할 때 점 표기법을 적용하지 않았습니다.

* 옵션은 유용한 만큼 위험도 따릅니다. 가져올 모듈이 많을 때 같은 이름의 함수가 여러 모듈에 존재할 수도 있습니다. 이런 상황에서 모듈을 구분하지 않고 함수의 이름만 사용한다면 파이썬은 오류를 쏟아 낼 것입니다. 따라서 가져올 모듈이 많을 때는 * 옵션을 사용하지 않고 필요한 함수만 가져오는 것이 좋습니다.

모듈에 별명 붙이기

모듈의 이름이 너무 길 때 짧게 줄일 수 있다면 참 좋겠죠? 기억하기 쉬운 자신만의 이름으로 변경해도 편리할 겁니다. 우연히 두 모듈의 이름이 같다면 충돌을 막기 위해서라도 한 모듈의 이름을 다른 이름으로 변경해야 합니다.

이럴 때 as절을 import문에 추가하면 모듈에 별명, 즉 앨리어스[alias]를 붙일 수 있습니다. 예를 들어, 다음 코드는 pickle 모듈에 p라는 앨리어스를 붙여 줍니다.

```
import pickle as p
```

이제 pickle 모듈이 필요할 때마다 pickle 대신 p만을 사용할 수 있습니다. 다음은 p만 사용한 예입니다.

```
p.dump(locations, secretFile)
```

이 코드에서는 pickle.dump() 대신 p.dump()를 사용했습니다. 매번 pickle을 입력하는 것보다는 시간이 크게 줄어들겠죠?

미션 #65: 구조물을 저장하라

마인크래프트에서 가장 흥미로운 점은 무언가를 만든다는 것이겠죠? 여러분도 집이든 성이든 마을이든 몇 시간이나 걸려 힘들게 만든 적도 한두 번이 아닐 겁니다. 그런데 다른 곳으로 이동하거나 아예 다른 세계로 가게 되면 애써 만든 구조물을 그대로 놔두어야 합니다. 정말 아쉬울 수밖에 없습니다.

만든 구조물들을 저장했다 필요할 때 다시 불러오면 정말 좋겠죠? pickle과 파이썬 API만 있으면 가능합니다!

이번 미션에서는 두 프로그램을 개발하겠습니다. 하나는 구조물을 저장하는 프로그램이고, 또 하나는 로드하는 프로그램입니다. 둘 다 10장의 duplicateArea.py(00쪽)를 바탕으로 만들겠습니다.

1부: 구조물 저장하기

첫 번째 프로그램은 구조물을 파일로 저장합니다. 코드 11-3에는 구조물을 복사하는 코드가 포함돼 있습니다. 이 코드를 IDLE에 복사하고 saveStructure.py로 files 폴더에 저장합니다.

saveStructure.py

```
from mcpi.minecraft import Minecraft
mc = Minecraft.create()

import pickle


def sortPair(val1, val2):
    if val1 > val2:
        return val2, val1
    else:
        return val1, val2


❶ def copyStructure(x1, y1, z1, x2, y2, z2):
    x1, x2 = sortPair(x1, x2)
    y1, y2 = sortPair(y1, y2)
    z1, z2 = sortPair(z1, z2)

    width = x2 - x1
    height = y2 - y1
    length = z2 - z1

    structure = []

    print("Please wait..." )

    # 구조물을 복사합니다.
    for row in range(height):
        structure.append([])
        for column in range(width):
            structure[row].append([])
            for depth in range(length):
❷              block = mc.getBlock(x1 + column, y1 + row, z1 + depth)
                structure[row][column].append(block)

    return structure
```

❸ # 첫 번째 모퉁이의 위치를 가져옵니다.
```
input("Move to the first position and press ENTER in this window")
pos1 = mc.player.getTilePos()

x1 = pos1.x
y1 = pos1.y
z1 = pos1.z
```

❹ # 두 번째 모퉁이의 위치를 가져옵니다.
```
input("Move to the opposite corner and press ENTER in this window")
pos2 = mc.player.getTilePos()

x2 = pos2.x
y2 = pos2.y
z2 = pos2.z
```

❺
```
structure = copyStructure( x1, y1, z1, x2, y2, z2)
```

❻ # 구조물을 파일로 저장합니다.

코드 11-3 구조물을 파일로 저장하는 미완성 코드

copyStructure() 함수는 일정 영역을 3차원 리스트로 복사합니다❶. 좌표 집합 두 개를 인수로 받죠. 단, duplicateArea.py에 등장했던 copyStructure() 함수와는 약간 다릅니다. 이번에는 getBlock() 함수 대신 getBlockWithData() 함수를 사용했는데❷, 이 함수는 어떤 좌표에 있는 블록의 ID뿐만 아니라 상태도 가져옵니다. 계단 등의 구조물은 계단의 방향이 블록 상태에 함께 저장되기 때문에 getBlockWithData() 함수가 더욱 유용합니다. 복사된 곳에서도 계단 등이 원래 방향 그대로 재현되겠죠?

이 프로그램에는 플레이어의 위치를 사용하여 구조물의 좌표를 설정할 수 있는 코드도 포함돼 있습니다. 프로그램은 플레이어에게 구조물의 첫 번째 모퉁이로 이동하고 엔터를 누르라고 안내합니다❸. 플레이어의 위치를 사용하여 구소물의 첫 번째 좌표들을 가져오려는 겁니다. 그다음에는 플레이어에게 구조물의 반대쪽 모퉁이로 이동하고 엔터를 누르라고 또 안내합니다❹. 이렇게 하면 구조물의 좌표들을 프로그램에 일일이 입력하지 않고(하드코딩하지 않고) 구조물을 복사할 수 있습니다.

좌표 변수들의 값은 copyStructure() 함수에 전달됩니다❺. 그리고 리턴된 값은 structure라는 변수에 저장됩니다.

코드를 완성하려면 pickle을 사용하여 새 파일을 열어야 합니다. 구조물을 저장할 새 파일은 "pickleFile"입니다. pickle 모듈을 사용하여 structure 변수의 값을 파일로 쓰는 코드가 ❻에 들어가야 합니다.

그림 11-3은 마인크래프트에서 만든 탑의 모습입니다.

그림 11-3 복사하려는 탑

saveStructure.py를 사용하여 탑을 복사하려면 한쪽 모퉁이로 이동하고 엔터를 누릅니다(그림 11-4).

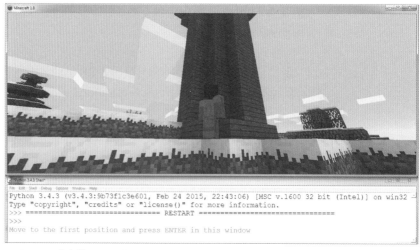

그림 11-4 탑의 한쪽 모퉁이에 서 있는 모습

이제 반대쪽 모퉁이로 날아가 다시 엔터를 누릅니다(그림 11-5).

그림 11-5   탑의 반대쪽으로 날아간 모습

saveStructure.py를 사용하여 구조물을 직접 복사해 보세요. 이제 여정이 절반 지났습니다. 남은 절반은 저장된 구조물을 게임으로 로드하는 과정입니다.

2부: 구조물 로드하기

두 번째 프로그램은 saveStructure.py로 만든 파일(pickleFile)에서 게임 안으로 구조물을 로드합니다. 코드 11-4는 리스트로 저장된 구조물을 플레이어의 위치에 놓는 duplicateArea.py 프로그램(286쪽)을 토대로 작성한 것입니다. 이 코드를 IDLE에 복사하고 files 폴더에서 loadStructure.py로 저장합니다.

---

loadStructure.py

```
from mcpi.minecraft import Minecraft
mc = Minecraft.create()

import pickle

❶ def buildStructure(x, y, z, structure):
    xStart = x
    zStart = z
    for row in structure:
        for column in row:
```

```
                    for block in column:
                        mc.setBlock(x, y, z, block.id, block.data)
                        z += 1
                    x += 1
                    z = zStart
                y += 1
                x = xStart

        # 구조물 파일을 열고 로드합니다.
❷   structure =

❸   pos = mc.player.getTilePos()
    x = pos.x
    y = pos.y
    z = pos.z
❹   buildStructure(x, y, z, structure)
```

코드 11-4 프로그램이 완성되면 파일에서 구조물을 로드해 그대로 만듭니다.

프로그램 대부분을 차지하는 것은 buildStructure() 함수❶입니다. 이 함수는 3차원 리스트에 저장된 x, y, z 좌표와 구조물 등 네 개의 인수를 사용하여 플레이어의 현재 위치에 구조물을 만듭니다.

프로그램으로 구조물을 로드하고 structure 변수에 다시 저장하려면❷ pickle 모듈부터 가져와야겠죠? 그리고 구조물이 저장된 pickleFile 파일을 open() 함수로 엽니다. 이 구조물을 structure 변수에 pickle의 load() 함수를 사용하여 로드합니다. 구조물이 로드되면 pickle의 close() 함수를 사용하여 pickleFile 파일을 닫습니다.

코드 11-4에는 플레이어의 위치를 가져오는 코드도 작성돼 있습니다. 플레이어의 위치는 구조물의 시작 위치가 됩니다❸.

구조물이 로드되고 좌표가 설정되면 구조물을 buildStructure() 함수에 전달합니다. 이때 저장된 구조물을 만들 위치❹도 함께 전달합니다.

그림 11-6은 프로그램의 동작 모습입니다. 앞에서 저장한 구조물이 게임으로 로드되어 새 위치에 다시 만들어졌습니다. 여러분도 직접 해 보세요. 어느 곳에든지 원하는 구조물을 그대로 복제할 수 있습니다!

그림 11-6 **OK! 탑을 복제했습니다.**

그런데 마을 전체를 복제하려면 어떻게 해야 할까요? pickle을 사용하여 구조물 하나하나를 저장할 수도 있겠지만 그러고 싶지는 않겠죠? pickle 모듈이 구조물 하나를 저장하는 데는 더할 나위 없이 훌륭하지만 여러 구조물을 한꺼번에 저장할 때는 어울리지 않습니다. 이럴 때는 pickle 모듈이 아닌 shelve 모듈을 사용하는 것이 좋습니다. 다음 절에서 구체적으로 살펴보겠습니다.

shelve 모듈로 다량의 데이터 저장하기

pickle 모듈을 한 번에 하나의 데이터만을 저장할 수 있습니다. 하지만 프로그램에서 여러 변수를 저장해야 할 때도 있습니다. 그럴 때 pickle을 사용하면 저장해야 하는 변수마다 파일을 따로 만들어야 하므로 관리가 힘들어지겠죠. 파이썬의 shelve 모듈이 그 해결책입니다. 파일 하나에 여러 항목을 저장할 수 있는 거죠. 마치 사전처럼 동작합니다. 사전에서는 데이터의 값에 키가 연결되어 이 키로 데이터를 저장하고 불러오죠? shelve는 일종의 책장으로 생각할 수 있습니다. 칸마다 다른 데이터 값을 저장하는 책장인 겁니다.

shelve로 파일 열기

shelve 모듈을 가져오면 open() 함수를 사용하여 파일을 열 수 있습니다. 파일이 존재하지 않을 때는 같은 이름의 새 파일이 만들어집니다.

다음은 locationsFile.db 파일을 열고 shelveFile 변수에 저장하는 코드입니다.

```
import shelve
shelveFile = shelve.open("locationsFile.db")
```

open() 함수의 인수는 하나입니다. 열 파일이 이름이죠. shelve 모듈은 사용할 때는 파일의 권한은 따로 지정하지 않아도 됩니다. 읽기 및 쓰기 권한이 자동으로 부여되기 때문입니다.

shelve 모듈로 파일의 이름을 지정할 때는 그 확장명으로 .db를 반드시 붙여야 합니다. locationsFile.db 파일에도 .db가 붙었죠?

shelve로 항목 추가하기, 수정하기, 접근하기

shelve 모듈은 사전처럼 동작합니다. 파일에 데이터를 추가하려면 키의 이름을 대괄호로 묶어 값을 저장합니다. 가령, 베아트리체라는 비밀 요원이 잠수함에 타고 있는데, 베아트리체의 위치를 shelveFile 사전에 저장한다면 다음처럼 코드를 작성할 수 있습니다.

```
import shelve
shelveFile = shelve.open("locationsFile.db")
shelveFile['Beatrice'] = 'Submarine'
shelveFile.close()
```

먼저 파일부터 엽니다. 그리고 shelveFile 사전에 'Beatrice'라는 키와 'Submarine'이라는 값을 추가합니다. 세 번째 행은 shelveFile 사전에 'Beatrice' 키와 'Submarine' 값의 새 항목을 만듭니다.

shelve의 close() 함수를 사용하여 새 데이터를 파일에 추가하고 안전하게 파일을 닫습니다.

키가 shelveFile에 이미 있을 때는 기존 값이 새 값으로 업데이트됩니다. 베아트리체가 자신의 미션을 완수하고 본부로 복귀한다면, 베아트리체의 위치를 다음처럼 업데이트할 수 있습니다.

```
import shelve
shelveFile = shelve.open('locationsFile.db')
shelveFile['Beatrice'] = 'Headquarters'
shelveFile.close()
```

이제 베아트리체 키의 새 값은 'Headquarters'가 되었습니다.

shelve의 값에는 사전처럼 접근하면 됩니다. 키를 사용하여 특정 값에 접근할 수 있는 겁니다. 예를 들어 볼까요? 베아트리체의 위치를 출력하려면 다음처럼 코드를 작성합니다.

```
import shelve
shelveFile = shelve.open('locationsFile.db')
print(shelveFile['Beatrice'])
```

베아트리체의 위치인 Headquarters가 출력되겠죠?

shelve 모듈은 표준 라이브러리처럼 플로트나 문자열, 부울, 다차원 리스트, 사전 등 어떤 데이터 종류도 저장할 수 있습니다. 실제로 다음 미션에서 다차원 리스트에 접근하여 여러 구조물을 저장하고 로드해 보겠습니다.

미션 #66: 구조물 단지를 저장하라

이번 미션의 프로그램에서는 일정 영역의 구조물 전체를 파일 하나에 저장하고 로드합니다. 이번에도 두 부분으로 나눠 진행하겠습니다. 1부는 저장하기, 2부는 로드하기입니다.

우선, pickle 모듈 대신 shelve 모듈을 사용한 미션 #65의 프로그램을 변환하여 사용하겠습니다. 사용자가 자신의 구조물에 이름을 지정할 수 있도록 사용자에게서 입력을 받는 코드도 추가하겠습니다. saveStructure.py와 loadStructure.py 파일을 열고 각각 saveCollection.py와 loadCollection.py로 저장합니다.

이전 미션에서 그랬듯, 이번에도 1부와 2부로 나눠 미션을 진행하겠습니다.

1부: 구조물 한꺼번에 저장하기

기존 saveStructure.py 파일에서 코드를 발췌했습니다. 수정해야 할 곳은 주석으로 무연 설명했습니다. 다음은 saveCollection.py의 첫 행과 마지막 몇 행입니다.

saveCollection.py ❶

```python
import pickle

--중간 생략--

# 구조물에 이름을 지정합니다.
structureName = input("What do you want to call the structure?")

# 구조물을 파일에 저장합니다.
pickleFile = open("pickleFile", "wb")
pickleFile.dump(structure)
```

❷ `structureName = input("What do you want to call the structure?")`

❸ `pickleFile = open("pickleFile", "wb")`

❹ `pickleFile.dump(structure)`

pickle로 구조물을 저장할 때 이 구조물을 뭐라고 부를지 사용자에게 묻는 행을 추가로 작성했습니다 ❷. 여기서는 "What do you want to call the structure?"라고 묻습니다. 대답은 "House"나 "Cake forest" 등으로 하면 됩니다. 단, 구조물마다 다른 이름을 지정해야 합니다. 같은 이름의 구조물이 있을 때는 나중에 지정된 구조물로 이전 구조물이 업데이트됩니다.

pickle 대신 shelve 모듈을 사용하도록 이 프로그램을 변경하려면 두 가지를 수정해야 합니다. 먼저, 모듈 가져오기 코드에서 pickle 대신 shelve를 지정해야 합니다 ❶. 그리고 마지막 코드 몇 행에서 pickle 대신 shelve를 사용하도록 수정해야 합니다. structuresFile.db 파일을 열고 shelve.open() 함수를 사용하여 shelveFile 변수에 저장합니다 ❸. 이제 structure 변수를 shelve 사전에 저장합니다. 이때 shelve 사전의 키 이름에 해당하는 structureName 변수를 사용하는데 ❹, 코드는 shelveFile[structureName] = structure입니다. 마지막으로 close()를 사용하여 마지막 행에서 shelveFile을 닫습니다.

2부: 구조물 한꺼번에 로드하기

자, 본격적으로 loadCollection.py 파일을 수정해 볼까요? 지면을 아끼기 위해 동일한 부분은 생략했습니다. 훨씬 더 보기 편하겠죠?

```
loadCollection.py ❶  import pickle

                      --중간 생략--

               ❷  structure = pickle.load("pickleFile")
               ❸  structureName = input("Enter the structure's name")

                  pos = mc.player.getTilePos()
                  x = pos.x
                  y = pos.y
                  z = pos.z

               ❹  buildStructure(x, y, z, structureDictionary[structureName])
```

만들려는 구조물을 뭐라고 부를지 사용자에게 묻는 행을 추가로 작성했습니다 ❸. 그리고 구조물을 shelve 사전에서 가져와 buildStructure() 함수로 전달하는 코드를 마지막 행에 작성했습니다.

여러분은 프로그램에서 몇 가지를 수정해야 합니다. 우선, saveCollection.py에서처럼 pickle 대신 shelve를 가져와야 합니다 ❶. 그리고 saveCollection.py에서 만든 shelveFile을 로드합니다. 이때 shelve.open()을 사용합니다 ❷. shelve.open()이 리턴한 데이터를 structureDictionary 변수에 저장합니다 ❹. 작성할 코드는 structureDictionary = shelve.load("shelveFile")이겠죠?

구조물의 이름이나 블록 등 모든 데이터는 structuresFile.db 파일에 저장됩니다. 다시 말해 loadCollection.py를 수정할 이유가 없습니다. 프로그램이 실행되었을 때 구조물의 이름만 입력하면 됩니다.

프로그램이 어떻게 동작하는지 살펴볼까요? 우선, saveCollection.py를 사용하여 구조물을 복사했습니다. 그림 11-7처럼 한쪽 모퉁이에서 엔터를 눌러야겠죠?

그림 11-7 저장하려는 구조물의 한쪽 모퉁이로 이동했습니다.

이제 그림 11-8처럼 반대쪽 모퉁이로 이동하고 다시 엔터를 누릅니다.

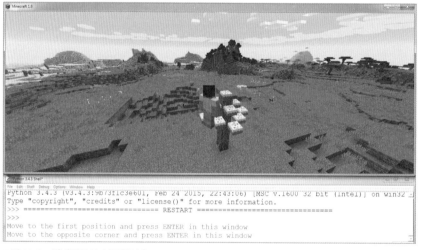

그림 11-8 반대쪽으로 이동했어요.

이제, 구조물의 이름을 입력하라고 안내를 받게 됩니다. 그림 11-9에서 구조물의 이름을 "Cake tree"로 확인할 수 있습니다.

그림 11-9 구조물의 이름을 입력했어요.

마지막 과정입니다. loadCollection.py를 실행하고 복제된 구조물을 놓을 위치로 이동합니다. 그림 11-10처럼 구조물의 이름을 입력합니다. 마술이 벌어졌죠? 건물이 만들어지기 시작합니다!

그림 11-10 복제하고 싶은가요? 구조물의 이름을 입력하고 엔터만 누르면 됩니다.

지금 이 과정은 얼마든지 반복해도 됩니다. 예를 들어 볼까요? 그림 11-11처럼 오두막 한 채를 복제한 뒤 loadCollection.py를 실행하고 구조물의 이름을 입력하면 언제라도 구조물을 게임으로 로드할 수 있습니다.

그림 11-11 이제 여러 구조물을 저장할 수 있습니다. 여기서는 오두막을 복제했습니다.

pip로 새 모듈 설치하기

pickle이나 shelve 말고도 파이썬 프로그램에 가져올 수 있는 모듈은 상당히 많습니다. 이 말은, 반대로 생각하자면 올바른 모듈을 찾아 설치하는 일이 매우 중요하다는 역설이 될 수 있습니다. 모듈 설치 과정을 단순화하기 위해 파이썬은 pip라는 패키지 관리자를 제공하고 있습니다. 패키지 관리자^{package manager}는 컴퓨터에 설치할 수 있는 각종 소프트웨어를 데이터베이스로 관리하는 소프트웨어입니다. 또한, 각종 소프트웨어를 직관적으로 설치, 업그레이드, 설치 제거할 수 있는 기능도 제공합니다.

pip 패키지 관리자는 파이썬에서 패키지들을 설치, 업그레이드, 제거할 수 있습니다. 그리고 파이썬에서 사용할 수 있는 수많은 모듈도 제공합니다. 이 절에서는 pip를 사용한 패키지 설치 방법을 살펴보고, Flask 모듈을 소개하겠습니다. Flask 모듈을 사용하면 웹사이트를 만들 수 있습니다!

최신 버전의 파이썬 3는 pip가 기본으로 설치되어 제공됩니다. 하지만 이전 버전이라면 pip를 직접 설치해야겠죠. 가장 쉽게 pip를 가져오는 방법은 물론 최신 버전의 파이썬을 사용하는 겁니다. (윈도우 사용자는 4쪽 '파이썬 설치하기'를 참고하세요. 맥 사용자는 18쪽을 참고하세요.)

지금부터 pip 사용법을 살펴보겠습니다. 운영체제에 따라 pip 사용법은 조금 달라집니다. 여러분의 운영체제에 맞는 절로 건너뛰어야겠죠?

윈도우에서 pip 사용하기

윈도우 운영체제에서 pip를 사용할 때는 윈도우의 명령 프롬프트를 열어야 합니다. 명령 프롬프트는 파이썬 셸과 비슷합니다. 한 행에 명령 하나를 입력하고 엔터를 눌러 명령을 실행합니다.

명령 프롬프트를 열려면 키보드의 윈도우 키를 누르거나 시작 메뉴를 열고 cmd를 검색합니다. 그림 11-12처럼 검은 창이 등장하면 됩니다.

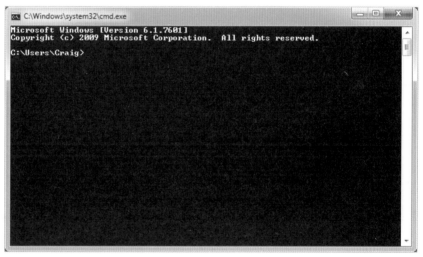

그림 11-12 윈도우의 명령 프롬프트

명령 프롬프트에서 pip를 사용하려면 원하는 동작을 pip 다음에 입력합니다. 가령, 파이썬으로 웹사이트를 만들 때 사용하는 파이썬 모듈인 Flask를 설치하려면 명령 프롬프트에서 다음 명령을 입력합니다.

```
> pip install Flask
```

파이썬 패키지 인덱스 웹사이트인 http://pypi.python.org/에서 수많은 파이썬 관련 모듈을 검색할 수 있습니다.

맥이나 라즈베리 파이에서 pip 사용하기

맥이나 라즈베리 파이에서는 명령 앞에 sudo부터 먼저 입력해야 합니다. 가령, 다음처럼 입력합니다.

```
$ sudo pip install Flask
```

오류가 발생한다면 1장으로 돌아가 맥이나 라즈베리 파이의 설치 지침을 다시 한번 확인해야 합니다.

파이썬 패키지 인덱스 웹사이트인 http://pypi.python.org/에서 수많은 파이썬 관련 모듈을 검색할 수 있습니다.

pip의 Flask 모듈 사용하기

Flask는 웹사이트를 개발할 때 사용할 수 있는 파이썬 모듈입니다. 이 절에서는 기본적인 Flask 웹사이트를 만들고 플레이어의 위치를 이 웹사이트에 나타낼 수 있도록 마인크래프트와 통합하는 방법에 관해 살펴보겠습니다.

Flask를 사용하면 코드 몇 행만으로도 웹사이트를 만들고 관리할 수 있습니다. 늘하던 대로 파이썬 코드를 작성하고 Flask와 관련된 정보만 추가하면 할 일은 끝납니다. 코드를 실행하면 컴퓨터에서 접근할 수 있는 웹사이트가 만들어집니다. 이제 웹 브라우저에서 웹사이트를 볼 수 있겠죠?

코드 11-5는 가장 중요한 정보가 포함된 기본적인 Flask 웹사이트를 만듭니다. 바로 이름이죠.

namePage.py

```
from flask import Flask
```
❶ `app = Flask(__name__)`

❷ `@app.route("/")`
   `def showName():`
❸ `    return "Craig Richardson"`

❹ `app.run()`

코드 11-5 **Flask를 사용하여 웹사이트를 만드는 파이썬 프로그램**

Flask를 사용하려면 Flask부터 만들어야 합니다. Flask는 Flask() 함수로 만듭니다 ❶. __name__ 인수는 왜 있을까요? 이 인수는 현재 파일에 Flask 프로젝트가 포함되었기 때문에 프로그램의 다른 곳을 찾아다닐 필요가 없다고 Flask에 알립니다. name 앞뒤로 밑줄이 두 개씩 있으니 주의해야겠죠?

@app.route() 태그는 데코레이터라는 것을 사용합니다. 데코레이터^{decorator}는 파이썬에 함수에 관한 추가 정보를 제공합니다. 이 프로그램을 예로 들자면 웹사이트 어느 부분에 함수가 사용되는지 Flask에 알리는 역할을 @app.route() 데코레이터가 담당합니다. 다시 말해, showName() 함수가 웹 페이지에서 사용될 곳이 "/"라고 Flask에 알리는 거죠 ❷. showName() 함수의 return문은 웹 페이지에 어떤 문자열이 출력될지 Flask에 알립니다. 여기서는 이름을 리턴하죠. 따라서 "Craig Richardson"이 웹 페이지에 출력됩니다 ❸. 프로그램의 마지막 행은 이 파일이 실행되면 Flask를 시작하라고 파이썬에 알립니다 ❹.

이 파일을 namePage.py로 files 폴더에 저장합니다. return문에서 리턴할 이름은 여러분이 원하는 대로 작성해 보세요.

이제 웹사이트를 확인해 볼까요? IDLE에서 Run ➡ Run Module을 클릭합니다. 프로그램이 실행되면서 웹 브라우저로 열 수 있는 웹사이트 파일이 만들어집니다. 웹사이트의 위치는 프로그램의 실행 결과에서 알 수 있습니다. 프로그램을 실행하면 다음과 같은 결과가 출력됩니다.

```
* Running on http://127.0.0.1:5000/ (Press CTRL+C to quit)
```

웹 브라우저에 입력할 주소는 이 행에 출력된 대로 Flask 웹사이트인 http://127.0.0.1:5000/입니다. 웹 브라우저에서 이 사이트로 연결하면 여러분이 입력한 이름을 볼 수 있습니다(그림 11-13).

NOTE 이 프로그램으로 만든 웹사이트는 오직 여러분 컴퓨터에서만 연결할 수 있습니다. 현재로서는 인터넷을 통해 다른 사람이 이 웹사이트를 볼 수 없습니다.

그림 11-13 제 웹사이트입니다! 출력되는 내용은 원하는 대로 변경할 수 있습니다. 여러분은 어떤 내용을 담고 싶은가요?

프로그램을 중지하려면 IDLE에서 CTRL-C를 누르거나 Shell ➡ Restart Shell을 클릭합니다.

이 장에서는 지극히 기본적인 Flask만을 소개하는 선에서 마무리하겠습니다. Flask는 파이썬으로 인터렉티브 웹사이트를 만들 수 있는 수많은 기능을 제공합니다. Flask에 관한 세부 내용은 Flask 웹사이트인 http://flask.pocoo.org/docs/0.10/tutorial을 참고하세요.

미션 #67: 위치를 보고하라

파이썬 최고의 장점은 여러 모듈의 장점들을 프로그램 하나로 통합할 수 있다는 것입니다. 지금까지 줄곧 마인크래프트 파이썬 API 모듈을 사용했고, 바로 앞 절에서는 Flask 모듈을 다루었습니다. 이제 몇 단계를 더 거치면 이 두 모듈을 통합할 수 있습니다.

이번 미션에서는 마인크래프트 파이썬 API와 Flask를 통합하여 플레이어의 위치를 웹 페이지에 나타내 보겠습니다.

IDLE에서 새 파일을 만들고 positionPage.py를 files 폴더에 저장합니다. 마인크래프트의 플레이어 위치를 가져와 웹 페이지에 나타내려면 Flask @app.route("/") 태그를 사용해야 합니다. 코드 11-5를 바탕으로 직접 작성해 보세요. 플레이어의 위치는 "x 10, y 110, z 12"라는 형식으로 출력하면 됩니다.

프로그램을 실행하고 웹 페이지를 확인해 보세요. 분명히 멋진 결과가 표시될 겁니다. Flask를 사용하면 온갖 정보를 웹 페이지에 표시할 수 있습니다. 인터넷에 게시하여 친구들과 공유할 수도 있습니다!

이 장에서 배운 내용

이 장에는 파이썬으로 파일을 다루는 방법이 소개되었습니다. 파이썬의 표준 라이브러리를 사용하여 파일을 읽고 쓰는 방법도 다루었습니다. 이를 통해 프로그램에서 파일을 자유자재로 제어할 수 있었습니다. 또한, 모듈을 사용하는 방법도 언급되었습니다. 모듈을 사용하면 파이썬의 능력을 높이고 파이썬으로 할 수 있는 일의 범위를 넓힐 수 있습니다.

여러분은 pickle 모듈, shelve 모듈, pip 패키지 관리자를 파헤쳤습니다. pickle과 shelve 모듈은 서로 다른 목적으로 사용됩니다. pickle 모듈은 변수 하나의 값을 저장합니다. 하지만 다차원 리스트나 사전 등은 표준 라이브러리를 사용하여 데이터를 저장하고 열기에 무리가 있습니다. shelve 모듈은 바로 이런 목적으로 사용됩니다. shelve 모듈은 pickle 모듈의 강점을 그대로 가지면서도 유연성을 높여 사전류의 구조물에 여러 값을 저장할 수 있습니다. pip는 새 모듈을 설치할 수 있는 도구입니다. 여러분은 이를 통해 Flask 모듈을 설치하여 파이썬으로 웹사이트를 만들었죠.

지금까지 소개한 내용을 바탕으로 여러분은 네 개의 미션을 완수했습니다. 첫 번째 미션에서는 할 일 리스트를 만들었습니다. 무엇을 할지 알려 주는 이 리스트를 마인크래프트 게임에 표시했죠. 두 번째 미션에서는 구조물을 저장하고 다른 곳과 다른 세계에서 로드했습니다. 세 번째 미션에서는 두 번째 미션을 수정했습니다. 여러 구조물을 파일 하나에 저장했죠. 마지막 미션에서는 Flask 모듈을 사용하여 웹 페이지를 만들었습니다. 이 웹 페이지에 플레이어의 현재 위치를 표시했죠.

여러분은 지금까지 정말 대단한 일을 해냈습니다. 다음 장은 이 책의 마지막 장입니다. 다음 장에서는 이른바 대세라 할 수 있는 프로그래밍 스타일인 클래스와 객체 지향 프로그래밍에 대해 다루겠습니다.

객체 지향, 프로그래밍이 우아해지다

재사용성reusability은 프로그래밍에서 대단히 중요한 개념으로서, 시간과 노력을 대폭으로 줄일 수 있는 도구입니다. 우리는 앞에서 루프나 함수를 통해 재사용성을 경험했습니다. 이 장에서는 객체 지향 프로그래밍object-oriented programming을 통해 재사용성을 파헤치겠습니다.

객체 지향 프로그래밍은 함수와 변수를 클래스class라는 것으로 한데 묶어 관리하는 프로그래밍 접근 방식입니다. 클래스는 객체object를 만드는 데 사용됩니다. 객체는 변수 및 함수를 클래스와 공유합니다. 하나의 클래스로부터 여러 객체를 만들면 이 클래스의 변수와 함수를 재사용하는 겁니다.

★ 옮긴이
영어와 우리말이 정확하게 일대일로 대응하지 않습니다. 따라서 function이니 method니 attribute니 하는 용어들이 사실 우리말로는 낯설기만 합니다. 특히 영어 단어의 의미를 활용하여 무언가를 설명하면 우리로서는 거리감이 꽤 있습니다. 여러분도 이 점을 감안하시기 바랍니다.

클래스에 소속된 함수를 가리켜 메서드^{method}라 부르고, 클래스에 소속된 변수를 속성^{attribute}이라 부릅니다.★

이 장에서는 객체 지향 프로그래밍에 관해 다루고, 클래스를 사용하여 코드 재사용을 연습하겠습니다. 객체 지향 프로그래밍과 클래스를 이해하면 프로그램 작성 과정이 한결 부드러워지고 편해집니다. 게임도 훨씬 쉽게 만들 수 있죠. 이 장의 미션들에서는 클래스를 사용하여 기본적인 프로그램들을 만들겠습니다. 처음에는 구조물 하나를 만들지만 나중에는 마을 전체를 만들게 될 겁니다.

객체 지향 기초

객체 지향 프로그래밍은 인기가 높습니다. 한마디로 대세입니다. 객체 지향 프로그래밍 과정을 통해 온갖 종류의 멋진 소프트웨어가 만들어지지만 정작 개념 자체는 이해하기가 까다로울 수 있습니다. 객체 지향을 친숙한 무언가에 비유해 보겠습니다. 바로 여러분입니다.

여러분은 사람입니다. 여러분은 수많은 방법^{method}을 가지고 있습니다. 먹고, 숨쉬고, 자고, 10까지 세고 등 많은 일을 할 수 있죠. 여러분이 가지고 있는 속성^{attribute}도 생각해 볼까요? 이름, 나이, 키, 신발 크기 등 여러 가지겠죠?

여러분의 친구 '메리'도 같은 방법^{method}을 가지고 있습니다. 메리도 먹을 수 있고, 숨쉴 수 있으며, 자거나 10까지 셀 수 있는 등 많은 일을 할 수 있습니다. 같은 속성^{attribute}을 가지고 있기도 합니다(이름, 나이 등). 물론, 이들 속성의 값은 다릅니다.

사실, 모든 사람이 방법^{method}과 속성^{attribute}을 가지고 있습니다. 따라서 사람을 클래스로 설명할 수 있죠. 여러분과 메리는 둘 다 사람이므로 Person이라는 클래스의 객체로 생각할 수 있습니다.

객체 지향 프로그래밍에서 객체는 클래스의 인스턴스로 불립니다. 모든 객체는 자신이 속한 클래스의 메서드와 속성을 나눠 갖습니다. 하지만 객체마다 속성의 값은 다를 수 있습니다.

이제 파이썬에서 클래스를 만들어 보겠습니다.

클래스 만들기

우선 클래스부터 만들고 이 클래스에서 객체 전체를 만들겠습니다. 클래스를 만들려면 class 키워드와 클래스의 이름이 필요하고, 괄호에 object라는 클래스를 만들어야 합니다(object 클래스에 대해서는 349쪽 '클래스 상속하기'에서 설명하겠습니다).

```
class ClassName(object):
    def __init__(self):
        # init의 몸체
```

클래스의 이름은 대개 대문자로 시작합니다. 함수의 이름은 소문자로 시작하니 그래야 클래스와 함수를 구별하기도 쉬워집니다.

새 클래스를 만들 때는 __init__() 메서드를 클래스 안에 두고 self를 인수로 전달받아야 합니다. 메서드마다 클래스 소속이라는 것을 알리기 위해 self 인수가 필요합니다. __init__() 메서드는 프로그램에서 클래스가 처음 사용될 때 무엇을 해야 하는지 파이썬에 알려 주는 역할을 합니다. 이를 가리켜 초기화^{initialize}라고 하며 짧게 줄여 __init__()이라고 표현합니다.

예를 들어, Cat이라는 클래스를 만들고 몇몇 고양이 관련 객체를 만든다고 생각해 보겠습니다. Cat 클래스는 고양이마다 두 개의 속성을 가집니다. 하나는 name이고 또 하나는 킬로그램 단위의 weight입니다. 고양이 객체들의 name과 weight 값은 제각각이겠죠. IDLE의 텍스트 편집기에서 새 파일을 열고 catClass.py로 새 classes 폴더에 저장합니다. 다음 코드를 입력하여 Cat 클래스를 만듭니다.

catClass.py

```
class Cat(object):
❶    def __init__(self, name, weight):
❷        self.name = name
❸        self.weight = weight
```

여기서 __init__() 메서드의 인수는 모두 셋입니다❶. 첫 번째 인수는 self인데, 클래스 메서드마다 꼭 필요한 인수라고 앞에서 언급했었습니다. 두 번째 인수인 name과 마지막 인수인 weight는 모든 고양이에 적용할 속성을 만들기 위한 추가 인수입니다.

마지막 두 행은 name ❷과 weight ❸ 속성을 만들고, 각각 name과 weight 인수로 받는 값을 이 두 속성에 저장합니다. 클래스 안에서 속성을 만들 때는 self에 점 표기법을 적용합니다. 속성은 항상 self로 식별됩니다. 현재 클래스의 소속임을 파이썬에 알리는 거죠.

이제, 이 클래스를 사용하여 객체의 인스턴스를 어떻게 만드는지 살펴보겠습니다.

객체 만들기

새로 만든 클래스를 사용하여 Cat 클래스의 인스턴스인 고양이 객체 몇 개를 만들어 보겠습니다.

객체를 초기화하는 것은 변수를 만드는 것과 비슷합니다. 객체를 초기화하려면 객체의 이름, 등호 기호(=), 클래스의 이름이 필요합니다. 그리고 인수는 괄호로 묶어 전달합니다. 함수를 호출할 때와 같죠.

예를 들어, 고양이 한 마리를 입양받아 이름을 Fluff라 짓겠습니다. Cat 클래스를 사용하여 fluff라는 고양이 객체를 만듭니다. 다음 코드를 catClass.py에 추가합니다(들여쓰기가 없습니다!).

catClass.py

```
class Cat(object):
    def __init__(self, name, weight):
        self.name = name
        self.weight = weight

fluff = Cat("Fluff", 4.5)
```

객체를 만들 때 인수의 개수는 __init__() 함수의 인수에 따라 달라집니다. 여기서는 인수가 두 개입니다. 하나는 name이고 또 하나는 weight입니다. name의 값은 "Fluff"이고 weight의 값은 4.5 맞죠? self 인수는 포함하지 않아도 됩니다. 왜 그럴까요? self 인수는 파이썬이 자동으로 추가해 주기 때문입니다.

'객체를 만든다'는 다른 말로 **컨스트럭터를 호출한다**^{call a constructor}고 합니다. __init()__ 메서드는 컨스트럭터로 불릴 때도 많습니다. 호출되면 클래스를 만들기 때문입니다. __init()__ 메서드는 이름만으로 참조할 수 없기 때문에 좀 특별한 종류라 할 수 있습니다. 그렇다면 __init()__ 메소드는 어떻게 실행할까요? 클래스의 이름을 사용하여 객체를 만들면 이 메서드가 실행됩니다. 가령, fluff = Cat("Fluff", 4.5) 코드는 __init()__ 메서드를 호출합니다. fluff라는 Cat 객체를 만들기 때문입니다.

이제, fluff 객체의 속성에 접근하는 방법을 살펴보겠습니다.

속성에 접근하기

객체의 속성에 접근하여 객체에 관한 이런저런 정보를 가져올 수 있습니다. 가령, 다음 코드를 fluff 객체 뒤에 catClass.py에 추가하면, fluff 객체의 weight 속성이 출력됩니다.

catClass.py

```
print(fluff.weight)
```

프로그램을 실행하면 4.5가 출력됩니다. 객체를 만들 때 weight 속성을 그렇게 설정했기 때문입니다.

객체의 이름인 fluff와 weight 속성 사이에 점 표기법을 적용했습니다. 점(.)은 속성이 특정 객체의 소속임을 나타냅니다. 여기서는 weight 속성의 값이 fluff 객체의 소속인 겁니다. 객체의 속성 값을 가져오거나 설정할 때는 점(.)을 사용합니다.

속성의 값은 변수를 다룰 때처럼 변경합니다. 등호 기호를 사용하는 거죠. 가령, 겨울에 좀 나태해졌더니 Fluff의 무게가 늘었습니다. 무게를 5로 변경해 볼까요? fluff 객체의 weight 속성 값을 5로 변경하면 됩니다.

catClass.py

```
fluff.weight = 5
```

이제 fluff 객체의 weight 속성에 접근하면 5를 가져올 수 있습니다.

지금까지 살펴본 지식을 토대로 멋진 프로그램을 만들어 보겠습니다.

여러분은 이 책 곳곳에서 어떤 위치를 저장했습니다. 가령, 집이나 성, 궁전 등 여러 구조물의 위치를 저장하고 가져왔죠. 그리고 변수니, 리스트니, 튜플이니, 사전이니 하는 것들을 다양한 방법으로 사용했습니다.

객체 지향 프로그래밍을 적용하면 위치 능 서로 관련이 있는 정보를 만들고 저장할 수 있습니다. 가령, 여러 위치의 좌표를 저장할 때 객체를 사용할 수 있습니다.

각 위치는 x, y, z 좌표로 표시되지만 값은 제각각입니다. 위치를 클래스로 만들면 여러 위치의 좌표를 저장할 수 있습니다. 이렇게 하면 마인크래프트에서 아주 멋있는 구조물들을 만들 때 하나하나 추적할 수 있어 무척 편리합니다. 원하는 좌표에 빠르게 접근할 수도 있으므로 순간 이동도 가능하겠죠?

코드 12-1은 Location 클래스의 뼈대입니다. 코드가 마무리되면 객체 하나의 위치 좌표를 저장할 수 있습니다. 코드를 locationClass.py라는 새 파일로 classes 폴더에 저장합니다.

locationClass.py

```
from mcpi.minecraft import Minecraft
mc = Minecraft.create()

❶ class Location(object):
      def __init__(self, x, y, z):
❷         self.x = x
❸         # y와 z 속성을 여기에 추가합니다.

❹ bedroom = Location(64, 52, -8)
❺ mc.player.setTilePos(bedroom.x, bedroom.y, bedroom.z)
```

코드 12-1   **Location 클래스의 뼈대**

class 키워드와 클래스 이름인 Location을 지정하여 클래스를 시작합니다❶. ❹에서는 bedroom이라는 객체를 초기화합니다. bedroom 객체에는 침실의 위치가 저장됩니다. setTilePos() 메서드는 플레이어의 위치를 침실의 위치, 즉 bedroom 객체의 x, y, z 속성에 설정합니다❺. 하지만 이 코드는 완성된 프로그램이 아닙니다. 클래스의 __init()__ 메서드를 완성하고 __init()__ 메소드로 전달되는 인수들의 값에 y 및 z 속성을 설정하는 일은 여러분의 몫입니다. x 속성의 값은 설정돼 있지만❷ y와 z 속성은 여러분이 해야겠죠❸? 잊지 마세요. 침실의 위치를 사용해야 합니다❹!

그림 12-1은 완성된 프로그램이 동작 모습입니다. 플레이어가 침실로 텔레포트했네요.

그림 12-1 플레이어가 침실로 텔레포트했어요!

보너스 목표: 즐거운 나의 집
다른 방으로도 텔레포트해 볼까요? Location 클래스를 사용하여 객체를 더 만들어 집안 곳곳으로 우아하게 텔레포트해 보세요.

메서드 이해하기

클래스에는 메서드가 담깁니다. 메서드는 클래스와 연결되는 함수를 일컫는 말이죠. 클래스의 메서드는 클래스의 모든 인스턴스가 사용할 수 있는 함수인 셈입니다. 메서드는 프로그래밍 시간을 줄이고 코드를 재사용할 수 있는 대단히 유용한 방법입니다. 메서드를 한 번만 만들면 되기 때문입니다.

메서드를 만들려면 클래스의 몸체에서 def 키워드를 사용하여 함수를 만듭니다. 앞에서도 def 키워드를 사용하여 함수를 만들었습니다. 메서드도 def 키워드로 만듭니다. 다만, 자신이 속한 클래스에서 들여쓰기가 적용돼야 합니다. 예를 들어 catClass.py의 Cat 클래스를 업데이트해 보겠습니다. 고양이에게 먹을 수 있는 능력을 부여하기 위해 eat()라는 메서드를 Cat 클래스에 추가합니다. 다음 코드를 입력하고 catClass.py를 설명에 따라 변경합니다.

catClass.py

```python
class Cat(object):
    def __init__(self, name, weight):
        self.name = name
        self.weight = weight

    def eat(self, food):
        self.weight = self.weight + 0.05
        print(self.name + " is eating " + food)
```

메서드의 정의나 몸체는 들여쓰기를 적용받아 공백 문자 네 개씩 안으로 밀려 들어갔습니다. 이 때문에 메서드들은 이 클래스에 소속되었다는 것을 파이썬에 분명히 알릴 수 있습니다.

메서드도 함수처럼 인수를 받습니다. 여기서 eat() 메서드는 food라는 인수를 받죠. food 인수는 고양이의 먹이를 가리킵니다. eat() 메서드는 고양이의 weight 속성을 0.05 늘리고 고양이가 먹이를 먹었다고 메시지를 출력합니다.

객체를 만들면 그 객체가 속한 클래스의 메서드는 모두 호출할 수 있습니다. 가령, fluff 객체를 사용하여 eat() 메서드를 호출할 수 있겠죠. 다음 코드를 catClass.py에 추가합니다.

catClass.py

```python
fluff = Cat("Fluff", 4.5)
fluff.eat("tuna")
```

앞에서 작성한 코드에는 Cat 클래스의 일부분인 fluff 객체가 있습니다. 여기에 eat() 메서드 호출 코드를 추가할 텐데, 인수는 "tuna"입니다. 프로그램을 실행하면 다음처럼 출력됩니다.

```
Fluff is eating tuna
```

이제 Fluff가 행복하게 참치를 먹겠죠? eat() 메서드는 weight 속성 값도 늘립니다. eat() 메서드를 호출하고 fluff의 무게를 출력하는 코드도 추가해 보세요.

클래스 안에서 메서드를 호출할 수도 있습니다. 어떤 메서드에서 다른 메서드를 호출하는 거죠. eatAndSleep()이라는 새 메서드를 Cat 클래스에서 만들어 보겠습니다. eatAndSleep() 메서드는 eat() 메서드를 호출하고 고양이가 자고 있다는 메시지를 출력합니다. 이 코드를 catClass.py에서 eat() 메서드 바로 다음에 추가합니다(들여쓰기에 주의하세요. 이 메서드가 클래스의 일부분인 것을 파이썬이 알고 있어야 합니다).

catClass.py

```python
def eatAndSleep(self, food):
    self.eat(food)
    print(self.name + " is now sleeping...")
```

클래스 안에서 메서드를 호출하려면 self.을 메서드 이름 앞에 붙여야 합니다. 여기서는 eat() 메서드가 self.eat()로 호출됩니다. 이는 클래스 밖에서 호출하는 경우와 다르니 주의해야 합니다. 클래스 밖에서는 객체의 이름과 호출할 메서드만 필요하죠. 예를 들어, 프로그램에서 마지막 행에 들어갈 다음 코드는 새 eatAndSleep() 메서드를 fluff 객체에 호출합니다.

catClass.py

```python
fluff.eatAndSleep("tuna")
```

다음은 프로그램을 실행하면 출력되는 결과입니다.

```
Fluff is eating tuna
Fluff is now sleeping...
```

다음은 지금까지 다룬 각 부분을 한꺼번에 정리한 전체 프로그램입니다.

```python
class Cat(object):
    def __init__(self, name, weight):
        self.name = name
        self.weight = weight
```

```
    def eat(self, food):
        self.weight = self.weight + 0.05
        print(self.name + " is eating " + food)

    def eatAndSleep(self, food):
        self.eat(food)
        print(self.name + " is now sleeping...")

fluff = Cat("Fluff", 4.5)
print(fluff.weight)
fluff.eat("tuna")
fluff.eatAndSleep("tuna")
```

이를 바탕으로 새로운 기술을 마인크래프트에 적용해 볼까요?

미션 #69: 유령의 집

아무리 황당한 생각이라도 파이썬과 마인크래프트가 있다면 실행 가능한 것으로 바꿀 수 있습니다. 바로 이런 점이 프로그래밍의 강력함이 아닐까 생각합니다. 처음 생각은 미약할지 모르지만 거기에 코드가 들어가면서 창대한 프로그램이 빠르게 나올 수 있습니다.

유령의 집을 한번 만들어 보는 건 어떨까요? 나타났다가 30초 만에 사라지게 하는 겁니다. 다른 곳에 나타났다가 또 사라지게 할 수도 있을 거예요.

다음은 유령의 집 프로그램의 첫 번째 버전입니다. 코드 12-2를 ghostHouse.py로 classes 폴더에 저장합니다.

ghostHouse.py
```
from mcpi.minecraft import Minecraft
mc = Minecraft.create()

import time

❶ class Building(object):
❷     def __init__(self, x, y, z, width, height, depth):
        self.x = x
        self.y = y
        self.z = z

        self.width = width
        self.height = height
```

```
                    self.depth = depth

❸       def build(self):
            mc.setBlocks(self.x, self.y, self.z,
                        self.x + self.width, self.y + self.height,
                        self.z + self.depth, 4)

            mc.setBlocks(self.x + 1, self.y + 1, self.z + 1,
                        self.x + self.width - 1,
                        self.y + self.height - 1,
                        self.z + self.depth - 1, 0)
❹           # 여기서 buildDoor()와 buildWindows() 메서드를 호출합니다.

❺       def clear(self):
            mc.setBlocks(self.x, self.y, self.z,
                        self.x + self.width, self.y + self.height,
                        self.z + self.depth, 0)
❻           # 여기서 문과 창문을 제거합니다.

    pos = mc.player.getTilePos()
    x = pos.x
    y = pos.y
    z = pos.z

❼ ghostHouse = Building(x, y, z, 10, 6, 8)
    ghostHouse.build()

    time.sleep(30)

    ghostHouse.clear()
❽ ghostHouse.x = 8
```

코드 12-2 **Building 클래스로 집을 만듭니다.**

코드 12-2에서는 Building이라는 클래스❶를 사용합니다. 여기에 집의 위치와 크기를 설정하는 __init()__ 메서드❷가 보이네요. 그리고 ❼에서 ghostHouse라는 Building 객체도 만들어집니다. build()❸와 clear() 메서드❺를 사용하면 집이 나타났다가 신기하게도 30초 뒤에 사라집니다. 문제가 하나 있다면 집이 집처럼 보이지 않는다는 겁니다. 지금은 그저 커다랗고 속이 빈 조약돌 껍데기에 불과합니다.

우리 주위에서 볼 수 있는 집처럼은 아니더라도 단순 껍데기보다는 좀 더 집처럼 치장할 필요는 있습니다. 그래야 유령의 집이라는 명성에 걸맞겠죠? 지금 집을 좀 더 집처럼 꾸미기 위해 현관문과 창문을 만드는 메서드들을 추가하겠습니다. 집과 동시에 만들어야 하니 이 두 메서드를 build() 메서드 안에서 호출해야 합니다 ❹.

문과 창문을 만드는 메서드를 추가한 뒤에는 이를 다시 삭제할 수 있도록 clear() 메서드를 업데이트해야 합니다. 그래야 집만 사라지고 문과 창문은 남는 황당한 사태를 막을 수 있겠죠?

ghostHouse 객체의 x, y, z 속성을 변경하여 집을 새로운 위치로 옮겨 보세요. build()와 clear() 메서드도 더 추가해야 합니다. 일단 집의 x 위치를 8로 변경해 두었습니다 ❽.

프로그램을 실행하면 유령의 집이 갑자기 나타났다가 30초 뒤에 사라집니다. 어딘가에 다시 나타나겠죠?

그림 12-2에 유령의 집이 나타났습니다.

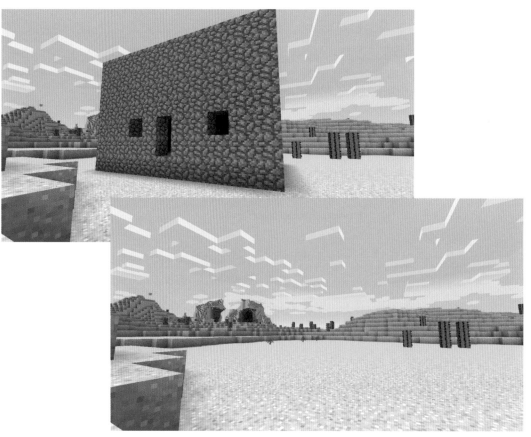

그림 12-2 **유령의 집이 나타났다가 사라졌습니다.**

보너스 목표: 집수리

지금은 유령의 집이 너무 단촐하죠. 이 책에서 배운 파이썬의 놀라운 능력을 활용해 볼까요? build() 함수를 사용하여 집을 꾸며 보세요.

메서드로 값 리턴하기

메서드도 함수처럼 값, 즉 객체의 속성을 리턴할 수 있습니다. 이때 필요한 키워드는 return입니다. 예를 들어, 고양이 Fluff의 무게를 킬로그램 단위에서 그램 단위로 변환해 보겠습니다. 1Kg은 1,000g입니다. 따라서 올바로 단위를 변환하려면 weight 속성에 1,000을 곱하고 리턴해야 합니다. catClass.py에서 getWeightInGrams() 메서드를 Cat 클래스에 추가합니다.

catClass.py

```
class Cat(object):
    def __init__(self, name, weight):
        self.name = name
        self.weight = weight


    def getWeightInGrams(self):
        return self.weight * 1000
```

리턴받은 값을 출력하려면 객체를 만들고 메서드를 호출해야 합니다. 다음은 fluff 객체를 사용하여 print() 함수 안에서 메서드를 호출하는 코드입니다. 호출될 메서드는 고양이의 무게를 그램 단위로 출력합니다.

catClass.py

```
fluff = Cat("Fluff", 4.5)
print(fluff.getWeightInGrams())
```

파일을 실행하면 다음 결과가 출력됩니다.

```
4500
```

다음 미션에서 유령의 집을 확장하여 집의 정보를 리턴하는 메서드도 만들겠습니다.

미션 #70: 유령의 성

마인크래프트 게임 세계에 만든 모든 구조물은 저마다 다른 이름이 있습니다. 바다가 벽장, 식물원, 동물 농장, 저장고, 궁전, 바다속 궁전, 지하 궁전 등 정말 다양한 구조물을 만들 수 있죠. 문제는 이런 이름들이 머릿속에만 있다는 겁니다!

클래스를 사용하여 구조물의 위치나 크기를 설정할 수 있습니다. 미션 #69에서 이미 그런 실습을 했죠. 이제 이름도 설정해 보겠습니다.

일단 유령의 집에 이름을 지정하고 파이썬에 알려 주겠습니다. 구조물의 이름을 리턴하는 메서드를 추가하도록 미션 #69의 Building 클래스를 업데이트해야겠죠? ghostCastle.py라는 새 파일에 코드 12-3을 복사하고 classes 폴더에 저장합니다.

ghostCastle.py

```
from mcpi.minecraft import Minecraft
mc = Minecraft.create()

import time

❶ class NamedBuilding(object):
❷     def __init__(self, x, y, z, width, height, depth, name):
        self.x = x
        self.y = y
        self.z = z

        self.width = width
        self.height = height
        self.depth = depth

❸        self.name = name

    def build(self):
        mc.setBlocks(self.x, self.y, self.z,
                     self.x + self.width, self.y + self.height,
                     self.z + self.depth, 4)

        mc.setBlocks(self.x + 1, self.y + 1, self.z + 1,
                     self.x + self.width - 1,
                     self.y + self.height - 1,
                     self.z + self.depth - 1, 0)
```

```
        def clear(self):
            mc.setBlocks(self.x, self.y, self.z,
                         self.x + self.width, self.y + self.height,
                         self.z + self.depth, 0)

❹      def getInfo():
            # 여기에 getInfo() 메서드의 몸체를 추가합니다.

    pos = mc.player.getTilePos()
    x = pos.x
    y = pos.y
    z = pos.z
    ghostCastle = NamedBuilding(x, y, z, 10, 16, 16, "Ghost Castle")
    ghostCastle.build()
❺ mc.postToChat(ghostCastle.getInfo())

    time.sleep(30)

    ghostCastle.clear()
```

코드 12-3 NamedBuilding은 Building 클래스와 매우 비슷합니다. name이라는 속성, 구조물의
설명을 리턴하는 메서드만 다르네요.

우선 클래스의 이름을 NamedBuilding으로 변경했습니다 ❶. 그래야 이전 미션의
Building 클래스와 혼동하지 않겠죠? 그리고 새 인수와 name이라는 속성도 컨스
트럭터에 추가했습니다 ❷. 이 인수는 구조물의 이름에 해당하며, 컨스트럭터는 이
이름을 name 속성에 지정합니다 ❸.

여러분의 미션은 새 클래스인 NamedBuilding에 getInfo()라는 메서드를 추가하
는 겁니다. getInfo()는 성의 이름과 위치를 리턴하는 메서드입니다. ❹에 getInfo()
메서드를 맛보기로 넣어 두었으니 나머지 몸체를 작성하는 것은 여러분의 몫입니
다. getInfo() 메서드는 ghostCastle 객체에 호출됩니다 ❺. 따라서 getInfo() 메서드
가 리턴한 문자열이 마인크래프트 대화 창으로 출력됩니다. 가령, 구조물의 위치
가 x = –310, y = 64, z = 1081이라면, getInfo() 메서드는 "Ghost Castle's location is
at –310, 64, 1081"이라는 문자열을 리턴해야 합니다.

그림 12-3은 프로그램의 동작 모습입니다. 유령의 성이 높아 보이지만 미션 #69에
서 선보인 유령의 집과 구조적으로는 같습니다. build() 메서드가 같기 때문이죠.
여러분이 원하는 대로 build() 메서드를 변경하여 여러분만의 성을 만들어 보는 것
은 어떨까요?

그림 12-3 유령의 성에 관한 정보가 출력되었습니다.

여러 객체 만들기

한 클래스에서 여러 객체를 만들 수도 있습니다. 같은 클래스 컨스트럭터에서 이름만 달리 하여 객체를 만들면 됩니다. (노파심에서 다시 언급하자면, 컨스트럭터는 __init()__ 메서드의 다른 이름입니다.) 가령, Stella라는 두 번째 고양이를 만들겠습니다. Stella는 Fluff의 친구예요. catClass.py를 열고 다음 코드를 추가합니다.

catClass.py

```python
class Cat(object):
    def __init__(self, name, weight):
        self.name = name
        self.weight = weight

fluff = Cat("Fluff", 4.5)
stella = Cat("Stella", 3.9)
```

이제 고양이 객체가 둘 생겼습니다. fluff와 stella입니다. 같은 클래스에서 만들었으니 name과 weight라는 속성도 같습니다. 단, 그 값은 다르겠죠?

다음 코드를 catClass.py에 추가하여 고양이의 이름들을 출력해 보겠습니다.

catClass.py

```
print(fluff.name)
print(stella.name)
```

파일을 실행하면 출력되는 결과는 다음과 같습니다.

```
Fluff
Stella
```

두 고양이 객체는 같은 메서드에도 접근할 수 있습니다. 다시 말해, 둘 다 eat() 함수를 호출할 수 있습니다. 다음 코드를 catClass.py에 추가합니다.

catClass.py

```
fluff.eat("tuna")
stella.eat("cake")
```

출력은 다음과 같습니다.

```
Fluff is eating tuna
Stella is eating cake
```

한 번 클래스를 만들어 두면 객체를 수도 없이 만들 수 있으므로 매우 편리합니다. 이제 본격적으로 시작해 볼까요?

미션 #71: 유령 마을

유령의 집보다 더 무서운 건 뭘까요? 예, 그렇습니다. 유령의 집이 둘 있는 겁니다. 그렇다면 유령의 집이 셋이면 더 무섭겠네요? 넷은 어떨까요? 아니면 다섯은요? 오늘, 잠은 다 잤습니다!

미션 #69(336쪽)에서는 사라지는 집을 만드는 클래스를 구현했습니다. 이번에는 같은 클래스를 사용하여 여러 객체를 만들고 각 객체의 속성과 메서드를 구현하겠습니다. 여러분은 원하는 대로 구조물을 만들 수 있고, 나타났다 사라졌다를 간편하게 구현할 수 있습니다.

여러분의 미션은 유령의 집 객체를 넷 이상 만들고 마을에 늘어놓는 겁니다. 일정 시간이 지나면 모두 집이 한꺼번에 사라지고 지도 어딘가에 다시 나타나는 거죠. 정말 유령 마을 같죠?

ghostHouse.py를 IDLE에서 엽니다. 이 파일이 앞으로 만들 프로그램의 뼈대기 됩니다. ghostHouse.py에서 집을 만들면 코드는 다음과 같은 모습일 겁니다.

ghostHouse.py

```
ghostHouse = Building(17, 22, -54, 10, 6, 8)
ghostHouse.build()

time.sleep(30)

ghostHouse.clear()
```

ghostHouse.py를 ghostVillage.py라는 새 파일로 저장합니다. 그리고 Building 클래스를 사용하여 마을을 만듭니다. 집 객체를 서넛 만들어야겠죠? 코드 12-4에 미리 두 번째 객체를 만들어 두었습니다. 그리고 플레이어의 현재 위치를 담을 변수 x, y, z도 설정했습니다. 플레이어의 현재 위치는 player.getTilePos()로 알 수 있습니다. 이 함수를 사용하면 마을을 좀 더 쉽게 구현할 수 있겠죠?

ghostVillage.py

```
pos = mc.player.getTilePos()
x = pos.x
y = pos.y
z = pos.z
ghostHouse = Building(x, y, z, 10, 6, 8)
shop = Building(x + 12, y, z, 8, 12, 10)
# 유령의 집 객체를 더 만듭니다.

ghostHouse.build()
shop.build()
# 유령의 집 객체를 더 만듭니다.
```

```
time.sleep(30)

ghostHouse.clear()
shop.clear()
```

코드 12-4   유령의 집 여럿 만들기

그림 12-4는 유령의 마을 모습입니다. 30초가 지나면 마을 전체가 사라집니다.

그림 12-4   유령 마을의 집들이 으스스하죠?

클래스 속성

클래스의 객체 인스턴스마다 같은 속성 값을 가져야 할 때가 있습니다. 그런데 객체가 만들어질 때마다 같은 인수를 전달해야 한다면 여간 귀찮은 일이 아닐 겁니다. 이럴 때는 클래스에 미리 속성을 만들어 두고 클래스의 모든 객체 인스턴스가 이 속성을 공유하게 하면 됩니다.

여러 객체가 같은 속성을 공유할 때 이를 가리켜 클래스 속성^{class attribute}이라고 합니다. 예를 들겠습니다. 지금까지 만든 모든 고양이 객체가 Craig(접니다)의 소유라고 해 보겠습니다. catClass.py 파일의 Cat 클래스를 다시 사용할 텐데, 우선 owner라는 클래스 속성을 만들고 "Craig"로 설정하겠습니다.

```
catClass.py    class Cat(object):
                   owner = "Craig"

                   def __init__(self, name, weight):
                       self.name = name
                       self.weight = weight
```

코드에서 알 수 있듯, 클래스 속성은 이름 앞에 self를 사용하지 않습니다. 여기서 owner는 클래스 속성이고 self.name은 속성입니다. __init()__ 함수 밖에 클래스 속성을 정의한 것도 눈여겨보아야 합니다.

클래스 속성은 여느 객체의 속성과 마찬가지로 동작합니다. 가령, 일반적인 속성에 접근하듯 클래스 속성의 값에 접근할 수 있습니다. 여기서 Fulff의 주인을 찾을 때는 fluff 객체의 owner 클래스 속성을 출력하면 됩니다.

```
catClass.py    fluff = Cat("Fluff", 4.5)
               print(fluff.owner)
```

출력된 값은 "Craig"입니다. Stella의 주인을 출력해도 출력되는 값은 같습니다. 객체마다 클래스 속성이 같기 때문입니다.

```
catClass.py    stella = Cat("Stella", 3.9)
               print(stella.owner)
```

여기서 출력되는 값도 "Craig"입니다.

개별 객체에서 클래스 속성의 값을 변경할 수 있습니다. 다만, 어떤 객체에서 변경된 클래스 속성은 다른 객체에 영향을 미치지 않습니다. 가령, Stella를 Matthew가 입양했다면 Stella의 주인을 "Matthew"로 변경해야 합니다.

```
catClass.py    stella.owner = "Matthew"
               print(stella.owner)
               print(fluff.owner)
```

stella 객체의 owner 속성은 "Matthew"로 출력됩니다. 하지만 fluff의 주인은 여전히 "Craig"입니다.

catClass.py에 모든 변경 내용을 적용했다면 최종 프로그램의 모습은 다음과 같을 겁니다.

catClass.py

```python
class Cat(object):
    owner = "Craig"

    def __init__(self, name, weight):
        self.name = name
        self.weight = weight

    def eat(self, food):
        self.weight = self.weight + 0.05
        print(self.name + " is eating " + food)

    def eatAndSleep(self, food):
        self.eat(food)
        print(self.name + " is now sleeping...")

    def getWeightInGrams(self):
        return self.weight * 1000


fluff = Cat("Fluff", 4.5)
print(fluff.owner)
stella = Cat("Stella", 3.9)
print(stella.owner)

print(fluff.weight)
fluff.eat("tuna")
fluff.eatAndSleep("tuna")

print(fluff.getWeightInGrams())
print(fluff.name)
print(stella.name)

fluff.eat("tuna")
stella.eat("cake")

stella.owner = "Matthew"
print(stella.owner)
print(fluff.owner)
```

지금까지 객체를 어떻게 사용하는지 살펴봤습니다. 이제 더욱 강력한 개념인 상속을 객체에 적용해 보겠습니다.

상속 이해하기

상속[inheritance]은 여러 클래스가 같은 메서드와 속성을 공유한다는 의미입니다. 가령, 오리는 새의 한 종류입니다. 오리는 다른 새와 같은 메서드를 공유합니다(날기, 먹기 등). 그리고 오리는 다른 새와 같은 속성도 공유합니다(무게, 날개 길이 등). 따라서 오리는 '새'라는 클래스의 속성과 메서드를 상속한다고 말할 수 있습니다. 그림 12-5는 이 관계를 나타낸 다이어그램입니다.

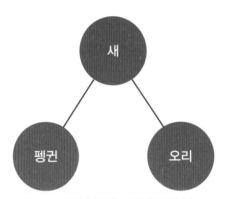

그림 12-5 펭귄과 오리는 새의 종류입니다.

다른 클래스에 상속의 대상이 되는 클래스를 슈퍼클래스[superclass]라고 합니다. 슈퍼클래스로부터 상속을 받는 클래스는 서브클래스[subclass]라고 합니다.

상속은 비슷한 객체 사이에서 미묘한 차이를 만들어 낼 수 있기 때문에 쓸모가 많습니다. 가령, 펭귄은 새의 한 종류이지만 물속을 헤엄칠 수 있습니다. 다른 새들과 다른 특징이죠. 펭귄을 표현하려면 '새'라는 클래스를 상속하는 서브클래스를 만들어야 하지만 물속을 헤엄칠 수 있는 펭귄만의 특징을 담을 수 있도록 각색해야 합니다. 서브클래스를 만드는 이유가 바로 이런 각색 때문입니다. 슈퍼클래스의 특징을 그대로 가지면서도(코드 재작성을 피해야 함) 서브클래스만의 메서드와 속성을 추가할 수 있는 겁니다.

클래스 상속하기

서브클래스가 슈퍼클래스를 상속하면 서브클래스는 슈퍼클래스의 모든 메서드와 속성을 사용할 수 있습니다. 서브클래스 또한 자체 메서드와 속성을 가질 수 있습니다. 단, 원래 슈퍼클래스를 변경하지 않는 범위 내에서라야 합니다.

새 이야기를 다시 해 보겠습니다. 우선, Bird라는 슈퍼클래스를 만들겠습니다. IDLE에서 새 파일을 열고 birdClass.py로 저장합니다. 그리고 다음 코드를 추가합니다.

birdClass.py
```
❶  class Bird(object):
❷      def __init__(self, name, wingspan):
            self.name = name
            self.wingspan = wingspan

❸      def birdcall(self):
            print("chirp")

❹      def fly(self):
            print("flap")
```

우선 Bird라는 클래스를 만들었습니다 ❶. 그런데 가만히 보면 Bird 클래스는 object 클래스를 상속합니다. object 클래스는 다른 모든 클래스의 기준 클래스입니다. 다시 말해, 클래스는 예외 없이 object 클래스를 상속합니다. 그리고 상속할 슈퍼클래스가 마땅히 없을 때 이 object 클래스를 슈퍼클래스로 사용합니다. 클래스가 겹겹이 쌓여 한 클래스가 다른 클래스를 상속하고 다른 클래스는 또 다른 클래스를 상속할 때 object 클래스는 항상 최상위 클래스가 되는 겁니다.

Bird 클래스의 __init()__ 메서드에는 인수가 둘 입니다. 새의 name과 wingspan 속성을 설정하는 인수입니다 ❷. 메서드도 둘입니다. 하나는 birdcall() ❸이고 또 하나는 fly() ❹입니다. birdcall() 메서드는 "chirp"를, fly() 메서드는 "flap"을 출력합니다.

Bird 클래스를 사용하여 gardenBird라는 객체를 만듭니다.

birdClass.py

```
gardenBird = Bird("Geoffrey", 12)
gardenBird.birdcall()
gardenBird.fly()
```

출력은 다음과 같습니다.

```
chirp
flap
```

슈퍼클래스를 만들었으니 이 슈퍼클래스를 상속하는 서브클래스를 만들 수 있습니다. 다만, 이 서브클래스에는 자체 메서드가 있습니다. 이 과정은 다음 절에서 살펴보겠습니다.

서브클래스에 새 메서드 추가하기

펭귄용 클래스를 birdClass.py에 추가하겠습니다. 이 클래스의 이름은 Penguin입니다. 펭귄은 물속을 헤엄칠 수 있으므로 Penguin 클래스에 swim()이라는 메서드를 만들겠습니다.

birdClass.py

```
class Penguin(Bird):
    def swim(self):
        print("swimming")
```

서브클래스를 정의하고 object가 아닌 어떤 슈퍼클래스를 상속하도록 할 때는 상속할 슈퍼클래스의 이름을 괄호 안에 둡니다. Penguin 클래스에는 __init()__ 메서드를 만들지 않은 것에 주의해야 합니다. 왜 만들지 않았을까요? Penguin 클래스는 Bird 클래스를 상속합니다. 따라서 Bird 클래스의 __init()__ 메서드를 사용하는 거죠. 펭귄을 한 마리 만들어 Bird 클래스의 __init()__ 메서드를 사용하고 swim() 함수를 테스트해 보겠습니다.

birdClass.py

```
sarahThePenguin = Penguin("Sarah", 10)
sarahThePenguin.swim()
```

이 코드의 출력 결과는 다음과 같습니다.

```
swimming
```

Penguin 클래스도 fly()나 birdcall() 메서드를 사용할 수 있습니다. Bird 클래스를 상속하기 때문입니다.

birdClass.py

```
sarahThePenguin.fly()
sarahThePenguin.birdcall()
```

여기서 출력은 다음과 같습니다.

```
flap
chirp
```

하지만 flap이나 chirp 결과는 펭귄에 어울리지 않습니다. 펭귄은 날 수 없고, 펭귄의 울음소리는 chirp가 아니라 quack에 더 가깝죠. 이런 상황을 해결하기 위해서는 상속된 메서드를 오버라이드해야 합니다. 354쪽 '메서드와 속성 오버라이드하기' 절에서 자세하게 살펴보겠습니다.

하지만 우선은 마인크래프트로 돌아와 유령의 집에 상속을 적용해 보겠습니다.

미션 #72: 유령 호텔

집이나 호텔이나 구조물(건물)의 종류입니다. 문과 창문, 방, 계단, 벽 등이 있습니다. 호텔은 발코니, 많은 방, 근사한 출입문 등을 갖춘 멋진 집이라 할 수 있습니다.

앞에서 작성한 유령의 집 코드를 사용하여 유령 호텔을 어떻게 만들 수 있을까요? 건물의 기본 골격은 같습니다. 다만, 방에 카펫을 까는 메서드와 건물 주위로 꽃을 심는 메서드만 다릅니다. 정리하자면, 유령 호텔 클래스가 유령의 집 클래스를 상속받고, 카펫과 꽃을 만드는 자체 메서드를 가집니다.

IDLE에서 새 파일을 만들고 classes 폴더에 ghostHotel.py로 저장합니다. Building 클래스의 코드를 복사하여 붙여넣습니다.

Building 클래스를 상속하는 FancyBuilding 클래스를 새로 만듭니다. Fancy

Building 클래스에는 새 메서드인 upgrade()가 있습니다. 이 메서드는 건물 안에 카펫을 깔고 벽을 따라 꽃을 심습니다. 코드 12-5는 upgrade() 메서드를 나타냅니다. 원하는 대로 이것저것 수정해도 됩니다.

ghostHotel.py

```python
# 여기에 FancyBuilding 클래스를 만듭니다.

    def upgrade(self):
        # 카펫
        mc.setBlocks(self.x + 1, self.y, self.z + 1,
                    self.x + self.width - 1, self.y, self.z +
                    self.depth - 1, 35, 6)

        # 꽃
        mc.setBlocks(self.x - 1, self.y, self.z -1,
                    self.x - 1, self.y, self.z + self.depth + 1,
                    37)
        mc.setBlocks(self.x - 1, self.y, self.z - 1,
                    self.x + self.width + 1, self.y, self.z - 1,
                    37)
        mc.setBlocks(self.x + self.width + 1, self.y, self.z - 1,
                    self.x + self.width + 1, self.y, self.z +
                    self.depth + 1, 37)
        mc.setBlocks(self.x - 1, self.y, self.z + self.depth + 1,
                    self.x + self.width + 1, self.y, self.z +
                    self.depth = 1,37)

# FancyBuilding 클래스의 인스턴스를 만듭니다.
# build()와 upgrade() 메서드를 호출합니다.
```

코드 12-5 FancyBuilding 클래스의 메서드, 건물에 카펫과 꽃을 추가합니다.

클래스를 만들고 새 메서드를 추가했다면 FancyBuilding 클래스의 인스턴스를 만들고 이름을 ghostHotel이라고 지정합니다. build() 메서드를 사용하여 유령 호텔을 만들고 upgrade() 메서드를 통해 치장도 해 보세요.

그림 12-6은 유령 호텔의 모습입니다.

그림 12-6 꽃과 카펫이 보이나요?

💬 **보너스 목표: 근사한 마을**

미션#71에서 만든 유령 마을은 모든 건물이 똑같았습니다. 실제 마을에서라면 그런 모습을 찾아보기 힘들겠죠. Building 클래스를 상속하는 클래스를 몇 가지 만들어 유령 마을 프로그램을 변경해 보세요. 가령, Shop 클래스, Hospital 클래스, Restaurant 클래스 등을 만드는 거죠. 그리고 클래스에 따라 건물의 종류를 달리하여 이것저것 만들어 보세요.

메서드와 속성 오버라이드하기

서브클래스는 슈퍼클래스로부터 상속받은 메서드나 속성을 재정의할 수 있습니다. 이와 같은 재정의는 서브클래스의 메서드나 속성의 이름을 같게 하면서도 다른 일을 하고 싶을 때 유용합니다.

348쪽 '상속 이해하기'에서는 Bird 클래스와 Penguin 클래스를 만들었습니다. Penguin 클래스는 Bird 클래스를 상속했으므로 Bird 클래스의 메서드도 모두 공유합니다. 하지만 펭귄은 날지 못하죠. 그리고 울음소리도 chirp보다는 quack에 가깝습니다. 따라서 fly()와 birdcall() 메서드를 펭귄에 어울리도록 재정의하려고 합니다. birdClass.py를 열고 다음 코드를 추가합니다.

birdClass.py

```
class Penguin(Bird):
    def swim(self):
        print("swimming")

❶   def birdcall(self):
        print("sort of a quack")

❷   def fly(self):
        print("Penguins cannot fly :(")
```

Penguin 클래스에서 두 가지를 변경했습니다. birdcall() ❶과 fly() ❷ 메서드를 추가했죠. 그런데 이름이 슈퍼클래스의 메서드들과 같습니다. 슈퍼클래스의 메서드들을 오버라이드^{override}한 겁니다.

birdClass.py에 다음 코드를 추가하여 메서드를 호출합니다.

birdClass.py

```
sarahThePenguin.fly()
sarahThePenguin.birdcall()
```

프로그램을 실행하면 출력되는 결과는 다음과 같습니다.

```
Penguins cannot fly :(
sort of a quack
```

슈퍼클래스로부터 상속받은 메서드를 오버라이드하면 서브클래스의 메서드만 변경되지 슈퍼클래스의 메서드는 영향을 미치지 않습니다. 따라서 펭귄은 날 수 없지만 Bird를 상속한 다른 새들은 여전히 날 수 있는 겁니다.

서브클래스의 __init()__ 메서드도 오버라이드할 수 있습니다. 다시 말해, 서브클래스 객체가 만들어지면 슈퍼클래스와는 다른 속성이나 동작 방식을 정의할 수 있습니다.

가령, Bird 클래스를 상속하는 Parrot 서브클래스를 만들어 보겠습니다. 앵무새는 색깔이 다르므로 다음처럼 __init()__ 메서드에 color라는 속성을 추가하겠습니다.

birdClass.py
❶

```
class Parrot(Bird):
    def __init__(self, name, wingspan, color):
        self.name = name
        self.wingspan = wingspan
        self.color = color
```

Parrot 클래스에 새 __init()__ 메서드를 추가했습니다. 이 메서드는 Bird 클래스에 비해 color 인수❶를 하나 더 받죠.

새로운 Parrot 클래스가 생겼으니 color 속성에도 접근할 수 있을 겁니다. birdcall()이나 fly() 메서드에도 접근할 수 있습니다. Bird 클래스를 상속했으니 당연한 결과이겠죠?

birdClass.py

```
freddieTheParrot = Parrot("Freddie", 12, "blue")
print(freddieTheParrot.color)
freddieTheParrot.fly()
freddieTheParrot.birdcall()
```

코드를 실행하면 다음처럼 출력됩니다.

```
blue
flap
chirp
```

슈퍼클래스를 상속한 서브클래스에서 어떤 메서드도 오버라이드할 수 있습니다. __init()__ 메서드도 예외는 아닙니다. 이는 객체에 대한 제어권을 높여 그 속성이나 메서드를 더욱더 다양하게 활용하려는 개념인 셈입니다.

birdClass.py에 모든 변경 내용을 적용했다면 최종 프로그램의 모습은 다음과 같을 겁니다

birdClass.py

```python
class Bird(object):
    def __init__(self, name, wingspan):
        self.name = name
        self.wingspan = wingspan

    def birdcall(self):
        print("chirp")

    def fly(self):
        print("flap")


class Penguin(Bird):
    def swim(self):
        print("swimming")

    def birdcall(self):
        print("sort of a quack")

    def fly(self):
        print("Penguins cannot fly :(")


class Parrot(Bird):
    def __init__(self, name, wingspan, color):
        self.name = name
        self.wingspan = wingspan
        self.color = color


gardenBird = Bird("Geoffrey", 12)
gardenBird.birdcall()
gardenBird.fly()

sarahThePenguin = Penguin("Sarah", 10)
sarahThePenguin.swim()
```

```
sarahThePenguin.fly()
sarahThePenguin.birdcall()

freddieThcParrot - Parrot("Freddie", 12, "blue")
print(freddieTheParrot.color)
freddieTheParrot.fly()
freddieTheParrot.birdcall()
```

다음 미션에서 메서드와 속성의 오버라이드를 실습해 보겠습니다.

미션 #73: 유령 나무

여러분은 지금까지 여러 형태로 유령의 집을 구현했습니다. 이제 유령 시리즈의 마지막인 유령 나무입니다. 나무를 없앤다니 멋진 생각임이 분명합니다. 그런데 어떻게 해야 할까요? Building 클래스는 말 그대로 벽도 있고 천장도 있는 건물을 위한 것입니다. 나무는 벽도 없고 천장도 없습니다. 도전 정신이 새록새록 피어나지 않나요? Building 클래스를 수정하여 이 도전을 완수해 보겠습니다.

유령의 집처럼 유령 나무도 build()와 clear() 메서드를 사용하여 나타났다가 사라집니다. 하지만 이 두 메서드가 다르게 동작해야 합니다. 나무는 집과 모습이 다르기 때문입니다. 따라서 Building 클래스를 상속하는 클래스를 만들고 build()와 clear() 메서드를 오버라이드해야 합니다.

일단 시작은 forest.py 파일(188쪽)로부터 나무를 만드는 함수를 가져다가 이를 코드 12-6에 추가하는 겁니다. 다음 코드를 ghostTree.py라는 새 파일로 복사하고 classes 폴더에 저장합니다.

ghostTree.py

```
from mcpi.minecraft import Minecraft
mc = Minecraft.create()

# 여기에 ghostHouse.py 프로그램을 붙여넣기합니다.
# 여기에 Tree 클래스를 만듭니다.

❶ def growTree(x, y, z):
      """ 지정된 좌표에 나무를 만듭니다. """
      wood = 17
      leaves = 18
```

```
# 나뭇가지
mc.setBlocks(x, y, z, x, y + 5, z, wood)

# 잎
mc.setBlocks(x - 2, y + 6, z - 2, x + 2, y + 6, z + 2, leaves)
mc.setBlocks(x - 1, y + 7, z - 1, x + 1, y + 7, z + 1, leaves)

# 여기에 Tree 클래스의 build()와 clear() 메서드를 만듭니다.
```

코드 12-6   나무를 만드는 함수

프로그램을 완성하려면 Building 클래스에 해당하는 코드를 ghostHouse.py에서 복사하여 새 파일로 붙여넣어야 합니다. 그리고 Building 클래스를 상속하는 새 클래스인 Tree를 만듭니다. Tree 클래스에 build()와 clear() 메서드를 오버라이드하여 추가합니다. 당연히 집 대신 나무를 만들도록 해야겠죠? growTree() 메서드를 수정할 때는 속성 앞에 self 인수를 붙여야 하는 것을 잊지 마세요 ❶. clear() 메서드를 오버라이드할 때도 마찬가지입니다.

프로그램이 완성되면 ghostTree라는 Tree 객체가 만들어져야 합니다. build() 메서드를 호출하여 나무를 나타나게 해 보세요. 잠시 기다렸다가 clear() 메서드로 사라지게 합니다.

그림 12-7은 프로그램이 실행된 모습입니다.

> **●●●● 보너스 목표: 유령의 숲**
>
> ghostTree.py를 수정하여 유령의 숲을 만들어 보세요. 숲에서 어떤 보물을 발견할 수 있을까요?

그림 12-7 **앗! 저것은 유령 나무?**

이 장에서 배운 내용

지금까지 여러분은 오늘날 프로그래밍에서 가장 중요한 개념들의 기초를 배웠습니다. 바로 객체 지향 프로그래밍이었죠. 구체적으로는 클래스와 클래스 객체를 만드는 법, 상속을 사용하여 클래스와 객체의 동작을 세밀하게 튜닝하는 법 등을 배웠습니다. 이 지식은 마인크래프트에서뿐만 아니라 앞으로 이어질 여러 분야의 프로그래밍에도 대단히 유용한 능력이 될 것입니다.

맺으며

지금 이 순간은 감격 그 자체입니다. 여러분은 책 한 권을 마쳤습니다. 여러분에게나 제게나 기나긴 여정이었죠. 저는 이 책을 쓰는 동안 턱수염을 몇 번이나 다시 기르고 깎았습니다. 세 도시를 옮겨 다녔고, 바나나에는 씨가 없다는 사실도 알게 되었습니다. 솔직히 말해 저는 글쓰기가 재밌습니다. 글을 쓰다 보면 힘들고 지치기도 하지만 여러분이 즐겁게 읽을 생각에 힘을 냅니다.

여러분은 이 책을 다 읽은 지금 많은 지식을 쌓았을 겁니다. 파이썬 프로그래밍의 기초를 섭렵했고, 마인크래프트에서 멋진 일을 할 수 있는 멋진 프로그램도 만들었습니다. 변수, 수학 연산자, 문자열, 입력, 부울, if문, while 및 for 루프, 함수, 리스트, 사전, 모듈, 파일, 클래스, 이 모든 것을 여러분이 경험했습니다. 이 책을 집어 들었을 때 여러분은 생초보였지만, 지금은 그동안 경험한 것들로 수준 높은 일을 할 수 있게 되었습니다.

시간이 지나 프로그래밍으로 어떤 일을 하게 되더라도 여러분에게 큰 행운이 함께하길 바랍니다. 제게 프로그래밍은 멋진 취미였고, 이제는 직업이 되었습니다.

혹시 길에서 저와 마주치면 우리 함께 하이파이브 한번 해 보면 어떨까요?

블록 ID 치트 시트

숫자가 두 개인 곳에서 두 번째 숫자는 블록의 상태를 의미합니다. 애스터리스크(*)로 표시된 블록은 마인크래프트 파이 에디션에서도 사용할 수 있습니다.

가마솥	118		고사리	31, 2*
가문비나무	17, 1*		공급기	158
가문비나무 묘목	6, 1*		굳은 점토	172
가문비나무 문	193		균사체	110
가문비나무 반 블록	126, 1		금 간 석재 벽돌	98, 2*
가문비나무 잎	18, 1*		금 블록	41*
가문비나무 판자	5, 1*		금광석	14*
갈색 버섯	39*		기반암	7*
갈색 스테인드글라스	95, 12*		깔때기	154
갈색 스테인드글라스 판	160, 12		끈끈이 피스톤	29
갈색 양탄자	171, 12		나무 다락문	96
갈색 양털	35, 12*		나무 압력판	72
감자	142		네더 벽돌	112*
거미줄	30*		네더 벽돌 계단	114*
거친 흙	3, 1*		네더 벽돌 반 블록	44, 6*
건초 더미	170		네더 석영 원석	153
검은색 스테인드글라스 판	160, 15		네더 와트	115
검은색 양탄자	171, 15		네더랙	87
검은색 양털	35, 15*		노란색 스테인드글라스	95, 4*
검정색 스테인드글라스	95, 15*		노란색 스테인드글라스 판	160, 4

리소스

다음은 이 책의 내용을 진행할 때 필요한 것들입니다.

윈도우 7, 8, 10 사용자라면

- 마인크래프트의 공식 유료 버전은 https://minecraft.net/에서 확인할 수 있습니다.
- 파이썬 3는 http://www.python.org/downloads/에서 무료로 다운로드할 수 있습니다.
- 자바는 http://www.java.com/ko/download/에서 무료로 다운로드할 수 있습니다.
- 이 책에 필요한 설치 파일은 http://bit.ly/jpub_mcWin에서 다운로드할 수 있습니다(파이썬 마인크래프트 API와 스피곳 서버 포함).

세부 내용은 2쪽의 '윈도우 PC 설정하기'를 참고하기 바랍니다.

OS X 10.10 이후 사용자라면

- 마인크래프트의 공식 유료 버전은 https://minecraft.net/에서 확인할 수 있습니다.
- 파이썬 3는 http://www.python.org/downloads/에서 무료로 다운로드할 수 있습니다.
- JDK는 http://www.oracle.com/technetwork/java/javase/downloads/index.html에서 다운로드할 수 있습니다.
- 이 책에 필요한 설치 파일은 http://bit.ly/jpub_mcMac에서 다운로드할 수 있습니다(파이썬 마인크래프트 API와 스피곳 서버 포함).

세부 내용은 16쪽의 '맥 설정하기'를 참고하기 바랍니다.

라즈베리 파이 사용자라면

설치할 것이 없습니다. 마인크래프트 무료 버전이 라즈베리 파이에 기본으로 제공됩니다. http://www.raspberrypi.org/에서 관련 내용을 찾아볼 수 있습니다. 세부 내용은 27쪽의 '라즈베리 파이 설정하기'를 참고하기 바랍니다.

저는 왜 안 될까요? *

★ 옮긴이
이 부록은 저자가 제시한 기본적인 해결 방법을 바탕으로, 사용자가 겪을 만한 다양한 실제 상황을 정리해 원문의 오류를 바로잡고 필요한 내용을 추가해 재구성한 것입니다. 더 깊은 내용은 옮긴이의 네이버 카페나 제이펍 블로그를 참고하기 바랍니다.

이 책의 내용을 공부하려면 마인크래프트 1.8이나 1.9, 파이썬 3.5 이상, 자바 7 이상이 필요합니다. 환경 설정 시 발생하는 문제는 대개 이들 프로그램의 버전이 원인입니다. 따라서 마인크래프트와 파이썬, 자바가 적합한 버전으로 설치되었는지 확인해야 합니다.

혹시 설치된 세 프로그램의 버전이 적합한데도 계속 문제가 발생하면 잠시 뒤에 다룰 개별 사례를 참고하기 바랍니다.

앞에서도 언급했지만, 이 책의 모든 내용은 파이썬 3를 기준으로 진행됩니다. 또한, 시스템에 파이썬이 하나만 설치되었다는 전제에서 API와 모든 예시 프로그램이 실행됩니다. 따라서 필요한 프로그램의 버전이 다르거나 파이썬 2가 설치되었다면 이런저런 문제가 발생할 수 있습니다.

적합한 버전, 첫 번째: 마인크래프트

스피곳은 마인크래프트와 버전이 같아야 합니다. 마인크래프트가 업데이트되면 기존 스피곳은 쓸모가 없어집니다. 그럴 때는 스피곳 버전과 같은 마인크래프트를 골라 플레이할 수 있도록 마인크래프트에서 프로파일을 만들어야 합니다.

시작해 볼까요?

윈도우에서

프로파일을 만들려면 다음 과정에 따라 스피곳 서버의 버전부터 알아 두어야 합니다.

1. Minecraft Tools 폴더에서 Start_Server 파일을 더블클릭합니다. 서버가 설정되는 창이 열립니다.

2. 창을 위로 스크롤해서 텍스트 맨 위로 이동합니다.

3. 대충 서너 행쯤 되는 곳에서 Starting minecraft server version x.x.x라는 메시지를 찾습니다. 예를 들어, 그림 A-1에서는 서버 버전이 1.13.2입니다.

그림 A-1 이 서버의 버전은 1.13.2입니다.

4. 이 버전을 종이에 적어 둡니다.

이제 서버의 버전을 알았으니 다음 과정에 따라 게임 프로파일을 만듭니다.

1. 마인크래프트를 실행하되 플레이(PLAY) 버튼은 클릭하지 않습니다.

2. 지금 열린 Minecraft Launcher 오른쪽 상단에 보이는 **메뉴** 버튼을 클릭합니다.

3. **실행 설정(Launch options)**을 클릭하고, 메뉴 바로 밑에 보이는 세 가지 옵션 중에 '과거 버전'과 '고급 설정' 옵션이 꺼져 있는지 확인합니다.

4. **추가하기(Add new)**를 클릭하고, 이름(Name)에 Learn to Program with Minecraft를 입력합니다.

5. 그리고 버전(Version)에서 드롭다운 버튼을 눌러 아까 적어둔 스피곳 버전을 찾아 선택합니다. 그림 A-2에서는 1.13.2를 선택했습니다.

그림 A-2　버전이 1.13.2인 Learn to Program with Minecraft라는 프로파일을
　　　　만들었습니다.

6. **저장(SAVE)** 버튼을 클릭합니다. 프로파일이 설정되었습니다.

7. 멋있는 MINECRAFT 타이틀을 클릭합니다. 이제 플레이 버튼 옆에 작은 삼
　　각형을 클릭해 방금 전 만든 프로파일을 선택하고 **플레이** 버튼을 클릭합니다.

마인크래프트가 업데이트되면 지금처럼 스피곳에 맞춰 마인크래트프를 실행해야
정상적으로 프로그래밍할 수 있습니다. 추후 스피곳이 업데이트되면 스피곳 다운
로드 페이지(https://hub.spigotmc.org/jenkins/job/BuildTools/)에서 필요한 재료들을 다
운로드해 직접 컴파일 과정을 거쳐 만들어야 합니다. 관련 내용은 옮긴이의 네이
버 카페나 제이펍 블로그를 참고하기 바랍니다.

맥에서

프로파일을 만들려면 다음 과정에 따라 스피곳 서버의 버전부터 알아 두어야 합니다.

1. Minecraft Tools Mac 폴더에서 Start_Server 파일을 더블클릭합니다. 서버가
　　설정되는 창이 열립니다.

2. 창을 위로 스크롤해서 텍스트 맨 위로 이동합니다.

3. 대충 서너 행쯤 되는 곳에 Starting minecraft server version x.x.x라는 메시지
　　를 찾습니다. 가령, 그림 A-3에서는 서버 버전이 1.13.2입니다.

4. 버전을 종이에 적어 둡니다.

```
●○○                — start.command — java ‹ start.command — 80×24
Java HotSpot(TM) 64-Bit Server VM warning: Ignoring option MaxPermSize; support
was removed in 8.0
Loading libraries, please wait...
Loaded 0 recipes
[11:09:04 INFO]: Loaded 0 recipes
[11:09:04 INFO]: Starting minecraft server version 1.13.2
[11:09:04 INFO]: Loading properties
[11:09:04 INFO]: Default game type: CREATIVE
[11:09:04 INFO]: This server is running CraftBukkit version git-Spigot-4165cd8-4
0cbae4 (MC: 1.13.2) (Implementing API version 1.13.2-R0.1-SNAPSHOT)
[11:09:04 INFO]: Debug logging is disabled
[11:09:04 INFO]: Server Ping Player Sample Count: 10
[11:09:04 INFO]: Using 4 threads for Netty based IO
[11:09:04 INFO]: Generating keypair
[11:09:05 INFO]: Starting Minecraft server on *:25565
```

그림 A-3   이 서버의 버전은 1.13.2입니다.

이제 서버의 버전을 알았으니 다음 과정에 따라 게임 프로파일을 만듭니다

1. 마인크래프트를 실행하되 플레이(PLAY) 버튼은 클릭하지 않습니다.

2. 지금 열린 Minecraft Launcher 오른쪽 상단에 보이는 **메뉴** 버튼을 클릭합니다.

3. **실행 설정(Launch options)**을 클릭하고, 메뉴 바로 밑에 보이는 세 가지 옵션 중에 '과거 버전'과 '고급 설정' 옵션이 꺼져 있는지 확인합니다.

4. **추가하기(Add new)**를 클릭하고, 이름(Name)에 Learn to Program with Minecraft를 입력합니다.

5. 그리고 버전(Version)에서 드롭다운 버튼을 눌러 아까 적어둔 스피곳 버전을 찾아 선택합니다. 그림 A-4에서는 1.13.2를 선택했습니다.

그림 A-4   버전이 1.13.2인 Learn to Program with Minecraft라는
            프로파일을 만들었습니다.

6. **저장(SAVE)** 버튼을 클릭합니다. 프로파일이 설정되었습니다.

7. 멋있는 MINECRAFT 타이틀을 클릭합니다. 이제 플레이 버튼 옆에 작은 삼각형을 클릭해 방금 전 만든 프로파일을 선택하고 플레이 버튼을 클릭합니다.

마인크래프트가 업데이트되면 지금처럼 스피곳에 맞춰 마인크래프트를 실행해야 정상적으로 프로그래밍할 수 있습니다. 추후 스피곳이 업데이트되면 스피곳 다운로드 페이지(https://hub.spigotmc.org/jenkins/job/BuildTools/)에서 필요한 재료들을 다운로드해 직접 컴파일 과정을 거쳐 만들어야 합니다. 관련 내용은 옮긴이의 네이버 카페나 제이펍 블로그를 참고하기 바랍니다.

적합한 버전, 두 번째: 파이썬

다음 과정에 따라 파이썬 3.5 이상을 실행하고 있는지 확인합니다.

> **NOTE** 파이썬 2와 파이썬 3가 함께 설치된 시스템에서는 파이썬 2를 삭제하는 것이 좋습니다. 파이썬 2를 삭제하기가 곤란한 경우에는 373쪽 '파이썬 2와 파이썬 3를 같이 사용할 수 없나요?'를 참고하시기 바랍니다.

윈도우에서

윈도우 **시작** 메뉴에는 파이썬을 비롯하여 설치된 프로그램 전체가 표시됩니다. 설치된 파이썬의 버전을 확인하려면 **시작** 메뉴를 클릭하고 **모든 프로그램**을 선택합니다. **프로그램 및 파일 검색**에서 python을 검색할 수도 있습니다. 시작 메뉴에 파이썬 관련 파일들이 표시되면 그 이름을 확인합니다. 버전 번호가 파일명의 일부로 표시되기 때문입니다. 혹시 시작 메뉴에서도 버전을 확인할 수 없으면 IDLE을 엽니다. 셸에 함께 표시된 버전 번호를 확인할 수 있습니다.

설치된 파이썬의 버전이 3.5.0 이전이라면 업데이트된 버전을 설치해야 합니다. 4쪽 '파이썬 설치하기'를 참고하시기 바랍니다.

맥에서

1. 파인더를 열고 사이드바에서 **응용 프로그램**을 선택하고 **유틸리티** 폴더 안에서 **터미널**을 더블클릭합니다.

2. 터미널 창에서 python -V를 입력하고 리턴을 누릅니다(V는 영문 대문자임).

3. 파이썬 버전이 출력됩니다. 3.5.0 이전 버전이라면 업데이트된 파이썬을 설치해야 합니다. 18쪽 '파이썬 설치하기'를 참고하시기 바랍니다.

적합한 버전, 세 번째: 자바

다음 과정에 따라 자바 7 이상이 설치되었는지 확인합니다.

윈도우에서

윈도우 **시작** 메뉴에는 자바를 비롯하여 설치된 프로그램 전체가 표시됩니다. 설치된 자바의 버전을 확인하려면 다음 과정을 따릅니다.

1. **시작** 메뉴를 클릭합니다.
2. **모든 프로그램**을 선택합니다.
3. **Java** 폴더를 찾아 **Java 정보**를 클릭합니다.

다음 방법으로도 자바의 버전을 확인할 수 있습니다.

1. **시작** 메뉴를 클릭합니다. **검색** 상자에 cmd를 입력하고 엔터를 누릅니다. **명령 프롬프트** 창이 열립니다.
2. java -version을 입력합니다. java version "1.8.0_91"과 비슷한 메시지가 출력됩니다. 첫 번째 점(.) 다음의 숫자가 자바의 버전입니다. 여기서는 8입니다. 자바의 버전이 7 이전이거나 아예 설치되지 않은 경우에는 자바를 업데이트하거나 4쪽 '자바 설치하기'를 참고하여 새로 설치해야 합니다.

맥에서

1. 파인더를 열고 터미널을 찾아 엽니다.
2. java -version을 입력하고 리턴을 누릅니다.
3. java version "1.8.0_91"과 비슷한 메시지가 출력됩니다. 첫 번째 점(.) 다음의 숫자가 자바의 버전입니다. 여기서는 8입니다. 자바의 버전이 7 이전이거나 아예 설치되지 않은 경우에는 자바를 업데이트하거나 19쪽 '자바 설치하기'를 참고하여 새로 설치해야 합니다.

파이썬 2와 파이썬 3를 같이 사용할 수 없나요?

파이썬 2와 파이썬 3가 함께 설치된 시스템에서는 Install_API 파일이 기본적으로 파이썬 2를 가리키기 때문에 파이썬 3를 가리키도록 수정해야 합니다. 그런데 이렇게 하려면 걸림돌 하나를 제거해야 합니다. 윈도우 컴퓨터에서 파이썬 3는 기본적으로 사용자가 쉽게 찾을 수 없는 폴더에 설치됩니다. 가령, 파이썬 3.5.2는 C:\Users\사용자명\AppData\Local\Programs\Python\Python35-32에 설치됩니다.

자, 파일 탐색기를 열고 주소 표시줄에 언급한 주소를 입력하고 엔터를 누릅니다. python.exe 파일을 찾아 이름을 python3.exe로 변경합니다. 여기까지 진행된 모습이 그림 A-5입니다.

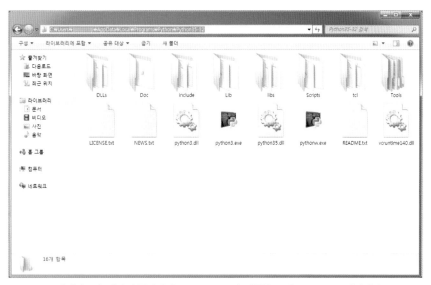

그림 A-5　파이썬 3가 설치된 폴더에서 python.exe의 이름을 python3.exe로 변경하기

이 책에 제시된 예시 코드들은 전부 파이썬 3를 기준으로 작성되었습니다. 따라서 파이썬 2에서는 몇 가지 오류가 발생합니다. 다음 과정에 따라 Install_API 파일을 수정합니다.

윈도우에서

Install_API 파일을 수정하려면 다음 과정을 따릅니다.

1. Minecraft Tools 폴더를 열고 Install_API 파일을 찾습니다.

2. Install_API 파일을 마우스 오른쪽 버튼으로 클릭하고 **편집**을 선택합니다.

3. 파일이 열리면 다음 내용이 포함된 행을 찾습니다.

```
python -m pip install minecraftPythonAPI.zip
```

4. 이 행에서 python을 다음처럼 python3로 교체합니다.

```
python3 -m pip install minecraftPythonAPI.zip
```

5. 파일을 저장하고 닫습니다.

6. Install_API 파일을 더블클릭하여 마인크래프트 파이썬 API를 설치합니다.

맥에서

맥에서는 파이썬 2와 파이썬 3가 함께 설치되어 있어도 윈도우에서와 같은 문제는 발생하지 않습니다. 다만, API를 설치하면 Start_Server 파일이 손상되는 경우가 있습니다. 사실 Start_Server 파일은 start.command 파일을 가리키는 가상본입니다. 윈도우로 치자면 바로 가기 파일인 셈이죠. Start_Server 파일이 손상되었다면 다음 과정에 따라 복구합니다.

1. Minecraft Tools Mac 폴더에서 server 폴더를 엽니다.

2. start.command 파일을 찾아 선택합니다.

3. start.command 파일을 마우스 오른쪽 버튼으로 클릭하고 **가상본 파일 만들기**를 클릭합니다.

4. 가상본의 이름을 Start_Server로 지정합니다.

5. 이 파일을 상위 폴더인 Minecraft Tools Mac으로 복사합니다.

6. Start_Server 파일을 더블클릭하면 스피곳 서버가 시작됩니다.

API 설치가 완료되면 이제부터 IDLE3에서 코드를 작성해야 합니다. 이전 버전의 IDLE에서는 이 책의 예시 코드들을 실행할 수 없습니다.

Start_Server File Cannot Be Found(윈도우에서)

Start_Server 파일을 클릭했을 때 이 파일을 찾을 수 없다는 메시지가 출력되면, server 폴더를 열고 start.bat 파일을 더블클릭합니다. 서버가 정상적으로 실행되는지 확인합니다. 앞으로도 이 방법을 사용해도 되고, start.bat 파일의 바로 가기를 만들어 파일명을 Start_Server로 변경한 뒤 원래 Start_Server 파일이 있던 곳에 덮어 써도 됩니다.

한 가지 방법이 더 있습니다. 이 책의 웹 사이트인 https://www.nostarch.com/programwithminecraft/에서 최신 버전의 설치 파일과 Minecraft Tools 파일을 다운로드해도 됩니다.

Connection Refused 오류(맥에서)

파이썬에서 mc = Minecraft.create() 행을 입력하면 다음과 비슷한 오류가 표시될 수도 있습니다.

```
ConnectionRefusedError: [Errno 61] Connection refused
```

또는 이런 메시지가 출력되기도 합니다.

```
ConnectionRefusedError: [Errno 10061] No connection could be made
because the target machine actively refused it.
```

설치된 자바의 버전이 낮아 이런 오류가 일어나는 경우가 대부분입니다. 따라서 자바를 업데이트하거나 19쪽 '자바 설치하기'를 참고하여 새로 설치해야 합니다.

Install_API를 클릭했는데도 아무런 반응이 없어요(윈도우에서)

7쪽 '마인크래프트 파이썬 API와 스피곳 설치하기'의 5단계에서 Install_API 파일을 실행할 때 검은색 창이 나타날 수도 있습니다.

이 오류는 API를 설치하는 데 사용되는 pip의 버그가 원인이기도 합니다. 문제를 해결하려면 다음 과정에 따라 마인크래프트 파이썬 API를 명령 프롬프트에서 설치해야 합니다.

1. Minecraft Tools 폴더를 열고 minecraftPythonAPI.zip 파일을 찾습니다.

2. **파일 탐색기**에서 주소표시줄을 클릭하고 주소를 복사합니다. 주소를 마우스 오른쪽 버튼으로 클릭하고 **복사**를 선택해도 되고, CTRL-C를 눌러도 됩니다. 주소는 다음과 비슷합니다.

```
C:\Users\user\Minecraft Python\Minecraft Tools
```

3. **시작** 메뉴를 클릭하고 powershell을 검색합니다. PowerShell을 클릭하여 실행합니다.

4. PowerShell 프롬프트에서 cd를 입력하고 스페이스바를 한 번 누른 다음, 마우스 오른쪽 버튼으로 클릭하여 복사했던 주소를 붙여 넣습니다.

5. 다음처럼 작은따옴표로 붙여 넣은 텍스트를 묶습니다.

```
cd 'C:\Users\user\Minecraft Python\Minecraft Tools'
```

6. 엔터를 누릅니다. 이제 Minecraft Tools 폴더에서 PowerShell의 명령을 실행할 수 있습니다.

7. 다음 명령을 입력하여 API를 설치합니다.

```
python -m pip install minecraftPythonAPI.zip
```

8. 엔터를 누릅니다. API가 올바로 설치될 것입니다.

API 설치 관련 권한 오류(맥에서)

20쪽 '마인크래프트 파이썬 API와 스피곳 설치하기'의 8단계에서 다음과 비슷한 오류가 일어날 수도 있습니다.

```
The directory '/Users/YourUserName/Library/Caches/pip/http' or its
parent directory is not owned by the current user and the cache has
been disabled. Please check the permissions and owner of that di-
rectory. If executing pip with sudo, you may want sudo's -H flag.*
```

Install_API 파일이 포함된 모든 폴더를 확인하여 폴더명에 공백 문자가 있으면 다음 과정에 따라 공백 문자를 삭제합니다.

1. 폴더명에 공백 문자가 포함된 폴더 아이콘을 마우스 오른쪽 버튼으로 클릭합니다.

2. 팝업 메뉴에서 **이름 변경**을 선택하고 폴더명에서 공백 문자를 삭제합니다. 'Macintosh HD' 등 하드 디스크 이름에는 이 방법을 적용하면 안 됩니다.

다시 한 번 Install_API 파일을 실행합니다.

일부 맥에서는 API가 올바로 설치되었는데도 오류가 계속될 수 있습니다. 다음 메시지가 보인다면 API가 올바로 설치된 것이므로 오류 메시지를 무시해도 됩니다.

```
Requirement already satisfied (use --upgrade to upgrade): py3minepi...
```


저는 오류가 달라요!

만약 이곳에서 다루지 않은 오류가 발생했을 때는 표지 앞날개나 드리는 말씀에 안내된 Q&A로 문의해 주세요. 메일을 보내실 때는 여러분이 사용하는 운영체제 종류와 버전, 파이썬과 자바 버전, 구체적인 오류 메시지 등을 함께 보내 주셔야 합니다.

찾아보기